庆祝中国共产党成立100周年

The 100th Anniversary of the Founding of The Communist Party of China

谨以此书献给

中国共产党成立100周年

★ 《华安县革命老区发展史》编纂委员会

★ 《华安县革命老区发展史》编辑室

全国革命老区县发展史丛书——福建卷

华安县革命老区发展史

华安县老区建设促进会　编

厦门大学出版社　国家一级出版社
XIAMEN UNIVERSITY PRESS　全国百佳图书出版单位

图书在版编目(CIP)数据

华安县革命老区发展史/华安县老区建设促进会编.—厦门:厦门大学出版社,2021.6

(全国革命老区县发展史丛书.福建卷)

ISBN 978-7-5615-8206-0

Ⅰ.①华… Ⅱ.①华… Ⅲ.①华安县—地方史 Ⅳ.①K295.74

中国版本图书馆 CIP 数据核字(2021)第 089738 号

出 版 人 郑文礼
责任编辑 林 灿
美术编辑 李嘉彬
技术编辑 朱 楷

出版发行 厦门大学出版社
社 址 厦门市软件园二期望海路 39 号
邮政编码 361008
总 机 0592-2181111 0592-2181406(传真)
营销中心 0592-2184458 0592-2181365
网 址 http://www.xmupress.com
邮 箱 xmup@xmupress.com
印 刷 厦门兴立通印刷设计有限公司

开本 720 mm×1 000 mm 1/16
印张 20.5
插页 22
字数 294 千字
版次 2021 年 6 月第 1 版
印次 2021 年 6 月第 1 次印刷
定价 123.00 元

本书如有印装质量问题请直接寄承印厂调换

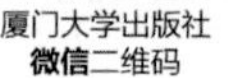

厦门大学出版社
微信二维码

厦门大学出版社
微博二维码

★★★ 城区新貌 ★★★

山水宜居的华安县城

县城新貌

（华安县融媒体中心供图）

城区旧貌（华安县融媒体中心供图）

城南新区新貌　五馆一中心（科技馆、文化馆、博物馆、档案馆、图书馆、全民健身中心）（华安县融媒体中心供图）

华安经济开发区位于华安南部的丰山镇，2005年创办，2007年成立管委会，规划面积62平方公里，已开发面积约15平方公里。2010年被省政府批准为省级经济开发区，先后荣获“全省优秀开发区”“全省创先争优先进基层党组织”等称号。

开发区已入驻企业197家，总投资428亿元。其中，投产企业149家，总投资238亿元；在建项目36个，总投资72亿元；促动建项目12个，总投资118亿元。

开发区交通路网完善。九龙大道和南北大道长5公里，宽40米。次干道33公里和6座大桥分布成“四纵五横”的交通路网。自来水厂、污水处理厂和变电站等配套设施能满足需求。高速公路在开发区设互通口，距厦门35公里，进入厦门半小时经济圈。融入厦漳泉同城化。

（华安经济开发区办公室供图）

华安经济开发区一角（华安县融媒体中心供图）

华安县第一中学新貌

华安一中方琳同学是我省1992年高考文科状元

（华安县融媒体中心供图）

华安县华丰中学全貌（华安县融媒体中心供图）

华安县第二实验小学全貌（华安县融媒体中心供图）

华安县华丰中心小学校园全貌（华安县融媒体中心供图）

华安县湖林中心小学新貌（中心小学供图）

华安县沙建中心小学新貌（中心小学供图）

华安县总医院全貌（华安县融媒体中心供图）

华安县中医院全貌（华安县融媒体中心供图）

华安县妇幼保健院大楼（华安县融媒体中心供图）

华安县丰山镇玉兰村卫生所（丰山镇民政办供图）

福建立兴集团有限公司外貌（立兴集团供图）

科技兴企

中国工程院院士朱蓓“院士专家工作站”（立兴集团供图）

华安县举办国际龙舟赛的情景（华安县融媒体中心供图）

华安县在仙都镇举办国际马拉松比赛开跑的情景（华安县老促会供图）

华安山区 交通便捷 交通网络进一步完善。至2019年，华安县交通总里程达1568公里，其中：高速公路68公里、国道35公里、省道68公里、县道256公里、乡道553公里、村道588公里。

（华安县融媒体中心供图）

横跨九龙江的龙浦大桥

至2018年，华安县横跨九龙江各种桥梁有26座，其中：高速公路桥3座、公路桥15座、公路水面桥2座、拦水坝桥5座、钢丝吊桥1座。（华安县融媒体中心供图）

华安县金山石拱大桥

于1971年1月施工，1972年5月1日竣工。全长161米，宽8米，主拱净跨99米，二级拱18个，三级拱10个。被列入国家交通部桥梁史册。

（华安县老促会供图）

华安县红旗山隧道

红旗山隧道贯通可缩短华安至新圩的公路里程9.7公里。（华安县老促会供图）

华安火车站（华安县老促会供图）

黄枣铁路桥

1957年1月建成通车的鹰厦铁路，纵贯华安全境89公里，有横跨九龙江大桥两座。在华安境内设有6个车站和4个停靠站。2020年5月，鹰厦铁路华安城关段外移工程动工兴建。（华安县老促会供图）

漳永高速公路华安互通口

漳永高速于2012年9月开工兴建，2015年9月建成通车，华安段有67.141公里，设有一个服务区和华安城关、新圩、沙建、丰山4个互通口，结束了华安没有高速公路的历史。（华安县融媒体中心供图）

华电在华安城关的拦河大坝

华电二期厂房

华安农村小水电站

华安水电建设大发展

华安县有大小水电站236座，总装机容量38.9265万千瓦，年发电量147921万千瓦时。

（华安县老促会供图）

华安县铁观音生态茶园

2014年，华安县以铁观音为主的茶园达16.5万亩，其中“全国绿色食品原料（铁观音茶叶）标准化生产基地”4.5万亩。2011年，初制加工厂1万多家，成为全县农业支柱产业，年产值16亿元。至2019年，共举办茶王赛20届。先后获得“全国特色产茶县”“全国重点产茶县”“全国茶业十大转型升级示范县”“中国名茶之乡”等荣誉。（华安县融媒体中心供图）

华安县华仙茶都全景

华仙茶都位于仙都镇市后村，茶界泰斗张天福为“华仙茶都”题字。（华安县融媒体中心供图）

华安县坪山柚果场百年母树群全景

华安坪山柚种植历史600多年，是世界四大名柚之一，原产于新圩镇黄枣村"坪山"而得名。2012年2月获得国家地理证明商标。现有百年母树73棵。（华安县融媒体中心供图）

华安县政府为73棵百岁以上坪山柚“老寿星”挂牌保护。（华安县老促会供图）

华安县真珂家庭农场

华丰镇下坂村李四洲创办的真珂家庭农场，面积300亩，种植沃柑1.2万棵。目前，是全省最大的沃柑生产基地。面向全县示范推广，提供苗木及种植管理技术等服务，也是全省“种子工程”示范基地。（华安县融媒体中心供图）

金秋石井　丰收在望　　华安县湖林乡石井村的千亩梯田一角　　（华安县融媒体中心供图）

杏鲍菇

台资设施农业——中延菌菇业股份有限公司位于华安县沙建镇官古村，是全国最大的杏鲍菇生产基地。

（华安县老促会供图）

华安生态林 全县森林覆盖率达72.72%，水质、大气均优于国家一级标准。获得“国家生态县”“华安国家森林公园”荣誉称号。（华安县融媒体中心供图）

华安县发展林下经济——砂仁（华安县老促会供图）

华安县古茶树群落

华安县种茶历史悠久，可追溯至唐宋年间。至今山上仍保存较多的古茶树群落，有的达到三百多年树龄，如：湖林乡的吉土村、大坪村，仙都镇的下林村，高车乡的洋竹径，新圩镇的华山村和玉山村以及沙建镇的仙山等。图为湖林乡大坪村猪母坑山上古茶树群落，单株胸径73厘米，高8米多。（华安县老促会供图）

华安县竹类植物园　于1992年创办，总面积950亩，竹类品种330个。是全国最大、品种最齐全的竹种园。已举办国际性竹类技术培训13期，学员653名。　（华安县林业局供图）

1997年8月28日，时任中共福建省委副书记、省长习近平到竹类植物园视察并亲手种植的青丝黄竹。（华安县老促会供图）

世界文化遗产——华安大地土楼群（二宜楼、南阳楼、东阳楼）

（华安县融媒体中心供图）

国家级文物保护单位南山宫（华安县融媒体中心供图）

国家级文物保护单位仙字潭（华安县融媒体中心供图）

华安县美丽乡村官畲村（华安县融媒体中心供图）

华安县美丽乡村坪水村（华安县融媒体中心供图）

华安县美丽乡村高石村（华安县融媒体中心供图）

华安县仙都镇招坑村的秋千谷（华安县融媒体中心供图）

华安县是台湾高山族同胞在大陆人口最多的聚集地。图为仙都镇送坑村高山族舞蹈场面。（华安县融媒体中心供图）

华安玉地质公园（华安县融媒体中心供图）

华安玉奇石《巍巍昆仑》荣获华安首届奇石节金奖　（华安县融媒体中心供图）

《华安玉之魂》荣获华安首届奇石节金奖
（华安县融媒体中心供图）

华安玉玉雕作品——貔貅（华安县融媒体中心供图）

华安县福利中心

华安县仙都镇敬老院

华安县湖林乡前坑村农村幸福院

华安养老服务显成效

至2019年底，华安县已建成县社会福利中心1所、社区居家养老服务中心3所、社区居家养老服务站4个、乡镇敬老院8所、农村幸福院58所。

（华安县民政局供图）

总　序

在举国欢庆新中国成立70周年前夕，中国老区建设促进会王健会长请我为“全国革命老区县发展史丛书”作序，作为一名在老区战斗过并得到老区人民生死相助的老兵，回首往事，心潮澎湃，感慨万千，深感义不容辞，欣然应允。

中国革命老区，是以毛泽东为代表的中国共产党人在领导人民推翻帝国主义、封建主义和官僚资本主义三座大山，争取民族独立和人民解放伟大斗争中建立的革命根据地。在这片红色的土地上，诞生了无数可歌可泣的革命英雄儿女，为后人树起了一座不朽的丰碑，她是新中国的摇篮，是党和军队的根。

在艰苦卓绝的战争年代，老区人民把自己的命运与中华民族的命运紧紧地联系在一起，与中国共产党和人民军队的命运紧紧地联系在一起，他们生死相依，患难与共。我曾亲历过战争年代，并得到过老区红哥红嫂的救助，切身感受到发生在身边的一幕幕撼天动地的革命故事，在那极其艰难的条件下，老区人民倾其所有、破家支前，不怕艰难困苦，不怕流血牺牲。“最后一碗米送去做军粮，最后一尺布送去做军装，最后一件老棉袄盖在担架上，最后一个亲骨肉送去上战场”，这是当时伟大的老区人民为建立新中国做出巨大牺牲的真实写照，它将永远镌刻在中国共产党、中国人民解放军、中华人民共和国的历史丰碑上。他们的光辉业绩永载史册，他们的革命精神必将影响一代又一代的革命新人，造就一代又一代的民族脊梁。

在社会主义革命和建设时期，革命老区和老区人民响应党的号召，面对落后的面貌、脆弱的经济、恶劣的生态环境，本色不变，精神不丢，自力更生，艰苦奋斗，干一行爱一行。他们始终坚持“革命理想高于天”，自觉做共产主义远大理想的坚定信仰者和忠实实践者，勇于向恶劣的自然环境和贫穷落后宣战。他们在各条战线上为国建功立业，用平凡的双手创造了一个又一个不平凡的奇迹，彰显了老区人的崇高精神和人格力量。

在改革开放的伟大进程中，老区人民解放思想、勇于创新、发奋图强、攻坚克难，老区的经济社会建设取得了辉煌成就。特别是在改变中国的面貌、中华民族的面貌、中国人民的面貌、中国共产党的面貌的伟大实践中发挥了至关重要的作用。老区人民既是改革开放的参与者，也是改革开放的推动者。

艰苦练意志，危难见精神。老区人民在近百年的革命战争、社会主义建设和改革开放的伟大实践中，孕育形成了伟大的老区精神：爱党信党、坚定不移的理想信念；舍生忘死、无私奉献的博大胸怀；不屈不挠、敢于胜利的英雄气概；自强不息、艰苦奋斗的顽强斗志；求真务实、开拓创新的科学态度；鱼水情深、生死相依的光荣传统。这是党和人民宝贵的精神财富、丰厚的政治资源，是凝心聚力、振奋民族精神的重要法宝，也是社会主义核心价值观的重要内容。

中国老区建设促进会怀着强烈的政治责任感和历史使命感，组织全国各地老促会人员克服困难，尽心竭力编纂“全国革命老区县发展史丛书”，记录老区的光辉历史和辉煌成就，传承红色基因，弘扬老区精神，是功在当代、利及千秋的一件大事。手捧这部丛书的部分书稿，读着书中的故事，我倍感亲切，深感这部丛书具有资政、育人、存史的社会功能，有着重要的时代和历史价值。它是不忘初心、牢记使命的源头活水，是赞颂共产党、讴歌老区人民的一部精品力作，是弘扬老区精神、传承红色记忆的丰厚载体，是一项继承优秀传统文化、弘扬革命文化、发展社会主义先进文化，坚定“四个自信”的宏大文化工程。它必将成为一种文化品牌，为各界人士了解老区、宣传老区、支持老区提供一部有研究价值的史料。希望读者朋友们能从中了解并牢记这些为党和民族的利益不断奉献的老区人民，从中得到教益，汲取人生奋斗的精神动力。

新时代赋予新使命，新起点开启新征程。让我们更加紧密地团结在以习近平同志为核心的党中央周围，坚持以习近平新时代中国特色社会主义思想为指导，增强“四个意识”，坚定“四个自信”，做到“两个维护”，弘扬老区精神，铭记苦难辉煌。为实现“两个一百年”奋斗目标，实现中华民族伟大复兴的中国梦做出新的更大的贡献！

迟浩田

2019年4月11日

序

正值中华人民共和国成立70周年之际，按照中国老区建设促进会统一部署，我县从2019年4月开始编写《华安县革命老区发展史》。经过一年多的努力，该书即将出版。这本书以大量翔实的史料做为基础，以历史发展前后的顺序，真实展现了华安曾经历尽风雨沧桑，承受百孔千疮的浩劫，跌宕起伏而漫长悲壮的革命斗争历程，系统地记载了华安县革命老区波澜壮阔的前进步伐，为我们留下红色印记，也为后辈承前启后提供借鉴与参考。

华安属原中央苏区县、也是革命老区县。早在新民主主义革命时期，华安马坑乡下垅村就成立苏维埃政权，点燃革命火种。这里曾是闽西革命根据地的延伸，也是闽西通往厦门、漳州，乃至广东地下交通线的要道。当年华安人民积极参加革命斗争，踊跃参加红军，组建游击队，为红军传递信息，投身于打土豪分田地，建立红色政权等。革命火种越烧越烈。1932年红军东路军攻打漳州的五峰山战役，华安境内的游击队协助红军深入侦察，发动了乡亲上千人参加运输队，确保前线的供给。100多名热血青壮年参加红军，为中央红军攻占漳州提供有力的支持，为红军北上抗日筹款、筹粮、筹物提供很大的帮助。红军主力北上抗日以后，华安县共产党人和游击队员贯彻"隐蔽精干、长期埋伏、积蓄力量、以待时机"十六字方针，转入地下活动。面临着国民党反动势力的多次清剿，地下党组织严重受挫，许多村庄被摧毁。但是在共产党的领导下，革命的火种在华安这片红色土地上从来没有熄灭。红八团、漳龙赤卫团、闽西工农红军华安纵队、闽粤赣边区纵队第八支队等部队前赴后继、浴血奋战，带领华安人民经过土地革命、抗日战争、解放战争的艰难历程，终于建立新政权。

在华安和平解放初期，以黄雨定为首的国民党反动势力拒不投降，继续与人民为敌。华安县工委发动组织群众，开展声势浩大的剿匪斗争，共剿灭大小土匪 115 股，歼灭土匪 1084 人，缴获枪支 762 支，取得剿匪斗争的全面胜利。新中国成立后，中共华安县委带领全县人民不断探索政治、经济、文化各方面建设，取得了成功的经验，也走过了弯路、经历了曲折。华安老区人民高举社会主义革命和建设旗帜，自力更生、艰苦奋斗，全县工业、农业、林业、乡镇企业、水利水电和交通运输等各行各业得到较快发展，老区群众的生活水平得到明显的改善和提高。

改革开放后，勤劳而勇敢的华安人民，在县委县政府的领导下，奋力拼搏在脱贫致富奔小康和全面建设小康社会的道路上，取得了可喜的成效，建成了华安经济开发区，打造铁观音茶叶产业，富美乡村建设日新月异，全域生态旅游产业基本成形，全县综合实力迈上了一个又一个新台阶。全县人民正以昂扬的斗志，建设富美的新华安。

华安全域生态美、青山绿水诱世人。我们真诚期待华安人民在这片秀美广阔的红土地上，秉承革命先辈的优良传统和奋发拼搏的革命老区精神，不忘初心，牢记使命，扬起新时代的风帆，实施振兴乡村战略，在全面建成小康社会的进程中，为华安谱写更加优美灿烂的明天。

中共华安县委书记：（朱百里）

华安县人民政府县长：（简洪坤）

2020 年 8 月 26 日

编纂说明

2017年6月，中国老区建设促进会组织全国各地老促会启动编纂“全国革命老区县发展史丛书”，按照“建立中国共产党、成立中华人民共和国、推进改革开放和中国特色社会主义事业”三大里程碑的历史脉络，系统书写革命老区百年历史，深入挖掘革命老区红色文化资源。这对于充实丰富中国革命史籍宝库、在新时代传承红色基因、弘扬革命精神、强固根本，对于激励人们在新的历史条件下夺取中国特色社会主义伟大胜利，实现中华民族伟大复兴的中国梦具有重要意义。

丛书编纂以习近平新时代中国特色社会主义思想为指导，以《中国共产党历史》《中国共产党的九十年》等重要文献为基本依据，以党的领导为核心，以老区人民为主体，以老区发展为主线，体现历史进程特征，突出时代发展特色，坚持辩证唯物主义和历史唯物主义相统一、历史真实性与内容可读性相统一的原则，书写革命老区从站起来、富起来到强起来的光辉革命史、不懈奋斗史、辉煌成就史，把老区人民的伟大贡献、伟大创造、伟大成就、伟大精神充分展示出来，形成一部具有厚重历史特征和鲜明时代特色的精品力作。这是一部培根铸魂、守正创新，既为历史立言，又为时代服务，字里行间流淌着红色血脉、催生着革命激情的传世之作。丛书的编纂出版将成为讴歌党、讴歌人民、讴歌时代、传播红色文化、为革命老区和老区人民树碑立传的重要载体。

丛书按照编年体与纪事本末体相结合、以编年体为主的编写体例确定框架结构；运用时经事纬、点面结合的方式记述史实；坚持人事结合、以事带人的原则处理人与事的关系；采取夹叙夹议、叙论结合、以叙为主的方法展开内容。做到了史料与史论、历史与现实、政治与学术统一，文献性、学术性、知识性相兼容。

为编纂好"全国革命老区县发展史丛书"，打造红色文化品牌，中国老区建设促进会认真组织、积极协调，提出政治立场鲜明、史料真实准确、思想论述深刻、历史维度厚重、时代特色突出、编写体例规范、篇目布局合理、审读把关严格、出版制作精良的编纂出版总要求，力求达到革命史籍精品的精神高度、思想深度、知识广度、语言力度，增强丛书的权威性和社会影响力。各省（区、市）、市（州、盟）、县（市、区、旗）老促会的同志，以强烈的使命感、责任感和紧迫感，勇于担当，积极作为，认真实施，组织由老促会成员、专家学者等参加的十余万人编纂队伍。编纂工作主体责任在县（市、区、旗），省（区、市）、市（州、盟）组织协调、有力指导、审读把关。各方面人员以高度负责的精神和科学严谨的态度，满腔热情地投入工作，为丛书编纂出版做出了重要贡献。丛书编纂工作还得到了党和国家有关部委、地方各级党委政府及有关部门的大力支持和积极参与，社会各界也给予了热情帮助。中共中央政治局原委员、中央军委原副主席、原国务委员兼国防部长迟浩田上将，对老区人民怀有深厚情感，对革命老区建设发展十分关注，欣然为"全国革命老区县发展史丛书"作总序。

丛书由总册和1599部分册（每个革命老区县编纂1部分册）组成，共1600册。鉴于丛书所记述的史实内容多、时间跨度长和编纂时间紧，不妥之处，敬请批评指正。

中国老区建设促进会

目　录

华安县概况

一、自然环境

华安县位于福建省南部，漳州市西北端，土地总面积1315平方公里，人口16.8万，有6个镇、3个乡、2个国有林场、2个开发区(一个省级经济开发区、一个市级闽台农业开发区)。华安属于南亚热带与中亚热带过渡带，南亚热带季风湿润气候区，一年四季如春。

(一)地形地貌

华安县以山地、丘陵为主，境内群山环抱，山地占全县总面积95.5%，冲积盆地和平地占4.5%。山地主体由戴云山脉和博平岭的延伸部分组成。最高山峰是位于东北部的福鼎尖，海拔1503米。第二高峰是位于西北部的三畲尖，海拔1411米。全县海拔千米以上的山峰有67座，海拔500～1000米的山峰167座。地势西北部高，东南部低，由西北向东南呈阶梯状降落。全县按地貌特点可分为4个山区、3个山盆谷地、2条濒江带，以及1个潭外丘陵台地。华安由于纬度分布和海拔分布较广，因此动植物资源丰富，许多经济作物几乎都可以种植发展。

华安由于山高林密，新中国成立前交通十分不便，没有寸长公路，只有羊肠小道。境内土匪多如牛毛，被外界称之为“土匪窝”。中国共产党所领导的革命斗争，其火种在此点燃与传播，为地下交通线的建立、巩固、发展提供良好的条件。

(二)气候

华安县境北面以戴云山为屏，西北部为博平岭所阻。地形地貌对冬季冷空气南下起着阻隔作用，九龙江贯穿南北，使夏季暖湿的海洋性季风沿九龙江谷地直驱北上。全县气候具有温和多雨、自西北向东南热量分布递增、雨量分布递减及立体分布等特点。县城平均气温20.9℃,七月最热,月均气温28℃;一月最冷,月均气温12.3℃;全年无霜期312天,全年日照时数1889.2小时,长年平均降雨量1620.6毫米(2017年降雨量1795.5毫米),以五至六月份雨量最多,长年平均547.4毫米,占全年降雨量的34.2%。

(三)水文

华安县地处山区,地形复杂,河流纵横交错。丰富的水利资源,为农田灌溉及多种经营发展提供有利水文条件。九龙江北溪干流,在县境内长达107公里。其主要支流有浙溪、温水溪、赤溪、西公溪、仙溪、天宫溪、下樟溪、竹溪等,支流成树枝状汇入九龙江北溪。此外,发源于马坑,流经高安的归德溪往西南流入南靖县境内永丰溪,再汇入九龙江西溪。九龙江及其支流构成华安县主要的河网水系,水资源甚为丰富,生态环境优美,为许多名优水果以及优质茶叶生产提供良好的生态环境。

(四)土壤

由于受气候、地貌、地质、生物、时间和人类活动等因素的影响,华安县土壤类型较为复杂多样。第二次土壤普查结果表明:全县土壤分为5个土类、14个亚类、37个土属、60个土种。红壤面积最大,有7.74万公顷(116万余亩);砖红壤性红壤面积其次,有3万公顷(45万余亩),水稻土有0.87万公顷(13万余亩)。

华安县的土壤资源具有有机质含量高、营养丰富、结构疏松等特点,十分适合茶叶、水稻、柑橘、坪山柚、百香果、毛竹、麻竹、绿竹、食用菌等农产品的发展。

(五)植被

华安县原始植被群落有原生亚热带季风雨林、常绿阔叶林、稀树灌草丛。次生植被群落有亚热带常绿阔叶林、中亚热带阔叶林、马尾松林、杉木林、竹林、针叶混交林、针阔混交林等。

华安县境植物种类有242科2698种,其中蕨类植物42科206种,裸子植物8科54种,被子植物192科2438种。多样性的植被为动植物的生长提供良好的生态环境，同时也为华安发展全域生态旅游提供良好的条件。

二、星火燎原

华安位于漳州、泉州、龙岩三市交界地带，境内峰峦叠嶂，河流纵横，山路崎岖，山区自然条件有利于开展武装斗争，建立革命根据地。哪里有压迫，哪里就有反抗。在中国共产党的领导下，华安迅速燃起革命的烈火。

（一）革命风暴席卷华安大地

华安县地理位置特殊，先后归属漳州、龙岩管辖。当年，北部和西部区域受闽西革命思想的影响，南面有漳州进步思想的渗透，新民主主义革命火种从华安的南面和北面向华安全域迅速蔓延，并且燃起熊熊烈火。在中国共产党的领导下，全县大部分乡镇建立起党组织和苏维埃政权，开展土地革命运动。

民国时期，国民政府实行田赋制度，土地税费交由地方绅士包征或委征。由于层层加码，农民收获的粮食，扣除交租以外，所剩无几。在民不聊生的现状下，人们多么盼望能有机会改变命运。

山雨欲来风满楼。威震八闽的平和暴动、龙岩后田暴动、永定金砂暴动、上杭蛟洋暴动，使华安受其影响，在民众中积蓄已久的仇恨之火一触即发。

中共中央八七会议后，在中共闽西临时特委直接领导下，华安县相继成立了苏维埃政府和赤卫队，广泛开展土地革命战争。漳州北乡丰山镇共产党人杨裕德在当地组建一支300多人的农民赤卫队，在九龙江北溪两岸广泛开展土地革命运动。华安西部的马坑、高安等地与漳平的永福相邻，民间交往密切，商贸交往较多。永福成立苏维埃政府后，马坑、高安的民众在永福做生意、打工较多，其中邹雁龙、邹绍辉、邹碧仔等人在龙车、永福参加红军，走上革命道路。

华安受永福的革命活动影响很大。永福区委决定把革命风暴迅速向相邻的华安发展。经过一段时间的秘密活动和筹备，下垅成立党支部，发展了李友理、李水金、李庆林等4名党员，发动周边村庄群众，秘密开展革命活动，广泛发动群众打土豪。此后，华安的下垅、马坑、文华、和春、高安、高石等村庄均有闽西党组织派人前来开展革命活动。

（二）拓通地下交通线

为了加强中央苏区和各革命根据地的联系，由闽西通往中央苏区、白区、大城市的地下交通线迅速建立起来。其中一条交通线就是从闽南的厦门、漳州经华安、永福进入龙岩十八乡，直到龙岩总站腊石点，然后转往红都瑞金，成为中央苏区一条重要的秘密交通线。从闽西赤色区域向外扩大，一方面向东江的大埔、饶平发展，一方面向漳平永福、华安等地发展。从那时开始，华安就被闽西共产党和苏维埃组织、闽西红军和共青团组织列入向外发展重点区域。

在土地革命时期，红军第十二军第一〇〇团在华安周边县转战数月，并且开辟新苏区，帮助下垅党支部组织50多名赤卫队员举行暴动，没收地主豪绅的耕牛及财物分给贫苦农民。赤卫队员化装为不同的身份，深入民间向民众宣传共产党的主张和红军的宗旨，宣传苏维埃政府的决策，积极开展革命斗争，先后发展了许多苏维埃政权和党组织。华安的西部和北部地区"分田分地真忙"，逐步形成新的红色根据地，成为闽西苏区向外发展的组成部分。

（三）红色区域不断扩大

为配合红军东路军东征漳州的军事行动，华安的党组织和赤卫队进行了紧急动员，积极筹备，从游击队、赤卫队中抽调精干队员参加东征先遣工作团，侦察敌情，送信带路，发动民众支前工作，掀起拥军热潮。华安、南靖的游击队和赤卫队积极配合红军侦察部队进行实地侦察，了解敌情，为大部队提供准确情报。天宝大山是华安、南靖、芗城三个县区交界地，是东路军攻打漳州的主战场，其中华安境内的十二岭是红军东路军东征漳州的主攻目标。红军东路军胜利攻下天宝大山。在红军攻占漳州的战斗中，据不完全统计，华安苏区的马坑、高安、沙建一带发动群众1000余人参加运输队，有100多名青壮年参加红军，为中央红军攻占漳州提供有力的支持。

红军攻克漳州后，红四军一部分兵力深入华安南部开展打土豪、筹款、扩军，帮助地方建立党组织和基层苏维埃政权，使华安南部区域普遍建立起农会、赤卫队、游击队等革命组织，西北部的区苏、乡苏也全面得到恢复与发展。

1932 年 10 月，南靖和溪的反动民团 100 多人围剿下垅苏维埃政府，使华安县下垅党组织受到严重破坏。由于叛徒的出卖，李友理、李朝通等骨干被捕。李友理受严刑拷打，百般折磨，壮烈牺牲。次年秋，南华区苏副主席李元昌率领南华区赤卫队员 100 多人攻下高安邦都联春楼。华安赤色区域迅速恢复，西部与北部连成一片，形成新的红色游击区域。

（四）坚持游击战

中央主力红军长征后，国民党军队对华安及周边县进行多次的“围剿”，破坏共产党地下交通线，华安党组织坚决贯彻闽西南军政委员会制定的方针政策，紧密依靠人民群众，开展广泛的、灵活的、群众性的游击战争。游击战争坚持了三年之久，与周边县游击区联结成片，龙岩、连城、宁洋、漳平等县和漳州的华安、平和、南靖等县形成新的游击区。

（五）发动群众全民抗日

抗日战争时期，华安地方党组织和游击队既要开展土地革命又要武装反“清剿”，还要帮助组建新四军第二支队开赴抗日前线。当地群众在共产党的领导下纷纷建立城乡前线救亡的各种团体，充分调动社会各界的抗日积极性，为抗日筹粮、筹款支持前线。其间，国民党军委会与美国国防部在华安华丰地区联合开办“中美合作所”培训抗日骨干。当时，华安的共产党员和游击队员在国民党统治区实行了“隐蔽精干、长期埋伏、积蓄力量、以待时机”十六字方针，实行战略上的退却，转入地下活动，有计划地将党的干部和一部分武装骨干进入山区基点，开展生产自给。在华安东北部仙都，游维新、吴运琳等一批革命志士以各种职业身份作掩护，团结群众，创办夜校、开展宣传、积蓄力量，准备随时投入新的战斗。漳龙赤卫团重新整顿，以打猎队为名，在高车乡际头村的坪溪进行训练，秘密开展革命活动。1943 年 2 月，赤卫团受到国民党省保安团 100 多人的“围剿”。敌人进村后，掠夺财物，抓捕群众，烧毁全村房屋，使革命斗争活动陷入低潮。

（六）清剿残余势力，取得全面胜利

在人民解放战争“三大战役”取得节节胜利的大好形势下，华安与周边县把握时机发动群众，扩大队伍，开展迎接解放的武装斗争。1949 年 5 月，闽粤赣边区纵队第八支队进军华安，在高安、高车、沙建一带 10 天内共打了 8 场仗（史称“十天八仗”），在华安产生了重大的影响。7 月 7 日，中共安溪中心县委书记陈华委派刘子熙和陈君实到华安与华安国民党当局代表谈判起义事宜，但是黄雨定不肯率部起义，谈判失败。9 月份发生玉屏盂战斗（湖林乡湖林村玉屏盂自然村），11 月 18 日，华安和平解放。但是，黄雨定仍然不肯放下武器，带走华安地方武装其中的部分亲信，上山为匪，继续与人民为敌。

华安人民经历了漫长的革命斗争，表现出英勇顽强、百折不挠的革命意志，做出了不可磨灭的贡献。据统计，全县参加红军、赤卫队、游击队 876 人，被摧残的革命基点村 29 个，被杀、被抓、被迫逃亡近 1000 人，部分村庄被毁，242 人被评为革命烈士，598 人被认定为革命“五老”人员，60 个建制村被认定为老区村，属全省重点老区县。高安镇平东村邹天保、邹天水保存的一面“红军第四军汀漳龙联合赤卫队大队部”旗帜和一枚“红军第四军汀漳龙联合赤卫队之印”印章，于 1951 年献给中国革命博物馆珍藏。

1949 年 11 月至 1951 年 5 月，华安县采取“军事打击和政治瓦解相结合”的方针，开展声势浩大的群众性剿匪斗争，平息“云山暴乱”，剿灭黄雨定、胡励海、童满天、汤祖林、陈万物等大小 115 股土匪，歼灭土匪 1084 名，缴获枪支 762 支，结束全县剿匪斗争。

三、经济建设

在华安县工委的领导下，全县用 3 年时间，开展土地改革、“三反”“五反”等运动，抗美援朝宣传教育活动，建立农民协会、共青团组织，壮大了民兵队伍，整顿乡级政权，建立基层政权，巩固人民民主专政。接着，又广泛开展互助合作运动，由初级社提升到高级社然后进入人民公社。华安县龙峰村（后更名为先锋村）的整社经验得到毛主席的赞许，并写下按语被收入《毛泽东选集》第五卷。全县顺利完成农业、手工业、资本主义工商业的社会主义改造。1958年，华安县开展“大跃进”运动，兴修水利、大办工厂、创办学校等等。“大跃进”和“人民公社化”运动出现浮夸和“共产”风，给农村经济带来了严重的损失。华安县委、县政府及时贯彻执行中央的“调整、巩固、充实、提高”八字方针，纠正“公社化”和浮夸风，带领全县人民走出困境。实行农村“人民公社”的体制。

从1961年开始，华安县委、县政府认真贯彻中央的决定，使农业生产走出困境，工业、商业得到恢复和发展，人民生活水平逐步提高。到1965年，全县生产粮食达36426.8吨，人均产粮417公斤，分配给群众口粮233公斤。华安县从1963年至1966年开展社会主义教育活动，在县直机关中开展反对贪污盗窃、反对投机倒把、反对铺张浪费、反对分散主义、反对官僚主义为内容的“五反”运动。1966年下半年，华安县与全国一样，掀起“文化大革命”运动。在破“四旧”立“四新”过程中，华安有许多历史文物、名胜古迹、革命遗址、遗物受到严重破坏。1968年9月，华安革命委员会成立，实行党政“一元化”领导，开展“斗、批、改”运动，1970年2月，开展“一打三反”（打击现行反革命，反对资产阶级派性、反对右倾思想、反对资本主义倾向）运动。1972年9月17日，成立“华安县革命委员会党的核心小组”，逐步恢复各级党组织活动。其间，华安安置上山下乡知识青年；华安水力发电厂动工建设（1979年10月投产发电）。

1961年至1977年间，华安各行各业有较好的发展。农业方面，认真贯彻“以粮为纲，全面发展”的方针，粮食总产量达9500多万斤，林业方面，认真抓封山育林、消灭荒山等，森林面积达915000亩，覆盖率达64.4%；甘蔗总产量达5000万斤，茶叶总产量2200担；工业方面，新建农械厂、化肥厂、石墨粉厂、机砖厂、塑料拖鞋厂。轻工业、农产品加工业也有新发展。全县老区群众生活水平有一定的提高。

改革开放后，华安县委、县政府引领全县人民在脱贫致富奔小康和全面建设小康社会的道路上奋力拼搏，先后实施“依山兴县、兴茶富民”和“工业兴县、兴茶富民”发展战略，全县综合经济实力迈上了一个又一个新台阶。县域经济多年蝉联全省经济发展十佳县，全县经济社会事业协调发展。

农业方面：全县首先解决温饱问题，从华安的实际出发，着力推广新品种、新技术，实施良种良法。1981 年漳州农校培育的水稻早季新品种 78130 在华安试种、示范并且向全国推广。同时，单季稻全面推广杂交水稻，粮食年年获得大幅度的增产，实现全县粮食自足有余。其次是推行农业结构调整，大力种植坪山柚、芦柑、龙眼、荔枝等水果，解决群众经济收入问题。接着是引导群众山地开发，种植经济林，种植茶叶新品种铁观音、金观音等，华安以铁观音为主的茶叶种植面积至 2014 年达到 16 万亩，加工户 12000 多家。全县还因地制宜发展食用菌生产、蔬菜生产、百香果生产等经济作物，使农村经济收入大幅提高。

工业方面：全县上下坚持创新招商理念，大力推进项目建设，强化软硬环境建设，全力招商引资，以工业园区和工业集中区为载体，挖掘民间潜力，拓宽投资领域，经过多年的艰苦奋斗，初步形成华安的工业体系。

旅游业方面：华安文化积淀深厚，拥有“国保”文物单位 3 处、“省保”文物单位 5 处，其中福建华安土楼被列入《世界文化遗产名录》；有全国罕见的动植物基因库——贡鸭山；有全国竹类植物综合基地——华安竹种园；有民俗特色村寨官畲村、坪水村、送坑村等。农村中富美乡村建设日新月异，华安全域生态旅游的格局基本形成。老区革命遗址、遗物和红色教育展馆的展示，使华安全域生态旅游的内容更加丰富多彩。基础设施更加完善，铁路南北贯通，并将改道绕城；高速公路也南北贯通，设有 4 个互通口，早在 2007 年就实现村村通水泥路，在省、市、县老区办、老促会的重视支持下，全县基本拓通各自然村断头路，水泥路网已经建成；全县电力、广播电视、电信、信息网络等社会事业有长足的发展。如今，这里已经是道路畅通、电力保障、通信便捷、服务设施齐全的富美新华安。

华安人民在县委、县政府的领导下，努力改变贫困山区的落后面貌，继续认真实施“生态立县、工业强县、旅游活县、兴茶富民”发展战略，全力打造国家重点生态功能区、世界文化遗产地、全域生态休闲养生与特色乡村旅游县，把华安的明天建设得更加优美。

第一章　星火燎原展红旗
(1928年—1949年)

华安县位于漳州、泉州、龙岩三市交界地带，东与长泰县、安溪县毗邻，西与南靖县连接，南与芗城区隔江相望，北与漳平市接壤。全县土地面积1315平方公里，其中80%为丘陵山地。由于地域复杂，不便管理，因此，1928年，华安才正式置县治。在此之前，华安地域属漳州府龙溪县管辖，统称龙溪二十五都地，更早前应追溯到清朝初期，县丞长驻华丰(古称茶烘)，称龙溪分县。

华安县境内，拥有福建省第二大河流——九龙江北溪。九龙江北溪一水中流，纵贯华安全境长达107公里。自古以来，这条绿色黄金水道，为闽西南地区人员和货物往来的重要交通枢纽。沿江两岸，峰峦叠嶂，山高林密，地形复杂，加上特殊的地理位置，十分有利于武装革命斗争。在土地革命时期，华安是闽西苏区不可或缺的重要组成部分，也是中央苏区向闽南地区扩展游击战争的组成部分。在这片红色土地上，毛泽东、朱德、聂荣臻、罗荣桓、林彪、邓子恢、张鼎丞、谭震林、方方等老一辈无产阶级革命家，曾留下深深的足迹。他们在华安大地上进行过革命实践活动，带领华安人民进行过艰苦卓绝的武装革命斗争。为了华安人民的解放事业，无数革命先烈、先辈抛头颅，洒热血，用鲜血和生命铭刻着令人难忘的历史印记，谱写了一篇篇可歌可泣的悲壮乐章，铸造了一座座熠熠生辉的人民英雄纪念丰碑。

第一节　红色政权的建立及武装斗争

1928 年，华安正式置县治之后，其行政沿革几经更动。1932 年至 1934 年，国民革命军第十九路军发动“闽变”后，成立“福建人民政府”，将原福建省地域划分为十个省。华安县被划为龙汀省的一个辖区县。1934 年，华安县又被改为龙岩第七行政督察区管辖。直到 1937 年，福建省重新调整督察区后，华安县又划归龙溪第五行政督察区辖地。1949 年 10 月 1 日，中华人民共和国成立。龙溪地区行政机构的名称几经改换，但华安县为龙溪地区的辖区之一始终没变。由于地理条件的因素，华安县的西北部地区各方面受闽西影响较广，而南部地区却受到漳州影响较大。因此，在土地革命时期，闽西和闽南的革命风暴，迅速蔓延华安县全境。在中国共产党的领导下，华安县许多乡村相继建立了党组织和苏维埃政权，广泛发动劳苦农民起来闹革命，开展了轰轰烈烈的打土豪、分田地的土地革命运动。

一、近代华安的政治经济形势

华安县位于漳州的西北端，虽地处偏远山区，但这里流金溢彩，享有“绿色北溪”之称。明代华山乡贤方进曾留下这样的诗句:“入夜不知暑至，长年坐看花生。”赞美九龙江北溪两岸这片美丽富饶的土地。

然而，1840 年，西方列强发动了侵略中国的鸦片战争。这场战争，以中国的失败而告终。从此，西方列强强迫中国割地、赔款，签订一个个不平等条约，开始从政治、军事、经济、文化等进行全面侵略，使我国逐步沦为半殖民地半封建社会，人民一步步被推入苦难的深渊。地处闽南山区的华安县，社会经济、阶级结构和人民生活以及人的思想意识，受到严重影响，开始发生变化。尽管 1911 年发生的辛亥革命，推翻了长达两千多年的封建帝制统治，但华安人民并没有看到由此带来的社会安定、人民安居乐业的美好愿景。反而由于国民党反动统治和地主、恶霸、土匪、军阀的政治压迫和经济剥削，华安县局势更加混乱，社会危机四伏，工农商业日益萧条，百姓苦不堪言。

在社会治安管理方面，华安县地处闽西南山区腹地，境内山高林密，地广人稀，村落极为分散，交通闭塞。纵贯华安全境的九龙江北溪，上可通漳平，下可达漳州、厦门口岸，是这一带土特产和日用品出入运输的要道，也是华安通往外界的唯一通道。华安山区经济落后，并非交通不便的原因所造成的，而是政治腐败、政局混乱、社会危机重重所引起的。全县各地土匪占山为王，匪贼多如牛毛，自古以来被称为“土匪窝”，为难治之地。各路土匪啸聚山林僻壤，烧杀抢劫，无恶不作，给山区社会造成极大的破坏力。1928 年 5 月，华安建县之后，立即成立漳北保安总队，下辖 3 个中队，拥有队兵 110 人，由本县豪绅李玉如担任队长，负责维持九龙江北溪河道及县城社会治安。1932 年 9 月，十九路军团长孙兰泉率部进驻华安，实行取消苛捐杂税，禁烟、禁赌、禁娼、剿匪等一系列新政，给华安县城乡带来一时安定。但昙花一现，驻军部队一走后，社会又恢复原来的状况，照样混乱不堪。为了加强防卫力量，1941 年，华安县重新建立国民兵团，简称“民团”，由县长黄平西兼任团长，共设 3 个区队，拥有官佐 13 人，队兵 219 人，配备步枪 195 支。尽管如此，全县匪患依然猖獗，政令很难通畅，烧杀抢劫的事件经常发生。后来，华安县国民政府向军阀头目张毅请救派兵进驻县城，协助地方剿匪。可是，武装力量尚未行动，土匪早已望风而逃。军阀部队到处扑空，剿匪不成，反而把县城商铺焚毁 10 多间。

在社会经济方面，可谓百业凋零。新中国成立之前，华安县所有土地都属于私有，可以出租、买卖、典当、转让、继承，土地所有相当集中。只占全县总人口 12%的地主、富农、官僚却占全县土地面积的 80%以上。他们通过地租、高利贷等对广大农民进行经济剥削。遇到灾年，粮食歉收，地租不减，苛捐杂税照收，农民苦不堪言。当时，城乡流传着“穷人灾荒卖儿郎，富人灾荒盖新房”的歌谣。这是旧社会的真实写照。不仅是农村民生困苦,城镇里工业也几乎空白。1930 年,全县唯有城关一家装机容量 5 千瓦时的火力发电厂。电厂既解决城关居民照明问题,又附设碾米加工。这是县内首家私营工业企业,但只办一年多就倒闭。10 年之后,豪绅官僚李汉森等人在下坂牛屎岭脚兴办森源水车场。他们利用水力发电,夜间供城关照明,白天碾米加工,但 1948 年又停办。至华安解放前夕,全县工业企业唯有一家私营小型印刷作坊。农副产品、手工业品和日常生活必需品,仅靠定期的赴圩赶集进行交易。不少投机商贩操纵物价,囤积居奇,致使物价暴涨,商品奇缺,城乡市场一派萧条景象。

在税赋方面,民国时期,华安县地方财政收入的主要来源是靠收取各种税费、各税附加、杂捐和临时性摊派款项来维持的。国民党地方政府巧立名目、暴征豪取使苛捐杂税种类繁多,其中各种税有厘金货物税、印花税、营业税、所得税、利得税、屠宰税、筵席税、娱乐税等;各税附加有田赋税附加、生猪屠宰税附加、契税附加等;杂捐主要有人丁捐、米捐、戏捐、水果捐、迷信捐、车船捐、喜轿捐、木排捐、军米捐、猪儿捐、房屋捐、过路捐等五六十种;临时性摊派主要是根据形势需要,自行开征的项目,摊派每年都有不少数额,而且一切额外的摊派都是"合法化"。甚至有的苛捐杂税还提前征收,如全县田赋税从 1926 年就预征收到 1932 年。总之,国民党地方政府根本不顾人民死活,横征暴敛,使民众不堪重负,叫苦连天。除此,华安的土匪各据一方,为非作歹,无所不为,鱼肉乡里百姓。有时为了各自利益,土匪之间大动干戈,挑起宗族械斗,带给山区人民无尽灾难。华安县广大农村中,交不起税,还不起债的农户比比皆是。有的甚至妻离子散,家破人亡。华安人民被沉重的苛捐杂税压得喘不过气来,加上连年自然灾害频发,匪患不断,饱受欺辱,纷纷盼望彻底改变这种世道和悲惨命运。因此,城乡阶级矛盾十分尖锐,激发了广大农民群众起来反抗斗争。

二、农民运动风起云涌

华安人民革命斗争的历史源远流长,早在鸦片战争之后,便开始了此起彼伏的反帝反封建斗争。历史进入20世纪后，华安人民的革命斗争更加波澜壮阔。20世纪20年代初，革命先驱者孙中山领导的资产阶级民主革命，在漳州轰轰烈烈开展“护法区”运动。当时，俄国十月革命和北京五四运动相继爆发。在此影响推动之下，“宣传新文化，建设新社会”成为漳州护法区的风潮。马克思主义思想开始在闽南传播，漳州一度成为“中国南方革命中心”和“中国革命青年和中国社会主义者的朝圣地”。

1927年4月12日，蒋介石发动反革命政变之后，漳州地区革命形势开始恶化。5月，国民党反动派着手展开清党运动。驻扎漳州的反动军阀强行在漳州地区大举“清乡”活动，把屠刀举向革命者，因此无数共产党人惨遭迫害，使轰轰烈烈的革命运动陷入低潮。1927年4月底，中共闽南特委召开紧急会议，果断采取应变措施，作出四项决定：(一)在城市坚持党的地下秘密组织，领导工人、学生和市民继续进行反对国民党反动派压迫的斗争；(二)把党和革命工作重点转移到广大农村中去；(三)坚持巩固和发展党的组织，以适应革命斗争的需要；(四)以农民武装斗争推动减租减息和反抗烟苗捐运动的开展，并在条件成熟时举行武装暴动。这四项决定，为闽西南地区开展土地革命运动和武装斗争指明了方向。应该说，中共闽南特委召开这次紧急会议，是闽西南地区党组织在反革命事变发生后的复杂形势下召开的一次十分重要的会议。会议正确地分析了国内时局变化以及敌我双方力量对比情况，及时采取应对措施。尤其是把革命的重点转移到农村去，使闽西南地区党组织在白色恐怖下基本保持了革命力量，又使农村土地革命运动得到发展壮大。随后，闽西南地区广大农村土地革命运动的星星之火再次点燃，迎接新的革命高潮的到来。1928年，在张鼎丞、邓子恢、朱积垒等共产党人的领导下，革命风暴席卷八闽大地。威震四方的龙岩后田暴动、平和暴动、永定金砂暴动、上杭蛟洋暴动先后相继举行，从而揭开了八闽大地以共产党领导的革命武装反抗国民党反动派的斗争帷幕。受其影响，漳州北乡(包括华安县的丰山、沙建)在中共闽南特委的领导下，建立农会组织，开展农村土地革命运动，组织农民赤卫队与反动军阀、当地土豪劣绅展开斗争。因此,华安县的丰山、沙建一带农村土地革命运动,成为闽南地区在中国共产党领导下的武装革命斗争的重要组成部分。

漳州北乡是指九龙江北溪沿岸,漳州古城以北地区,包括原龙溪县的浦里、五昌、金砂、乌石等地和华安县南部的丰山、沙建一带的乡镇。在中共闽南特委的领导下,华安县南部一带轰轰烈烈的农村土地革命运动之所以能够顺利开展,关键是一位重要人物在极力推动。他的名字叫杨裕德,是华安县丰山内角村人。

据中共华安县党史办采访记录,杨裕德同志生前讲述了漳州北乡农民运动及其他情况介绍,这是一段不平凡的历史,拉开了华安县农民武装反抗斗争的帷幕。当年县委党史办采访时,杨裕德同志已是 75 岁高龄的老人。据采访史料披露,1927 年初中毕业后,杨裕德只身一人前往上海暨南大学高中师范读书,在校期间受到进步思想的影响加入共青团组织。当时,该团支部共有团员 20 多人,由他担任负责人。那时,杨裕德很年轻,风华正茂,有革命热情,又爱看书学习。宿舍里传阅的都是《布尔什维克报》《红旗报》。后来,杨裕德经人介绍,加入中国共产党,成为一名共产党员。白色恐怖期间,上海地区不少党组织受到严重破坏,因此许多进步学生被捕入狱,遭受酷刑。由于叛徒或特务学生的出卖,杨裕德参加革命活动的公开身份暴露。1929 年 4 月,党组织通知他撤离上海,回到福建老家丰山,利用家族在当地的影响力,继续从事地下革命活动。

1929 年初夏,杨裕德回到华安县丰山。过了不久,立即有一个叫郑华的人上门联系。他是浦林丰乐村人,共产党员,准备组织地下红色游击队,但苦愁没有枪支弹药,找杨裕德商量解决。后来,他们一起在丰山一带组织农会,举办夜校,广泛发动农民抗捐、打土豪、斗地主活动。队伍很快发展到 300 多人。不久,漳州北乡共产党游击队在浦林正式秘密成立。王牛屎任队长,郑华任政委,杨裕德担任秘书。因为他家是大户人家,杨裕德的家族在当地很有影响。不仅如此,他家里还有枪支弹药,用于看家护院。杨裕德把暗藏的 9 支长枪和 1 支短枪拿出来,送给游击队使用。同年底,华安丰山农民赤卫队也正式成立，由杨裕德任队长，在九龙江北溪沿岸展开收缴土豪劣绅武装等革命活动。

1930年2月，中共福建省委要求“漳州附近各县要加紧发动和领导农民抗捐、抗税、抗粮、抗租、抗债的斗争，并与闽西红色革命运动联系起来举行地方暴动，没收地主土地，建立苏维埃政权”。当年初夏，在漳州县委负责人王占春的领导下，漳州北乡乌石亭举行农民武装暴动。5月，北乡区委领导人郑华等按照漳州县委的部署召集北乡各村农会负责人举行会议，具体研究暴动工作，决定成立北乡暴动指挥部，由郑华任总指挥，并定于5月29日举事后建立北乡苏维埃政权。

5月29日是乌石亭圩日。天将破晓，按暴动指挥部的部署，杨裕德率领华安丰山一带300余名农会会员和赤卫队员携带武器，以参加浦仔村划龙舟比赛为名横渡九龙江北溪，按时到对岸的乌石亭参加农民暴动。此时，汇集于乌石亭的农会会员和革命群众已达3000多人。会场上，有斧头镰刀图案的红旗到处飘扬，群情激昂。在暴动誓师大会上，闽西中央苏区派来的特派员也作了重要讲话。暴动指挥部宣布举事行动开始。赤卫队首先割断国民党联防民团的电话线，然后攻占乌石亭民团团部，当场缴获警察的步枪5支。团丁们惊慌失措，纷纷逃离。接着，参加农民暴动的人员手持刀枪、棍棒等各种武器，举行了示威游行。浩浩荡荡的队伍从乌石亭出发，开往浮山镇，捣毁浮山汽车站，推翻汽车，沿途打土豪，在下苍村处决了民愤极大的封建族长1人，为民除害。

漳州北乡农民暴动事件，震动了漳州城，引起一片恐慌。民间广传红军大部队即将攻城。当天下午，漳州军阀头目张贞立刻下令旅长杨逢年出兵镇压北乡农民暴动。在当地土豪劣绅的配合下，敌军开进浦南一带，准备大肆抓捕农会会员和革命群众，却遭到农民武装的顽强抵抗。但是，农民赤卫队因枪支少，装备差，被迫退至天宝大山梅仔埕。一场轰轰烈烈的北乡农民暴动因此失败。后来，杨裕德领导的丰山农民赤卫队，只好转入地下秘密革命活动。

1930年冬，中共福建省委派陶铸到漳州恢复闽南特委，加强对漳州北乡农民运动的领导。当年12月,漳州南乡、北乡工农游击队正式合并,建立了闽南红军游击队第一支队(即中国工农红军闽南独立第三团的前身)。后来,丰山赤卫队也被正式编入闽南红一支队。在中共漳州中心县委领导下,闽南红一支队活跃在漳州南乡、北乡一带以及龙溪、华安、南靖边界山区,广泛发动群众,秘密组织农会,创建红色根据地,组织农民抗捐抗租,破坏通讯、交通设施,坚持了持久的革命斗争。

三、华安县下垅苏维埃政权的建立

马坑下垅村,位于华安县西部,与漳平和南靖三县交界的边远山区。这里山高林密,交通闭塞,匪患猖獗,百姓苦不堪言。就在这名不见经传的山村里,诞生了华安县第一个红色政权。

华安县马坑下垅村之所以能够建立第一个红色政权,主要是受到闽西风起云涌的革命风暴波及影响。1927年,中共中央召开八七会议后,闽西共产党人和革命工农,积极准备武装起义。南昌起义后,周恩来、朱德、贺龙、陈毅、叶挺等率领工农红军途经闽西,一路撒下革命火种。从1928年开始,平和长乐,龙岩后田、白土,上杭蛟洋,永定湖雷、溪南、金丰、金砂等地在中国共产党领导下,先后举行声势浩大的武装暴动,对闽南地区产生了重大的影响。尤其是1929年春,在中共闽西临时特委直接领导下,漳平县永福相继成立永福总区苏与东河区、南河区、北河区等区苏维埃政府和赤卫队。同年9月,朱德率红四军攻克永福,帮助当地成立中共永福区委,并重建永福苏维埃政权,广泛开展土地革命战争。因为地缘关系,华安县马坑、高安一带毗邻漳平县永福,历史上民间交往密切。在永福做生意、打工的高安邦都村民邹雁龙、邹绍辉、邹碧仔等人,经人推荐介绍在龙车参加工农红军,走上了革命道路。1930年5月,中国工农红军十二军军长邓毅刚、政委邓子恢、政治部主任陈正、参谋长邓益,率领部队转战漳平、南靖、平和、龙溪、华安等县,广泛发动群众,开辟新苏区。永福总区苏维埃政权建立之后,为了扩大红军的影响和壮大红色政权组织,他们决定把革命风暴迅速向邻近的华安县方向发展。1929 年 10 月，在中共闽西特委的授意下，洪锡麟、陈志科两位共产党人以小商贩为掩护进入马坑下垅村。他们明里做小生意，暗地里向群众宣传革命道理。宣传口号是：最贫苦的农民要联合起来。当时，下垅村百姓过着土匪恶霸压迫、三餐日食难熬的苦日子，很快就被宣传口号唤醒，产生革命热情。经过一段时间秘密活动和筹备，当地村民李友理、李朝通、李水金、李庆林 4 人成为首批发展的共产党员。1930 年 2 月，马坑下垅村中共党支部正式成立，并建立下垅苏维埃政府，由李友理担任中共党支部书记和苏维埃政府主席。同一时期，永福东河区苏维埃主席陈元兴等人，也先后前往华安县赤溪、银河等村落，展开秘密的革命活动。随着马坑下垅村首个红色政权的建立，华安县的福田、马坑、和春、文华、高安、高车、际头、高石等乡村都有共产党人进行的革命活动。革命星火已燎原到华安广阔的大地上。

为了加强闽西中央苏区与闽南地区各革命据点的联系，1930 年 2 月，根据毛泽东主席的指示，中共闽西特委派蔡义昌组建“闽西工农通讯社”，建立起多条由闽西通往中央苏区、国民党当局统治地区以及沿海大城市的地下交通线。华安县境内的九龙江北溪，是连接闽西南地区的交通要道。当年，曾任中共福建省委书记的项南年轻时，就是从这一条黄金水道走上革命道路。九龙江北溪的水上交通线建立之后，从闽南的厦门、漳州经华安境内，到达漳平永福后进入龙岩十八乡，然后到龙岩总站腊石点，转往红都瑞金。这是当时中央苏区一条重要的秘密交通线。时隔不久，中共福建省委第二次代表大会在厦门召开。会议指出，闽西赤色区应该向外扩展，一方面往东江方向的广东大埔、饶平发展，另一方面往福建漳平永福、华安方向发展，以便与厦门、漳州连接起来。从那时开始，华安就被闽西中央苏区作为向外扩展的重点区域。华安下垅村建立红色政权，使命光荣，任重道远。自成立之后，他们自制长矛，购买长枪、鸟铳，壮大革命武装力量。他们既要打土豪劣绅、开展土地革命，又要维护秘密交通线的安全，确保人员、物资畅通无阻。

然而，华安县下垅苏维埃政权建立之后，国民党军阀、土豪恶霸,反动民团把它当为眼中钉、肉中刺,不断对红色区域进行围剿。1932 年 10 月,南靖和溪反动民团纠集了 100 多人,以及被打倒的土豪劣绅围攻下垅苏维埃政府。由于叛徒的出卖,李友理、李朝通等人被捕,其他赤卫队员四处隐蔽。华安县第一个红色政权受到严重破坏。李友理受到民团严刑拷打,在南靖县和溪圩场惨遭开膛剖腹,英勇牺牲。李朝通也被残忍杀害。后来,乡亲们怀着悲愤的心情,把苏维埃政权的旗帜、印章,还有枪支、大刀、头盔等革命遗物,埋藏于山上的大石头下。华安下垅红色政权虽然严重受挫,但在华安贫苦农民心中燃起了永不熄灭的革命火种。

四、邦都联春楼的枪声

20 世纪 30 年代初,随着日本帝国主义对中国的野蛮侵略,我国东北三省已沦陷。蒋介石反动集团不仅不抵抗,反而派出重兵加紧对闽西中央苏区的"剿共"。至 1933 年秋,蒋介石已对中央苏区实行第四次"围剿"。面对敌人的严重军事威胁,中共临时中央在江西瑞金召开六届五中全会。中央认为,要彻底粉碎国民党军队的"围剿",必须在敌人之后方与侧边积极主动地开展游击战争。考虑到中央苏区东南部受敌威胁严重,除了闽西苏区建立一道坚强屏障外,还要在西起粤东、东至闽南地区筑起一条防线。

鉴于这样的战略方针,中共漳州中心县委进一步加强中央苏区外围游击区域党的组织建设,先后在南乡、北乡、洋尾溪、龙溪圩成立 4 个区委,并在龙岭、山前、山城、三坪、沥水建立 5 个工委。华安县各区乡苏维埃政府积极响应上级党委的号召,深入发动群众参军参战,打退了国民党军队的多次进攻,充分发挥了中央苏区东南部前沿阵地的作用。1933 年,从瑞金工农红军学校第四期毕业的邹天水,被任命为红四军汀漳龙联合赤卫大队负责人。他回到华安后,曾到南靖金山一带鼓动一些从前在一起上山打猎的伙伴当红军。在此期间,南靖、华安一带先后有 20 余人参加了红军。他们活动于闽西南边界地区,给敌人以沉重打击。

其中最有影响的战斗是,攻打邦都联春楼的战役。高安邦都的联春楼，当地俗称“番仔楼”，于清末期间由旅居南洋华侨筹款兴建。四方形的土楼，高三层，墙体地基用花岗岩块石砌成，十分牢固，具有防盗、防火的功能，原为邹氏民居，后来被国民党地方民团挪占为军用仓库，有重兵把守。1933年秋，永福南华区苏维埃政府副主席李元昌和银兴（又名小鬼）、桂容率领赤卫队员和革命群众100多人，攻打邦都联春楼。入夜，枪声大作，喊声震耳，把土楼包围得水泄不通。守楼的民团士兵，抵挡不了赤卫队的强攻，纷纷缴械投降。赤卫队不仅缴获大量枪支弹药，还把楼内的谷子和布匹分给当地群众。他们向群众宣传苏维埃政府政策，发动群众和红军一起打土豪分田地。自邦都联春楼攻占之后，华安县西部片区的高安、高车、马坑乡镇已连成一片，成为新的红色根据地，为红军开展游击战争提供广阔空间，有力地支持了闽西、闽南的土地革命斗争。

五、华安红色区域的发展与扩大

土地革命时期，华安县由于独特地理条件的因素，深受闽南、闽西红色革命风暴的影响，十分有利于革命形势发展。在鼎盛时期，华安县红色区域基本形成两大区块，南部的丰山、沙建一带普遍建立了由共产党人领导的农会、赤卫队、游击队等革命组织，仅丰山农民赤卫队员就多达300余人。他们活跃于九龙江北溪两岸，打土豪、杀捐棍，党组织领导的农民武装斗争方兴未艾。西部、北部的区苏、乡苏普遍建立，红色政权遍布广大乡村。在红色区域里，打土豪、分田地的土地革命运动有力开展。华安红色区域还扩展到南靖县边界地区，在迎富开办列宁小学，由南华区苏维埃政府提供办学经费。华安的高安、马坑和南靖的和溪、金山等地的适龄儿童进入列宁小学学习，接受革命教育。当时，华安的西北部地区随着红色革命的兴起，社会经济、文化教育事业得到全面发展。后来，由于反动民团的围剿，下垅苏维埃政权受到严重破坏，革命斗争陷入低潮，但革命的火种已在广阔山村燃起。华安县的红色区域除了高安、马坑、高车乡镇外，已发展到华丰、湖林、新圩等乡村，形成许多新的革命老区乡村。湖林乡吉土村境内的“五桂堂”“蟠山堂”两座陈氏宗祠,是闽粤赣边区纵队从事武装斗争的据点。解放战争时期,中国人民解放军第八支队警卫连长陈志光多次带队伍到这里开展革命活动。全乡有 37 人参加了共产党领导的游击队,其中仅吉土村就有 24 人,是全县闻名的革命老区村。

第二节　五峰山上战旗飘扬

1931 年 9 月 18 日,日本帝国主义发动了蓄谋已久的侵华战争。我国东北三省沦陷之后,神州大地各阶层民众被唤醒,一场空前规模的抗日反蒋浪潮迅速兴起,国民党内部阵营也发生变化。同年 12 月 14 日,国民党 26 路军在江西宁都宣布起义,加入了中国工农红军,被编为红军第五军团。1932 年 1 月 28 日,日本向我国上海大举进攻。国民党 19 路军奋起反抗,受到全国人民一致拥护。可是,当时中共临时中央不去顺应历史潮流,而是盲目地执行王明“左”倾冒险主义路线,指示中央红军以占领中心城市为目标,攻打赣州,继而夺取吉安和南昌。赣州战役历时 33 天。广大红军将士英勇顽强,浴血奋战,数次攻城,均以失败告终。红军部队遭受重大伤亡,被迫撤围。

1932 年 3 月中旬,苏区中央局在赣县江口中央革命军事委员会驻地召开重要会议。与会的有毛泽东及部分中央委员、中央军委委员、军团领导。他们严厉批评了攻打赣州的军事错误,给红军造成严重损失,并围绕今后红军行动方针展开激烈争论。会议过了几天,有情报披露,粤军有可能袭扰闽西苏区。根据敌情变化,苏区中央局听取毛泽东、林彪、聂荣臻等人的建议,把红军一、五军团合编成中路军,又改成东路军打到福建去。同年 3 月下旬,红一军团和红五军团部队先后进入福建长汀。为了加强东路军的军事指挥,毛泽东以中华苏维埃共和国临时中央政府主席和中央军委委员身份,随军东征福建。

红军部队入闽之后,毛泽东根据当时时局变化,敌我态势,深入进行调查与分析,并向中央建议挥师南下攻打漳州。1932 年 3 月 20 日,毛泽东致电苏区中央局书记周恩来,建议红军东路军进攻漳州。电文中这样写道:“政治上必须直下漳(州)泉(州),方能调动敌人,展开时局,求得战争主动。”毛泽东从三个方面分析,说明攻打漳州的必要性。一是从全国抗日局势看,当时日军的势力已扩至东南沿海。红军打下漳州,可威逼厦门沿海日本驻军,红军以实际行动,宣传党的抗日主张和政策,让全国老百姓充分了解工农红军的性质,广泛团结一切力量一致抗日。二是从军事形势看,当时国民党陆军 49 师张贞部驻扎漳州,又是进攻闽西苏区的主力部队,沉重打击张贞部队,可为闽西苏区巩固发展消除隐患。此外,粤军正向闽西苏区逼近,中央红军声东击西,可吸引敌军主力,牵制粤军行动,争取战争主动。三是从经济上看,因国民党对中央苏区长期封锁,红色根据地财政困难,部队给养紧张。而漳州又是福建南部富庶的城市,物质丰富,工商业发达。红军攻打漳州,可筹款筹物,解决中央苏区诸多困难。基于上述三个有利因素,毛泽东的建议立即得到苏区中央局的赞同,在周恩来极力支持下,党中央和中革军委终于同意红军东路军攻打漳州,漳州战役就此拉开序幕。

一、神兵天降

1932 年 4 月 1 日,红军东路军与中央闽粤赣省委领导在长汀召开攻打漳州的联席会议。毛泽东在会上明确阐述了攻打漳州的重要意义。毛泽东反复强调,红军攻打漳州后,完成既定任务后就班师回苏区,不准备长期占领漳州。周恩来对这次战役十分重视,指示闽粤赣省委领导各县做好政治动员,粮食物资供给、运输、安全等后勤工作。他不仅对整个战役作宏观的部署,而且对细微的后勤安排都考虑得十分周到。

同年 4 月 3 日,红一军团部队从长汀出发奔袭龙岩,4 月 8 日悄悄地到达龙岩附近的大池。4 月 10 日,攻打漳州战役的第一仗终于打响了。龙岩部分守敌逃走,未能合歼。国民党 145 旅旅长杨逢年乘车匆忙逃往漳州。当天下午,红军将士就占领龙岩城。

4 月 11 日,毛泽东在龙岩主持召开红一军团师长、政委以上干部会议,认真总结龙岩战斗胜利的经验,并部署下一步红军行动方案。由罗炳辉率领十二军在上杭、武平地区警戒,密切注意粤军的动向,保障红军部队攻打漳州的后路和右翼的安全。由一、五军团红军主力部队集合后挥师南下攻打漳州,4 月 14 日,红五军团部队赶到龙岩。红十三军驻守龙岩城,负责保障龙岩至漳州的战勤公路交通运输,随后红三军与红一军团一起参加漳州战役。各军团红军部队集合后从龙岩出发,经和溪、水潮、龙山一带,逼近宝林、天宝大山防线。红军部队急行军中,连续两天遇到大雨天气,行进困难重重。红军战士英勇顽强,风雨无阻,冒雨前行。当时,永丰溪洪水暴涨,阻断红军部队行军步伐。为了确保漳州战役的胜利,红军战士一人帮一人游过河去,于 4 月 17 日按预定时间准时到达当时属华安县管辖的南坪、内洞一线前沿阵地。驻守天宝大山的守敌,万万没有想到红军部队来势之迅猛,给他们带来噩梦。

二、五峰山上的激战

五峰山,又称马山,也称天宝大山。山峰陡峭,绵延起伏,西自南靖县境内的金山、龙山,东至华安县的沙建官古、汰内,纵横上百公里。它是守护漳州平原的天然屏障。红军战士于 4 月 17 日冒雨抵达十二岭、峰苍岭(又名风霜岭)一带,并将作战前沿指挥所设在当时地域归属华安县管辖的内洞村。原计划 4 月 17 日发起进攻,但由于连降暴雨,河水猛涨,视野迷蒙,加上道路地形不熟悉,后来作战计划只能推迟到 4 月 19 日进行。据先驱敌情侦察,当时国民党张贞部队驻防漳州西北方向马山的部队,只有 49 师 145、146 两个旅,加上地方靖卫团、保安队,总兵力约 9000 人。而两个旅的兵力,主要部署在南靖、华安、芗城的天宝一带,少部分的部队分散在漳州市内及大尖山、十二岭到天宝大山以北。这里地势险要,山峦起伏,北据天宝大山,南靠宽阔的九龙江,红军部队要攻打漳州,必先突破这一线敌军阵地。据此,红军部队确定以红四军主攻敌人的天宝阵地,以十五军助攻宝林到南靖一线的敌人,以红三军作为预备队。漳州战役一切准备就绪，只等号令一下，战斗立即开始。

4月19日拂晓，担任主攻部队红四军的先头十一师在第十师的配合下，向天宝大山的杨梅岭、十二岭、风霜岭的敌人阵地，同时发起激烈进攻。十一师师长刘海云、政委刘亚楼下辖三个团红军战士，向敌阵地纵深挺进。三十三团作为先头部队，由政委刘忠和副团长陈冬生率领，克服河水暴涨等困难，抢先渡过东溪，掩护大部队安全顺利挺进。他们还受命配合红十师部队攻占大尖山东侧的敌阵地，然后直插漳州外围的天宝。当时，红军东路军前沿指挥所就设立在当时属华安县管辖的南坪村的墓顶山。红军部队发起总攻的那一天，毛泽东主席来到前沿指挥所，制定作战方案，决定把打击左翼王祖清旅作为主攻任务交给红四军。由于天宝大山的峰苍岭上石鼓仑山势陡峭，加上坚固碉堡，守敌凭此负隅顽抗。为了掌握敌人驻防兵力，毛泽东还到作战前沿阵地上，观察敌情后立即作出指示，集中兵力，先夺右侧后高峰，占领五峰山，俯攻十二岭，夺取右翼阵地。红军战士英勇杀敌，使敌人溃不成军。4月19日下午3时，红军东路军胜利攻下天宝大山。红四军、红三军联合突破敌军防线，然后直插天宝镇茶铺，追歼驻军天宝镇的146旅。敌旅长王祖清临阵逃脱，副旅长及大批敌军被俘。而驻守南靖靖城的145旅旅长杨逢年见败局已定，“割须弃袍”泅水逃亡。敌师长张贞从前线败退回漳州城，连夜烧毁军械库，带着残兵败将弃城逃往广东方向。未到黄昏，攻打漳州战役胜利结束。漳州战役，红军取得重大胜利，战果辉煌。国民党陆军第49师的主力部队受到重创，俘敌1600余人，缴获步枪2300余支，还有机关枪、山炮、追击炮、平射炮等，子弹13万多发，炮弹4900多发，炸弹242枚，飞机2架及电话机、电台等军用物资。国民党张贞残部逃往闽粤边界的诏安，其战斗力长期未能恢复。

漳州战役之所以能够取得胜利，首先是红军战士行动神速，灵活机动，两天赶路150多里，使敌人来不及组织有效防御，这是“兵贵神速”；其二是周密部署，方法得当，明确主攻方向，其他问题迎刃而解；第三是红军战士士气高昂，英勇善战，使敌人闻风丧胆。后来,在一次干部会上总结漳州战役的经验时,毛泽东风趣地说,有人说我们红军只会关门打狗,怀疑我们在白区不能打胜仗,漳州战役可以让他们看看,我们打得蛮好嘛!我们从江西跑来八百里,一下子打到漳州,消灭了国民党王牌部队,连张贞做梦也没有想到,红军简直成了“天兵天将”。毛泽东一席话,把红军战士士气推向高潮。大家放声欢笑,胜利的喜悦之情溢于言表。

4 月 20 日,红军东路军举行入城典礼,受到漳州人民的热烈欢迎。同日,闽南地区党组织领导人蔡协民、邓子恢等也进入漳州城,与红军接上联系,并在芝山寻源中学与毛泽东、罗明等亲切会面。中央红军驻扎漳州 1 个多月,采取各种形式进行了广泛的抗日宣传,筹集 100 万银圆和大批物资,发动 1500 多人参加红军,建立健全中共漳州中心县委、成立闽南工农革命委员会和闽南红三团,促使闽南革命根据地的正式形成。5 月 28 日,红军部队撤离漳州,回师闽西、赣南。

三、华安人民对漳州战役的支持

早在毛泽东率领中央红军东路军准备攻打漳州的消息传开后,华安县地下党组织和乡村苏维埃政府积极给予配合支持。为了配合红军东路军的军事行动,1932 年 4 月初,按照福建省委和闽南特委的指示,漳平籍共产党员陈北潘、陈新山在南靖和溪坂场乡成立南(靖)华(安)区苏,由李元昌担任负责人。南华区苏管辖范围,包括现华安县马坑、高安镇、高车乡一带在内。华安县这一带的乡村苏维埃政府全部行动起来,从游击队、赤卫队中抽调精干队员参加东征先遣团队,具体负责敌情侦察、带路送信、发动民众支前工作,掀起拥军热潮。天宝大山雄踞于华安、南靖、芗城的边界上,是漳州市西北的天然屏障。红军东路军作战指挥所,就设在当时属华安县管辖的内洞、蓬莱村附近。为了摸清敌人兵力布防的情况,华安县农民赤卫队、游击队员化装成民众上山打猎,为红军部队收集准确情报。

红军驻漳期间,采取各种形式广泛进行抗日宣传。红军宣传小分队除了在市区宣传,还深入到漳州北乡浦南、丰山、沙建一带,运用宣讲、刷写标语、漫画、歌谣等宣传中国共产党的抗日主张，号召民众起来抗日。红军战士还向丰山、沙建一带群众发放谷子等物资。通过宣传，原来许多到深山里或外乡“躲红军”的群众纷纷返回家园，并拿出钱物支援红军。

当时，筹款筹物是中国工农红军驻漳期间的主要任务之一。为了加强对这项工作的统一领导，红军在漳州成立筹款委员会。红军的筹款是文明行动，主要形式是通过商会向城里工商户、乡下大户人家筹款，也发动城乡群众自愿捐献，但对敌产则实行全部没收。根据漳州经济状况，红军提出筹银圆总额百万元的要求。红军战士深入到浦南、丰山一带筹集时，有些穿西装，拿文明棍的，被误认为土豪或地主，结果被抓错了。毛泽东、聂荣臻知道后及时纠正，抓错即放，并予赔礼道歉。由于红军严格遵循规定的筹款政策，以铁的纪律和文明行动，赢得了包括华安人民在内的理解信任。在人民群众的大力支持下，红军的筹款筹物工作顺利进行。从 4 月底至 5 月中旬，红军驻漳期间共筹款达 100 多万银圆，还筹集到大批粮食、食盐、药品、布匹、鞋帽等物资。这些财物由漳州汽车工人支前运输队和闽西苏区派来的工农运输队如数运往中央苏区。

在此期间，红军还进行了扩红工作。据不完全统计，华安县马坑、高安、高车、沙建一带上千人参加前线运输队，帮助红军部队运送弹药、粮食等，有的参与敌情侦察，带路指引方向。华安有邹钦赐、邹鸽潮、邹阿梅、黄水萍、邹班占等 100 多名青年参加红军，有力地支持红军东路军攻打漳州。

四、漳州战役对华安革命的影响

漳州战役之后，闽南地方党组织根据毛泽东、聂荣臻等确定将工作重点放在发展闽南游击战争，扩大农村革命根据地的指示，抓紧扩大漳州北乡一带游击区，开辟新的农村红色区域。红四军一部分战士深入到华安南部一带乡镇帮助建立农会，组织赤卫队、游击队。因此，红军驻扎漳州前后一个多月时间，是华安区、乡苏维埃政府（或革命委员会）发展的鼎盛时期。在中央红军的帮助下，华安南部党领导的武装革命力量得到空前发展和壮大，仅丰山的农民赤卫队员就达数百人。他们活跃在九龙江北溪两岸，宣传发动人民群众，抵制苛捐杂税，打击反动民团，壮大农民武装，建立红色政权，进行土地革命。西北部一带区苏、乡苏或革命委员会得到全面恢复和发展，广泛开展打土豪，分田地，分谷物，烧毁地契、债据，保护被剥削的农民利益。

第三节　艰苦卓绝的三年游击战争

抗日战争爆发之后，国民党军队不去积极抵抗日本侵略，而是把重兵放在“围剿”中央苏区上。国民党军队对中央苏区第四次“围剿”失败后，蒋介石吸取前几次军事行动失败的教训，改用“三分军事，七分政治”的方针，对中央苏区发动第五次“围剿”。1933年5月，蒋介石在南昌成立全权处理赣、闽、湘、鄂、粤五省军政要务的“军事委员会委员长行营”，经半年准备，共调集军队100余万人，分成东、西、南、北路重点“围剿”中央苏区。为了北上抗日和保存实力，1934年10月，中央主力红军开始二万五千里长征。但是，国民党反动势力并没有因此放弃对红色根据地的革命力量的“清剿”。1934年11月，蒋介石电会江西、福建两省由“进剿部署”转而实行“划区绥靖”的“清剿”政策。福建全省被划为十个绥靖区。华安与闽西地区共13个县划为第十个绥靖区，被国民党当局列为重点清剿的县份。华安县国民党反动势力气焰十分嚣张，扬言要在三个月内消灭境内共产党游击队，荡平华安苏区。为了粉碎敌人的阴谋，华安县地下党组织和革命武装力量，克服了重重困难，展开针锋相对的斗争。

一、“红军洞”的来历

由于地缘因素，华安县西、北部地区，如高安、马坑等乡镇，毗邻漳平永福。翻过山，就是闽西地区。早在土地革命时期，这里不少民众为了谋生跨境到龙岩等地打工或经商。高安平东村民邹天水、邹天保，就是其中二人。

1927年，邹天保与族人发生纠纷，索性到南靖打工，1929年又转到龙岩谋生。在途中，他认识了一个名叫王剑春的龙岩人，由此人推荐，在龙门参加了工农红军。在家乡时，邹天保经常上山打猎，胆子大，枪法又准，参加红军才2个月，就当了红四军第四纵队司令员胡少海的警卫员。因为是同乡关系，邹天保和邹天水很快在龙岩联系上。经他介绍推荐，邹天水加入红四军第四纵队，成为一名红军战士。后来由于工作需要，邹天保调去当红军部队侦察员，邹天水送到瑞金工农红军学校第四期学员培训学习。红校毕业后，邹天水被任命为红四军汀漳龙联合赤卫大队负责人。这支队伍在江西瑞金成立，隶属闽粤赣中共省委领导。队伍鼎盛时期，红军战士达到1800余人，成为红军部队的一支新生力量。

1936年6月，为了配合闽西游击战争，扩大游击区，邓子恢委派邹天水、邹天保2人回华安秘密组织漳龙赤卫团。他们离开闽西苏区，告别红军部队时，随身带走"红军第四军汀漳龙联合赤卫队之印"椭圆形印章1枚，"红军第四军汀漳龙联合赤卫队大队部"长方形军旗1面，"红军第四军"方形印章1枚，驳壳枪1支，步枪(五排仔)1支，子弹40余发，红军大刀1把，还有红军斗笠、红军证、袖章和一些宣传抗日传单。为了方便之间联系，他们约定联络暗号为"华水保"。言下之意，即由华安、天水、天保中各取一字组成。临行时，邓子恢对他们说，回去主要任务是发展队伍，等到时机成熟再组织起来开展对敌斗争活动。他还取出一枚铭刻镰刀斧头和号码的五角星给邹天保，又令2位红军战士，一个叫银兴，另一个叫银瑞，专程护送回到华安。

他们一行4人，经龙岩龙车、沙园、色仔等地，走了两天两夜的路程，终于回到华安高安平东村。邹天水、邹天保把带回来的随身物品全部藏在2个山洞里，然后躲进树林里休息，等到天黑了才回到大片头的家中。后来，这两个珍藏过红色文物的不寻常的山洞，被人们誉为"红军洞"。这就是"红军洞"的来历。新中国成立后不久,他们把冒着生命危险、珍藏14年之久的红军旗帜、红军印章、武器、证件作为红色历史文物全部捐献出来,其中,红四军汀漳龙联合赤卫队的旗帜和印章被中国革命博物馆收藏展出。

二、高石直仑的除恶

邹天水、邹天保回到高安经过多方联系,又把当年上山一起打猎的猎友组织起来。于1936年秋天,在高安岭头石洞里召开第一次会议,决定把漳龙赤卫团编成三个中队。第一中队队长邹罗生(后被反动民团残害,光荣牺牲)具体负责华安区域的活动;第二中队队长邹冬生,负责南靖区域的活动;第三中队队长邹三合,负责高安本地的活动。后来随着队伍不断壮大,赤卫团队员有来自平东、高安、西洋、坪溪、半岭、邦都及南靖的和溪、金山等地农民。漳龙赤卫团在平东南山庙召开队员大会,来自各地的与会人员达50余人,他们都是新加入的秘密赤卫队队员。在会上,邹天水向大家介绍漳龙赤卫团的发展情况,鼓舞了大家对敌斗争的士气。

1937年春,漳龙赤卫团委派中央苏区联络员胡天伍回到闽西联系红军第三支队部队,准备武装力量,一起攻打驻扎华安的詹方珍匪首。但要想消灭华安的詹方珍匪首反动武装,必须先除掉归德区(即高安)的恶霸邹月东。邹月东,又名邹水柜,时任归德区区长,在当地抓丁派款,无恶不作,高安有三名漳龙赤卫团队员也惨遭他的杀害。百姓恨之入骨。没有先除掉邹月东,就难于攻打驻华安县城匪首詹方珍。经过侦察了解,邹月东带着若干乡兵歇脚于高石直仑三间楼。一天,漳龙赤卫队20多名战士从马坑草仔山出发,沿途经坪溪、佛仔溪直奔高石直仑。夜半时分,他们行军已赶到高石直仑三间楼下。为了防止守敌向外通风报信,他们派战士分别把守各个路口。由于天黑视线不足,一名战士不小心滑倒发出响声,被楼里的守敌发现。敌人顿喊:"赤匪到了",接着手电筒四处乱照。邹天保朝敌人方向开枪,只听到"哎呀"一声,一名乡兵中弹倒下。一声令下,漳龙赤卫队战士迅速冲到楼下,有的点火烧楼门,有的开始挖墙洞。只半个时辰,墙洞已挖开,令楼里守敌惊恐万分,顿时乱叫。邹天保又朝敌人喊叫声方向开了一枪,只听到有人惨叫起来。原来这一枪刚好击中邹月东的大腿。乡兵见邹月东中弹受伤,一时群龙无首,纷纷想夺命逃走,无心恋战。天快亮了,火攻楼门战斗还在继续,竹子爆裂声如同机关枪扫射。熊熊烈火把坚固的楼门烧塌。敌人惊慌失措,争先恐后夺门逃出。守门的赤卫人员一枪一个,当场击毙敌人 8 人。恶霸邹月东也被打翻在地。邹天保抽出红军大刀,立即割下他的头颅。战斗结束,漳龙赤卫队队员清理一下战场,收拾好武器,押上俘虏,然后撤离了高石。后来听说他们撤离后不久,敌人从华安县城赶来的援兵也到达高石,但扑空没有交火。这次战斗,漳龙赤卫队除掉恶霸邹月东的这个心头大患,既为当地百姓除害,又鼓舞红军队伍的士气。

三、红军主力在华安活动

1934 年 1 月中旬,中共临时中央在江西瑞金召开六届五中全会。中央认为,要粉碎国民党军队第五次"围剿",必须在敌人后方开展猛烈的游击战争。因此,根据中央军委的部署,红军第八团、第九团主力部队与华安当地革命力量紧密配合,开展广泛灵活的游击战争。

《红色中华》第 15 期刊载的《盛极一时的岩城慰劳欢迎革命战士出征东征》中,报道了红军主力在华安的游击活动。张鼎丞在《中国共产党创建闽西革命根据地》一书中指出:"我们的战术是灵活的,游击区是宽广的。我们不仅在龙岩、上杭、永定、平和、漳平、连城、安溪等县保持老的游击区,并且还发展到华安、南靖和广东大埔等县的新游击区。"张鼎丞、谭震林在《红旗跃过汀江》一文中写道:"发展了南(靖)、平(和)、漳(平)、华(安)以及龙岩、连城、安溪等县边区新游击区。"

红军主力部队和华安的漳龙赤卫队密切配合,主要活跃在漳龙公路沿线及广阔的山区。中央主力红军北上长征之后,华安苏区与国民党反动派斗争更加尖锐。1935 年 4 月,中共闽西南军政委员会制定了新的游击战争的方针和任务,要求各地红色武装力量开展广泛的、灵活的、群众性的、胜利的游击战争,有效地打击敌人。而活跃于华安的红军主力部队,主要是红军第八团和第九团。这支部队在政委邱织云、参谋长王胜的率领下,转战华安大地。邓子恢派遣原红四军汀漳龙联合赤卫队负责人邹天水回到华安老家,目的在于加强游击战争的领导力量。在华安高安南山庙成立的漳龙赤卫团,下辖三个中队,其主要任务是配合红八团开展活动。

红八团在华安期间,按照上级指示,打击和牵制闽南之敌,配合中央红军主力部队进行反"围剿"斗争。同时,南河、东河、南华等地苏维埃政权得到恢复、巩固和发展,为建立闽西南地区红色游击根据地奠定了坚实基础。红八团与华安漳龙赤卫团配合,与当地反动势力进行顽强斗争,经历大小战役上百场。1935 年 9 月,红八团准备攻打华安县城。部队行进到漳平官田境内的梅营,与国民党第十师五十六团部队和华安反动民团相遇。双方发生激烈枪战,红八团团政委邱织云不幸中弹牺牲。同年冬天,红八团攻打马坑杜塘土豪的炮楼,缴获大量枪支、布匹、粮食等物资,并烧毁炮楼。

在三年游击战争期间,华安处于敌我双方争夺的战略要地,经常发生激烈的战斗。从 1935 年至 1936 年,当时许多媒体对此作了大量报道。《福建民国日报》报道:"红军十七、十六两团转战永春、大田、德化、安溪、华安等县","闽西红军攻打华安";《江声报》报道:"闽西游击队和红十七、十八团一部攻打华安官田","闽粤游击队在岩、平、华边活动","闽西红军攻打华安和春乡","红八团进抵永靖边境","漳州昨日召开十县剿匪会议"等等,这足于说明当时敌我斗争之激烈。红军主力部队在华安活动,取得一次次战斗胜利,沉重打击了进犯中央苏区的闽粤之敌,吸引了国民党军队的大量兵力,为中央苏区取得反"围剿"斗争的胜利起到重要作用。

第四节　华安抗日救亡运动

1931 年"九一八事变",日本关东军蛮横地入侵我国东北,使东北三省国土沦陷,中国人民从此开启了长达 14 年艰苦卓绝的抗日战争。1937 年 7 月 7 日，日本侵略军向北平郊区宛平县卢沟桥的中国驻军发动进攻，遭到中国守军奋起抵抗。“卢沟桥事变”标志着中国人民反抗日本的侵略战争全面爆发，成为全国人民抗日的新起点。同年 8 月 13 日，日军大举进攻上海，并扬言要在三个月内灭亡中国。全国上下同仇敌忾，掀起抗战高潮，中国革命进入了伟大的抗日战争时期。

华安县地处闽南山区，远离沿海城市，战火虽然没有烧及华安大地，但抗战时期，是华安革命武装力量遭受最困难时期。当时，国民党华安当局遵照上峰旨意，在民族危难的时刻，一面部署抗日，一面仍继续“剿共”。他们一方面害怕抗日救亡运动的蓬勃兴起会动摇其统治地位，另一方面，又千方百计主导抗日救亡运动。因此在抗战的问题上，国民党华安当局始终把力量放在防范共产党活动上，总想利用一些借口进行反共活动，妄图消灭红军游击队。于是，1934 年 10 月 26 日，就发生了“上苑事件”。华安县民众自卫团总队长黄雨定，以“通匪”（指通共）罪名，派兵血洗仙都上苑村。归侨李溪水、村民李海水两人都是地下游击队员，因参加共产党游击队活动，惨遭杀害。这就是著名的“上苑事件”。这就是民族矛盾掩盖下的阶级矛盾和阶级斗争，表现得既尖锐又复杂。尽管如此，中共华安地方组织和革命武装力量仍以抗日大局为重，坚持抗日救亡，坚持抗日民族统一战线政策，坚持独立自主的革命斗争粉碎国民党反动派的种种阴谋，尽可能在抗日救亡运动中保存实力。

一、抗日救亡运动的宣传

抗日战争爆发后，中共华安县地方党组织号召全县各界民众为前线抗日将士捐款捐物，以实际行动支援前线，保证抗日军需供应，同时开展卓有成效的抗日宣传工作，团结一切进步力量，唤起人民群众的抗日爱国热潮。

1934 年春，城乡抗日救亡团体纷纷成立，其中当时较有影响力的芗潮剧社，也在漳州成立。该剧社提出“扩大戏剧运动，协助新兴剧团”的口号，组织人员深入城乡，通过戏剧演出，广泛发动民众，团结一切力量抗日救亡。1937 年冬,芗潮戏剧社派宣传队来到华安沙建汰内,演出歌颂抗日小英雄《小白龙》。汰内绿林汉子深受感化,主动帮助演出队敲锣打鼓,演出结束还护送到安全地带。芗潮剧社演出队还先后到金砂、玉兰坂、银塘、沙建、上樟、绵治、桃源等乡村进行抗日宣传。当地民众自发为宣传队带路,安排食宿,提供各种方便。抗日演出队每到华安一处,通过说拉弹唱等方式,向广大民众宣传抗日主张。1938 年 5 月,厦门青年团体和漳州抗日救亡团体一起,分成九支宣传队,也来到华安各地宣传抗日。1942 年 8 月,华安成立县文化运动委员会,组建抗日宣传的京剧团,排练抗日救国节目。全县还成立了学生救国会、商人缉私会、青年读书会、抗敌剧团等进步的抗日团体组织,为全国抗日战争取得全面胜利做出了积极的贡献。

二、际头坪溪反“围剿”斗争

全国抗日战争爆发后,总的局势虽然继续朝着有利于国共合作抗日的方向发展,但由于国民党反共灭共之心不死,处心积虑妄图消灭闽南各县共产党组织及其革命武装力量。当是,他们制定了一套“溶共”“防共”“限共”“反共”的策略。尽管如此,中共华安地方党组织及武装力量根据中共中央抗日民族统一战线的方针,积极开展独立自主的抗日活动。1936 年,华安境内的岩南漳游击队编成中国工农红军抗日讨蒋支队。这支部队在邓子恢、魏金水等领导下,活跃于华安西北部乡镇、漳平的官田地区、南靖的和溪一带,开展积极主动、灵活的游击战争。在军事部署上,他们采用分路出击,独立作战的方法,粉碎敌人的“围剿”阴谋。在政治上,则采用土地革命与武装斗争的结合。边打仗边发动人民群众,边分田地,边筹款,接连摧毁坂场、月水、杜塘、梅营、豪山、关东等 6 座炮台,消灭敌人 153 人,缴枪 32 支,子弹 10 余箱,筹款 2000 多银圆。同年 4 月,中央红军第八团在华安漳龙赤卫团的配合下,也深入到华安的腹地高安、马坑一带开展游击战争。

在抗战期间,国民党当局表面上赞成国共合作抗日,但实质却是积极“剿共”。他们把中央红军和共产党所领导的武装力量在华安活动，视为眼中钉，肉中刺，想寻找机会消灭。1938 年，是华安县共产党所领导的革命武装力量经受严峻考验的关键时期。同年 4 月，身为华安漳龙赤卫团负责人的邹天水只身到闽西一趟，一方面想了解苏区的情况，一方面打算请示领导邓子恢是否允许成立党组织，同时要回一些武器和经费。没有想到，他千辛万苦跋山涉水来到闽西，不仅没有找到人，就连计划都落空。后来才知道，张鼎丞、邓子恢、谭震林所领导的红八团、红九团、红三团已主动撤离革命根据地，分别集中到平和芦溪和龙岩白沙改编，组建成新四军第二支队。同年 3 月 1 日，新四军第二支队全体将士从龙岩白土整装出发，北上开赴抗日前线。

邹天水到闽西找不到邓子恢返回华安后，又到平和双溪山上找到闽南特委领导人卢叨，向他汇报华安革命根据地建设情况。卢叨指示说，当前斗争十分复杂，要灵活机动，因地制宜发展红色武装队伍。邹天水回到华安后，重新整顿漳龙赤卫团队伍，把原来 3 个中队缩编为一个大队。以华安队员为主体，队伍对外公开称为打猎队，平时在坪溪借打猎为名进行训练。久而久之，这支打猎队的训练活动，逐渐引起国民党当局的警戒。1945 年 2 月的一天拂晓，坪溪连绵群山迷雾重重，福建省国民党保安团百余人，全副武装突然摸进深山老林偷袭漳龙赤卫团驻地。岗哨发现之后，队员们立即展开阻击战。敌人仗着人多势众，武器又好，发动多轮进攻。漳龙赤卫队员手中大多数是猎枪，虽然武器简陋，却沉着迎战。他们在铁桶里点燃鞭炮，让敌人误为机关枪扫射，不敢贸然进犯。阻击队员枪法准，一枪命中对面山坡上的敌司号员，其余敌人见状立即逃回去。敌人恼羞成怒，下令向山上开炮。趁着敌人退回去，赤卫队员熟悉山路，早已安全撤离。敌人冲进坪溪村，大发淫威，抢夺所有财物和牲畜，抓了当地老百姓 7 人，还烧毁了全村的房屋。敌人残酷的清剿，使坪溪的田园荒芜一年，村里群众受到巨大损失。此后，国民党保安团在高安、马坑、迎富一带组织“围剿”漳龙赤卫队的活动从未停歇过。然而，漳龙赤卫团在邹天水、邹天保的带领下，化整为零,分散隐蔽,成功地避开了敌人一次次的"围剿",保存了红色武装实力。

三、华安中美特种技术合作所

1943年4月,正是中国人民反抗日本侵略的关键时刻,国民党军事委员会调查统计局(军统局)与美国海军参谋部在华安联合创办中美合作所第六特种技术训练班(简称华安班,代号腾云训练班),中美(华安)合作所直接隶属于中美两国最高军事统帅部管辖,总部设在中国重庆西北部的歌乐山下杨家山,由国民党军统局副局长戴笠任主任,美海军参谋情报署代表梅乐斯准将任副主任。其宗旨在于交换日军海陆空军情报和收集中国大陆气象情报,训练游击队,挺进敌军后方,协助美军在中国沿海登陆作战,共同迅速歼灭日寇。它是早期国际反法西斯统一战线中建立的跨国军事情报合作机构。

中美合作所第六特种技术训练班为何选址在华安创办?这主要是华安境内山高林密,交通闭塞,有利于防备日军从厦门登陆进犯漳属沿海地区,以及避免遭受日机的轰炸。因此,美军准将梅乐斯专程实地考察之后,决定把中美合作所选在远离厦门、漳州而又交通不便的华安举办。经过两个月的紧张筹备,1944年10月中美合作所首期学员训练班终于开业。训练科目的内容,包括步兵操典、射击教范、简易测绘、指纹学、化装技术、密写法、行动暗杀、爆破,还有各种无线电收、发报机的使用,电台及讯号接收,国际电码及密码破译技术。当时包括美军官兵30余人,以及班本部组织者,学员共600余人参与首期训练活动。每期学员训练为期三个月,第一阶段以步兵操典和实弹射击为主,第二阶段以野外生存演练为主,第三阶段以实战防务为主,由美军人员担任教官。学员训练结业后,领取结业证书,原则上由哪个部队抽调来的,一般回原来部队服役。当时,华安班人员居住紧张,只好分散到华安城关、草坂、下坂、罗溪等地举办。如下坂校区,除新建部分平屋作为人员居住和教学之用,其他的基本利用当地村庄的庙宇、祠堂作为生活场所。

中美(华安)合作所在华安创办历时一年多,总共训练军事人员3000余人,其中有部分人员是华安有志青年和村民。

据中美合作所美方负责人梅乐斯所著的回忆录《神龙·飞虎·间谍战》一书记载,华安班成员曾多次参加袭击日军行动,其中有:1944年,华安班官兵趁夜潜入厦门鼓浪屿刺杀日本海军高级军官;1945年4月16日,军统闽南站和中美合作所第五指挥部从华安班突击营中挑选精兵90人,组成"海鲸突击队"袭击厦门港青屿,将岛上日军全部歼灭,还缴获机枪和迫击炮。日军设立的灯塔和电台全部被毁。担任过华安班教官第一营营长的汤涛,在他撰写的《中美合作所第六特种技术训练班内幕》一书中回忆写到,1945年7月8日,华安班学员奉命狙击德本光信支队日军流窜闽南地区的经过。当时,华安籍教官陈日辉也在其中。陈日辉,珍山乡(现湖林乡)吉土村人。原来是一名进步青年,当过华安县珍山乡吉土小学校长。1940年4月至1941年10月,他弃笔从戎,考进广州黄埔军校,成为其第六分校总队学员。1944年10月,陈日辉被分配到华安班第四营任副排长,后来升任连长。他奉命回到吉土村开展抗日宣传活动,并以"五桂堂""蟹山堂"两座宗祠为活动地点,招集吉土村及附近乡村50多位进步青年进行军事训练,充实抗战后备力量。1945年7月9日,陈日辉奉命率华安班学员从华安出发赶到漳浦霞潭乡狙击日军退路。该营尖兵排到漳浦县境内深水坑与日军遭遇,敌我双方展开激战。7月12日凌晨,战斗打得极为惨烈。陈日辉等30余名官兵阵亡,成为中美合作所华安班里的抗日英雄。

四、秘密交通员地下活动

从土地革命时期开始至新中国成立前夕,华安城乡拥有一批秘密交通员,活跃于敌人眼皮底下开展地下革命活动。为了新中国的解放事业,他们坚定革命信念,冒着生命危险,与敌人展开顽强的斗争,用青春与热血书写感人故事,被人们称为隐蔽战线的红色战士。其中比较有代表性人物有三人,他们分别是:郑缓、游维新、吴运琳。

(一)郑缓

郑缓,于1912年出生在漳州市区一户贫困家庭。周岁后,其父母因生活所迫,把她送给原龙溪县颜厝塔尾村一家杨姓农民当养女。这家人十分疼爱孩子,历尽艰辛,把郑缓抚养成人。

1929年春,闽南地下党领导人之一的王占春,来到塔尾村从事革命活动。因亲戚关系,他住进郑缓的家。从此,这里就成了漳州南乡一个地下党组织的秘密交通站。在王占春等同志的影响和带动下,18岁的郑缓和未来丈夫杨水根(养父母的儿子)都参加地下革命活动。每天夜里,周围的劳苦百姓聚集在她家里,接受革命道理的宣传教育,郑缓也参与其中。1931年,邓子恢(当时化名老林)到了漳州南乡领导革命斗争。他住在郑缓家中,经常与王占春,李金发(闽南地下党领导人之一)一起召开秘密会议。每当重要活动,郑缓都为他们放哨、望风,执行警戒任务,有时是彻夜未眠,直到会议结束为止才休息。当时邓子恢直接领导的南乡一带斗争活动中,郑缓和杨水根积极参与行动,如送信、联络秘密发动群众,夜间到漳州城里贴标语,捣毁交通、通讯线路等。

1932年农历五月初三,国民党军队围剿山城革命据点。郑缓与战友一起顽强抗击敌人。不幸的是,在激烈战斗中,王占春中弹牺牲,其他不少同志也先后倒在敌人的枪林弹雨之下。后来,红军政委冯翼飞带领其余人马,撤往漳浦车本,坚持武装斗争。当时,斗争更为残酷,人数数倍于红军的反动派把战士们围困在车本一带山上。红军游击队与群众失去联系,没有粮食供给,既要与敌人斗争,又要克服饥饿的困难。郑缓和几位女战士一起,上山找野菜充饥。由于国民党反动派的疯狂围剿,红军游击队队伍生存受到巨大威胁。为了保存革命力量,组织上决定,由漳州南乡来的一批战士回到原籍坚持地下革命活动。后来,郑缓和杨水根、郑启深、洪水莲等,离开了红军游击队,潜回故乡。但由于叛徒告密,他们回到南乡不久,敌人深夜包围了郑缓的家,实施抓捕行动。幸亏郑缓有事提前一天前往漳州城内,才免于落入虎口。但杨水根被抓走,翌日被敌人枪杀在塔尾村的小河旁。敌人又对其养父母拘禁,逼他们供出郑缓的去处。二位老人经不起百般折磨，又痛心失去独生子水根含恨先后去世。

白色恐怖笼罩南乡，几个地下交通站遭受严重破坏。原来与郑缓一起参加革命活动的同志，有的被捕残杀，有的外逃避难，郑缓与组织失去联系。在家破人亡，敌人到处搜捕的危险中，郑缓只好离开故乡，在外流浪长达13年之久。她到过漳州、长泰、华安，给人打短工，当女佣，饱尝人间的苦难。直到1944年，33岁的郑缓经人介绍，改嫁给华安丰山玉兰村一个黄姓村民。1949年，在鞭炮和锣鼓声中，华安迎来了革命胜利。郑缓此时看到红旗飘扬，热泪盈眶，喜悦之情溢于言表。

1963年，时任国务院副总理的邓子恢，来到福建漳州视察工作，到处打听当年一起参加革命活动的同志。经过组织上认真查访，已定居在华安丰山玉兰村的郑缓，终于与邓子恢取得联系。1964年5月30日，邓子恢给郑缓寄来一封信，并托华安人委会代他送去热水瓶、脸盆等8件慰问品，表达对她的关心和敬意。

时任国务院副总理邓子恢，给郑缓的信，原文如下：

郑缓同志：

前后两次来信均已收阅。别后三十多年未见，三接来信，知你健好甚慰。二日来信，我已交给龙溪地委办理。我的秘书当时忘了给你回信，请谅，待以后有机会到闽南时，再约你们见面。此复，近好！

邓子恢

一九六四年五月二十五日

（二）游维新

游维新，又名游汀兰，龙岩永定县湖坑乡太联村人，1928年参加卢肇西领导的陈东暴动，曾任大溪工农赤卫队中、大队长等职务。他积极发展革命队伍，带队参加攻打中川等战斗，一度成为敌人抓捕的重要人物。1933年，由于闽西苏区开展“肃社会民主党”运动，他受到牵连,被列为清查对象,只好被迫离开永定,以贩卖中草药为掩护,南下广东汕头寻找党组织。1938年几经辗转,游维新来到华安县良村良埔定居,以开中药铺为名,在当地展开地下革命活动。隐蔽在良村期间,游维新多次回到永定大溪与党组织取得联系,并派人到龙岩、上杭、长泰、安溪等地与当地党组织接头,交换情报并接受任务。在华安良村期间,他向当地农民宣传革命道理,揭露国民党当局的黑暗统治,先后发展黄木通、黄水枝等人为地下共产党员。1944年,在上级组织的指示下,游维新在良村成立闽西工农红军华安纵队(根据县委落实政策材料),由游维新任队长,黄木通任秘书,队员共有40余人。这支红军华安纵队在当地活动十分活跃,组织民众破坏伪"国代"选举活动,砸烂票箱,组织营救被逮捕的陈立新、邹连丁等进步群众。1949年农历五月初六,由于内奸的告密,游维新被良村伪乡长黄金辉抓走,活埋在新圩埔仔尾,光荣牺牲。1985年4月,经中共华安县委处理地下党遗留问题办公室核实认定,游维新为老游击队员,追认为革命烈士。

(三)吴运琳

吴运琳,又名黄德琳,1901年出生,祖籍海南万宁县龙滚乡新寨村。1927年,蒋介石发动"四一二"反革命政变后,他加入中国共产党组织,先后担任乡党支部委员、乡共青团支部书记、乡工农会主席和赤卫队长等职务。1929年秋,海南万宁县党组织遭受敌人严重破坏后,吴运琳被迫流亡海外。1931年,他在新加坡参加马来西亚共产党,任党小组组长、地下工会主席,因领导当地革命斗争,被英国警方抓捕入狱。1934年6月,他回到国内,分配到闽南游击区工作,任闽粤边特委交通总站站长。为了粉碎敌人到苏区的"围剿",吴运琳奉命开辟根据地,并建立了16个(支)党支部和工农赤卫队。1937年,他调任平和文峰区委书记,抗战期间在平和坚持革命斗争。1942年"南委"事件发生后,吴运琳受组织委派,隐蔽在华安大地村从事地下革命活动。为了便于开展工作,他与当地一名寡妇结婚,以此掩护真实身份。在他的影响带动下,大地小学校长刘金祥,教员刘新民、李溪水,村民李海水等12名进步青年,加入革命队伍。当地的革命力量还发展到安溪县境内。他在华安仙都大地村开展地下革命斗争,一直坚持到华安解放。新中国成立后,吴运琳在华安任过区长,1954年调任漳浦县副县长,1968年离休,1989年4月因病逝世,享年88岁。

第二章　艰苦奋斗创新业(1949 年—1978 年)

1949 年 11 月 18 日,中国人民解放军进军华安县,不费一枪一炮,接管国民党旧政权,宣告华安和平解放,揭开了华安历史崭新的一页。从此,华安革命老区人民在中国共产党的领导下,先后经历了剿匪反霸、镇压反革命、土地改革、社会主义三大改造、农业合作化、“大跃进”、“人民公社化”、农业学大寨、工业学大庆等重大历史事件,进行政治、经济、文化、社会等方面的社会主义革命和建设。前进的步伐并非一帆风顺,有时也会遇到困难和曲折。由于反“右派”斗争的扩大化,“大跃进”和“人民公社化”运动的操之过急,“文化大革命”的挫折,这都使华安的发展受到影响。然而,华安革命老区人民并没有因此停止前进的步伐,而是继续发扬不畏困难、艰苦奋斗的革命优良传统,逐步改变山区贫穷落后面貌,使革命老区发生了翻天覆地的变化。

第一节　华安和平解放始末

1949 年 5 月,随着中国人民解放军第三野战军第十兵团及第二野战军第四、五兵团的部队,先后进军福建,拉开了解放福建省全境的序幕。9 月 16 日,三野十兵团下达漳厦战役作战命令。仅隔三天,于 9 月 19 日漳州胜利解放。当时考虑到解放东山,需要跨海作战,要提前准备大量船只和船工,而解放华安则要肃清盘踞在全县各地的土匪,没有足够的军事力量和时间,不要操之过急。因此,漳州各县除了东山、华安两县外，其余县份先后相继解放。中国人民解放军横扫千军如卷席，使得华安国民党反动势力如惊弓之鸟，惶惶不可终日。1949 年 6 月，国民党华安县县长黄光羲在土匪头目黄雨定的胁迫下把新圩黄枣作为临时县城。县政府人员办公场所由华丰迁往黄枣。人民解放军的大军压境，使得华安国民党政府警政人员惊慌失措，纷纷离岗逃散。这时候，华安国民党反动势力已处于风雨飘摇之中。

一、华安和平解放前的社会状况

1945 年抗战胜利之后，华安人民并没有看到和平曙光带来的社会安定、百姓安居乐业的愿景。反而，在华安县出现新的政治腐败、土匪割据、时局动荡不安局面。社会危机四伏，经济凋零，山区人民照样苦不堪言。

在政治方面，1947 年底，华安举行所谓“国民代表”选举活动，当地豪绅李汉森、杨启源、邹文谦、李维馨及民团团长黄雨定 5 人参加竞选。全县设有 20 个投票所，派出管理员 73 人，聘任社会监察员 83 人。但黄雨定手中握有枪杆子，掌握生死大权，是华安地方实力派。在竞选过程中，他派出大量爪牙以武装抢票获胜，当选为“国民代表”。而李汉森虽然是华安国民党成立的统一组织委员会书记长，同时也是国民党中央圈定的“国代”候选人，但因实力不如人而落选，只能作为列席代表，列席 1948 年在南京召开的中华民国国民代表大会。在“国代”选举过程中，收受贿赂、挪用公款、武装夺票，风气败坏，引起强烈民怨。同时，华安县国民党政权内部，尔虞我诈，矛盾重重，相互间争权夺利，明争暗斗。国民党官员中，不少人奸险狡猾，唯利是图，怂恿宗族恶斗，勾结豪绅地霸欺压百姓，生活腐化堕落。

在军事方面，由于华安地形独特，贯穿全境的九龙江北溪水路，是全县唯一对外沟通联系的交通要道。因此，这里具有进可攻、退可守的地理优势，国民党反动派把华安作为反共反革命的据点。解放前，华安匪盗多如牛毛，反动势力基础雄厚。据解放初《内资》统计,全县人口不到5万人,而其中伪党团政军警人员却达2025人,土匪782人,还有各种会道门、符坛90个,会众6297人,尽管其中有不少人被骗入会,但仍有不少顽固不化的反动会道门分子。小小一个华安县,竟然纠集这么多的反动势力,说明国民党反动派对华安人民的压榨是何等的深重。尤其是国民党政权在败退台湾之前,他们精心准备在华安建立妄图实现反攻大陆梦想的立足点。当地流氓地痞、惯匪恶霸、特务等相互勾结,成为一体,形成一股反动势力。1949年元月,国民党第五行政区专员兼闽南师管区司令童懋山,纠集师管区补充团和华安地方部队改编为"东南人民反共救国军华安县民众自卫团",委任土匪头目出身的黄雨定为总司令。下辖9个大队,分别委任李景麟、黄金辉、陈万物、汤祖林、胡励海、童满天、李海水、杨梧桐、陈国香(漳平)等9人为大队长,准备组织反动武装力量与人民解放军负隅顽抗。

在社会经济方面,华安国民党政权倒塌前夕,到处抓丁派款,苛捐杂税,种类繁多,政府官员贪赃枉法,蔚然成风。1947年6月,华安境内连降大雨,山洪暴涨,农田被淹,作物损失达九成以上,加上全县山区多处发生虎患,前后有平民7人被噬。为了救济灾民,福建省救济总署下拨给华安小学一批救灾物资,其中包括布匹、肉食品、蚊帐等生活用品,却被当局贪污私吞,引起师生罢课。更有甚者,1948年6月,县民团团长黄雨定向县民摊派30万银圆,并征召民工义务服役,拟修建新都公路(新圩黄枣至仙都)。路基尚未开挖,筹集来的筑路工程款早被黄雨定私吞。华安地处山区,本来地方经济就很落后。全县几乎没有工业企业,唯有一些商铺,也是惨淡经营。地方官僚,封建势力,奸商相互勾结,控制市场,操纵物价。国民党政权给华安人民留下一个千疮百孔的烂摊子,给即将诞生的新生政权造成了严峻的考验。

二、华安和平解放的准备过程

1949年6月初,中国人民解放军势如破竹进军福建后,迅猛追击国民党反动派军队残余势力。18日下午,解放大军兵临漳州城下，与守城的刘汝明残部交战。没有想到，敌人不堪一击，兵败如山倒。大批国军官兵、军火被我军俘获，残敌仓皇南逃。19日，漳州宣告解放。这时候，远在漳州西北端的华安县国民党政府官员，惊慌失措，坐立不安。10月初，华安县国民党县长黄光羲、警察局长陈西湖和自卫团团副苏明轩三人赶到漳州龙溪军管会，表示欢迎和平解放华安，并如实汇报华安县府机构和全县各乡保行政组织情况。龙溪军管会领导向他们表明解放华安的决心，希望积极配合，争取立功赎罪。此时，华安和平解放即将拉开序幕。

10月10日，中共龙溪地委书记李伟把平浪和孔繁智二人找来面谈。当时，平浪被任命为龙溪专员公署文教科科长兼龙溪县中军代表，李伟说，华安县伪政权已派人到龙溪军管会请求和平接管。经地委和驻军认真研究，决定和平解放华安，但也要做好武装斗争的准备。组织上研究决定，任命平浪为中共华安县工委书记兼县长，孔繁智任公安局局长。至于华安县干部配备问题，由平浪直接找地委组织部部长马兴元商量。根据中共地委书记李伟的指示，平浪立即与地委组织部部长马兴元及干部科的同志商量华安县干部配备方案。地委组织部立即作出决定，从龙溪县和军管会机关里抽调干部18人和警卫员1人，其余不足部分的在漳州招训班补齐。平浪等人一面张贴布告招人，一面与南下干部商谈，做好思想准备工作。孔繁智还自动与专署公安处和驻军联系，详细了解华安的敌情。由于紧张而有序的筹备，参与和平接管华安县旧政权的地方工作人员和解放军部队很快地集合起来。当时，南下干部有：平浪、孔繁智、曹学良、张克瑶、张树桃、石振民、张成俊、张毓华、贾文学、郭文跃、王家谱、张天保、牛万林、郭法力、宋祖文、郭逢运、常伍元、杨文和警卫员王炳仪；南下服务团成员有：华毕挺、孟兆阳、孟兆勤、陈永昌；漳州新招收学员有：陈文波、庄凤岐、邹瑞德、王淳良、蔡瑞祥、朱清亮、薛招治（女）、黄金凤（女）、辜璇珠（女）、严正国、蒋惠恩、吴高辉、蔡林、林进财、简连青、简成富、卢春荣、陈开元、李玉华、冯长发、江石坚、林景星、李守义、苏水楼、邹津修、李清泉、邹振锡、邹天钦、邹嘉湖、冯长庚、冯日新、李九成、赵恒山、林丁山、林森基；还有来自福州青训班的董叔翊、林干、韩安阳一共61人。部队方面则配备两个营的解放军战士,由龙溪军分区副政委卢炎及31军272团政治处主任袁志年带领,为解放华安,做好军事斗争的各项准备工作。

为了提高全体解放华安工作人员的素质,10月中旬,为期23天的"解放华安地方工作人员训练班",在漳州原龙溪县政府对面的龙溪县中旧址举办。南下干部和新招收的同志一起学习,采取以老带新,实现共同提高的目的。不过新招收的人员,必须填表登记,撰写个人自传,接受组织的调查了解。集中学习的内容有国际国内形势、约法八章、党的光荣传统、群众工作方法和武装斗争的基本知识。平浪还亲自给南下干部讲课,教育他们如何树立全心全意为人民服务的思想,如何遵守三大纪律八项注意等。

在前往华安接管、和平解放华安的前夕,上报给地委审批的华安县区领导干部任命方案,得到正式批准。在召开的参加和平解放华安全体人员大会上,根据地委的决定,内部宣布成立中共华安县工作委员会,简称工委,平浪、孔繁智、张树桃、张克瑶为工委委员,平浪为工委书记,一区区委书记张树桃,二区区委书记张克瑶,四区代理书记石振民。同时宣布平浪兼任华安县县长,曹学良为县政府秘书,孔繁智为县公安局局长,牛万林为县财粮税副科长。张树桃兼任一区区长,贾文学为一区副区长,张克瑶兼任二区区长,张成俊为三区区长,石振民兼任四区区长。大会上还同时给新干部分配工作任务,并向他们教育加强组织纪律性及遵守三大纪律八项注意的重要意义。可以说,到此,前往华安接管,和平解放的行动,已万事俱备,只等上级命令而已。

三、和平解放华安的经过

接中共龙溪地委的指示,和平解放华安的时间定于1949年11月16日开始进行。那天下午,中国人民解放军31军272团战士与赴华安的全体地方工作人员,分乘几部汽车,从漳州市区出发,抵达北郊浦林,然后渡过九龙江北溪到丰山宿夜。次日行军队伍又过江翻越杨梅岭经过汰内,当晚在绵治村落脚。一路上年纪轻的帮年纪大的,身体好的帮身体差的,男同志帮女同志背行李,扛枪弹,体现了团结友爱、互帮互助的精神。行军队伍中歌声不断,精神振奋,意气昂扬。原本土匪头目黄雨定派了几名爪牙,躲在半路的树林里准备伺机骚扰。他们看到解放军的整齐队伍,精良的武器,连动都不敢,觉得大势已去,无可奈何。18 日,和平解放华安的行军队伍继续前进,途经五岳到天宫,下午 1 时左右,就到达目的地——黄枣,沿途受到华安人民的热烈欢迎。

从九龙江北溪西岸远远望去,对岸河边沙滩上已经挤满人群。原华安国民党县政府工作人员、警察局警员、自卫团团丁百余人,还有学生、群众,早已分站两排列队等候。和平解放华安的队伍分批次有序过江,然后整队行进。解放军扛着武器走前头,地方干部随后,穿行在欢迎的队列之间。鞭炮声、口号声不绝于耳,充满一派热烈的气氛。国民党华安县长黄光羲也在欢迎队伍里,频频点头,挥手示意。在欢迎仪式上,平浪和卢炎分别代表人民政府和解放军作了简短发言,对他们请求和平接管,实现华安和平解放表示赞许,并希望他们遵守执行《约法八章》。欢迎仪式结束后,立即召开国民党华安县政府全体军政警人员大会。平浪当场宣布《约法八章》,要求他们服从人民政府领导,争取立功赎罪,得到人民的宽大处理。同时也宣布人民政府和平接管华安的时间、地点、范围和办法,要求他们认真执行。

11 月 19 日上午,参与和平接管国民党华安县政府的地方工作人员分成三路,分别在黄枣祠堂的国民党党团机关,及后面炮楼里国民党的警察局,黄枣顶楼的国民党的自卫团驻地,接收他们移交出的花名册、文件、档案、武器装备等。接着,平浪以人民政府县长名义,分别打电话通知各伪乡保人员,告知他们新任区长和工作人员即将前往接管,要求各地要把原来人员集中起来听候安排,并把档案和武器清点造册,如数移交。为了确保安全,到各区就任的干部采取临时通知分批行动。华丰、仙都的干部 20 日先走,高安的干部 21 日出发,而三区的干部早在 16 日行军队伍到达丰山时就把他们留下,立即开展工作。经过一星期的紧张行动,华安和平解放后的接管工作顺利进行,初步接收了大部分文件、档案,还收缴了步枪600支,短枪100多支,手提机枪和轻机枪8支,子弹数千发。经过紧张而有序的工作,华安县区人民政权相继建立起来。

为了防止土匪头目黄雨定的破坏捣乱,11月24日,华安县人民政府驻地从黄枣搬到仙都龙锋仰昇楼,同时派重兵驻扎黄雨定的老巢招山。与此同时,在龙锋土楼里,由华安县人民政府举办的伪军政警人员训练班也立即进行,参加的人员达70余人。举办目的在于进一步了解敌伪组织机构及活动情况,同时继续追查武器财产。通过11天的训练教育,不少伪政权的人员与匪首黄雨定划清界限,向人民认错认罪,自动交出武器和文件,争取将功折罪,悔过自新。训练班举办期间,公安机关又收缴长短枪44支,子弹673发,黄金3两3分,大洋59元,米谷2.5万斤,还有军衣、药品等。训练班结束后,根据他们个人的表现,11人继续留用,其中包括伪县长、警察局长和自卫总团副团长。其余的愿意回家劳动安居的,都给予提供证明,发给路费,妥善安置。留用人员中,还有8人参加清查委员会工作,协助新政府的公安局继续追查武器、物资,进一步做好接管工作。可以说,华安和平解放,平稳接管工作初战告捷。

第二节　剿匪斗争　根除匪患

1949年11月18日,随着华安宣告和平解放,新旧政权交接工作平稳有序进行。但是,华安的反动势力并没有因此而消亡。旧政权遗留下来的反动势力还很强大,全县境内匪患仍相当严重,对新生政权形成巨大威胁。尤其是统治华安多年,并血债累累的大土匪头目黄雨定,没有缴械投降,仍保存反动武装实力。就在中国人民解放军不费一枪一弹和平解放华安之际,黄雨定却一直龟缩在老巢仙都招山,窥视外界动向,等待时机,再逞凶顽。所以说,华安虽然和平解放,社会阶层表面上风平浪静,但实质上已隐藏着巨大危机。

一、全县剿匪斗争的开始

华安和平解放进程中，大土匪头目黄雨定一直躲在阴暗角落，按兵不动。11 月 19 日，当我们还在黄枣接管国民党旧政权的时候，黄雨定却提出要与解放军领导在仙都单独谈判。谈判地点由他确定，就选在现仙都中心小学后面山坡上。20 日，人民解放军 31 军 272 团政治处主任袁志年和华安县四区区长石振民，如约到达指定地点与其进行谈判。当时，黄雨定提出两点无理要求：一、愿意投诚，但他部下人员和武器都不能变动和收缴；二、他要亲自与新任县长直接谈判。为做到仁至义尽，最大限度争取敌人放下武器，袁志年主任当场表示可以在仙都与新县长面谈，但要保持反动武装力量，那是绝对不允许的。翌日，中共华安县工委书记、县长平浪与龙溪军分区副政委卢炎一起，准备在仙都约定地点与黄雨定正式谈判。黄雨定却推托身体不好，推迟会面，使形势骤然变化。中共华安县工委和解放军领导立即开会研究分析匪首黄雨定的动向。大家一致认为，黄雨定投诚是假的，与人民公开为敌才是真的。当天夜晚，人民解放军部队立刻包围黄雨定的老巢招山住处。果然不出所料，黄雨定并没有什么病，身体状况良好，当天下午带着残部 20 余人及家当、武器，往大地方向上山为匪。与此同时，黄雨定的忠实爪牙，如一区黄金辉，二区童满天，三区胡励海，四区的汤祖林等土匪小头目，也都没有向人民政府低头认罪，缴械投降，而是一齐上山为匪，与人民为敌。22 日，中共华安县工委立即在仙都召开声势浩大的群众大会，动员全县人民迅速行动起来，与黄雨定为首的土匪作斗争。从此，一场为保卫和巩固华安人民政权的剿匪斗争拉开序幕。

二、华安的剿匪斗争过程

华安的剿匪斗争，始终根据党的七届二中全会关于新解放区的方针政策和中国人民解放军的《约法八章》的条款要求，从华安的实际情况出发，密切关心群众，发动群众，组织群众，武装群众，并与建立人民政权紧密结合起来。从1949年11月25日开始到1951年6月彻底干净肃清境内匪患为止,全县剿匪斗争历时一年半,其过程可分为三个阶段进行。

(一)宣传发动群众,展开剿匪斗争,稳定局面阶段

这一阶段是从1949年11月至1950年底,为开始展开剿匪斗争,战胜困难,稳定局面的关键时期。正当华安剿匪斗争进入紧急关头,参加和平解放华安的人民解放军31军272团主力部队,突然接到参加解放东山的命令,只留一个连的兵力维持地方治安秩序,其余的调离华安。除此,县大队刚刚成立,当时只有10余人,而且队伍也不够纯洁,有个别是投机分子。地方干部50余人,加上闽南公学分配来的20余人,部队转业下来的30余人,总共百余人,但分散到全县各地乡村,因此干部队伍人员欠缺,力量单薄尤为突出。不仅如此,南下干部和部队转业干部虽然有武装斗争和群众工作经验,但不会讲闽南话,语言不通,要靠本地识字的干部翻译,因此难于接近群众和了解当地民情。而本地干部,包括在漳州新招训的和闽南公学分配的人员,虽然语言沟通和熟悉当地风俗习惯不成问题,但缺乏工作经验和历练。广大人民群众翻身解放,心里很高兴,拥护共产党,支持新生政权,但又害怕土匪、恶霸、地主、豪绅对他们的威胁迫害。由于刚解放,新政权的社会基础不是很牢固,政局不是很稳定。在这一阶段里,以黄雨定为首的匪帮活动非常猖獗,而且手段十分毒辣残忍,对人民群众的生命财产构成极大威胁。尤其是对我各级党政军干部、积极分子刻骨仇恨,经常采取恐怖的手段进行暗杀、袭击等犯罪活动。同时,他们破坏和平接管,破坏征粮活动,破坏交通运输,破坏人民群众与党、政府、解放军的关系,企图瘫痪各级政府机关,威胁人民政权的存在。其中影响较大的事件,如1950年1月上旬,华安西部土匪头目童满天、李红狗、王鸡公等,在马坑、归德、南靖、和溪等地纠集匪徒200余人,在高车际头途中设伏,袭击县大队护送二区干部回县城开会的战士。县大队战士陈泉水、林树木等在敌众我寡的危急关头,英勇斗争,顽强抵抗,子弹打尽后被匪徒抓去活埋,壮烈牺牲。还有县医院医师张翼梓随军到归德巡回就诊，路经际头遭到童满天的土匪埋伏也被杀害。1950 年 4 至 6 月以后，驻守华安的 272 团主力部队奉命调离华安参加解放东山战役，加上美帝国主义入侵朝鲜，又派第七舰队游弋台湾海峡。这一时期，华安大小土匪更加猖狂。数百名匪徒聚集在一起，公然向百姓派粮派款，还割断电话线，张贴反动标语，并计划分成五路攻打仙都、华丰，夺取县城。

在这危急关头，中共华安县工委从稳定局面出发，采取果断措施，一是排除阻力干扰，继续做好和平接管工作；二是通过访贫问苦，做思想政治工作，把人民群众的思想觉悟提高上来，自觉与土匪划清界限，投身到剿匪斗争去；三是面对敌人的猖獗活动，我们针锋相对，坚决斗争，不给敌人有机可乘。这一阶段，全县剿匪斗争中较大的、有影响的战斗，有如下几次：

1.新圩反包围战

1949 年 12 月 28 日，中共华安县工委书记、县长平浪参加龙溪地委召开的会议结束后，带领 11 名战士和警卫员王炳仪返回华安，还携带从军分区领来的枪支、弹药、棉衣、棉被等物资。29 日上午 10 点钟左右，行驶在九龙江北溪的帆船到达鹅山，就遭到岸上的土匪伏击。因为九龙江北溪是华安通往外界的唯一要道，他们一行返回华安也只能乘船，眼下形势危急，平浪立即下船，带着 3 名战士步行赶到新圩。下午 1 点多钟刚到达没有几分钟，土匪就从四面八方包围过来。激烈枪声，响彻新圩古街。原来是匪首黄雨定早有预谋，纠集汤祖林、童满天、黄金辉、胡励海等两三百名匪徒，带上多挺机枪，组织 10 余名敢死队员埋伏在新圩古街，企图等平浪一行人进入包围圈，立刻开枪射击。在危急关头，平浪等人当机立断，立即撤进附近一座小楼，分别据守窗口、楼梯、大门和后门，立即投入战斗。敌我激战两个多小时，匪徒见小楼久攻不下，就放火烧楼门。傍晚时分，熊熊烈火越来越旺，火势已蔓延到二楼。这时，押送军需物资的船只及 8 名战士及时赶到，立即架起机枪扫射，迎头痛击土匪。3 名匪徒当场毙命，其余的抬着尸体慌忙逃散。平浪带领战士们连夜赶回县政府驻地仙都。这次战斗，干部、战士们英勇杀敌的事迹，受到福建省政府通令表彰。1950 年 3 月,平浪同志还被授予“勇敢有谋,忠于职守”的荣誉称号。

2.归德区公所保卫战

1950 年 3 月 3 日(农历正月十五日)二区区长张纪信带着冷生保、尹世宣、彭有智 3 位刚从部队转业分配下来的同志,到二区区公所报到。次日,匪首童满天与南靖土匪头目王鸡公纠集 200 余名匪徒从三洋、高安、平东、西洋分成四路包围区公所。接着,电话线全部被切断,使区公所与县政府失去联系。在这严峻时刻,区委书记杨文、区长张纪信沉着指挥,带领 20 名干部、战士与敌人展开殊死战斗。战斗刚打响,匪徒先用土炮轰击区公所大门及屋顶。他们凭着人多势众的优势,发起几轮进攻,但都被我击退。尹世宣、彭有智两位干部,身经百战,很有战斗经验。他们相继冲出区公所大门,与敌人展开枪战,打死打伤土匪 4 人。土匪强攻屡屡失败后,绑架区干部邹瑞德的父母,在区公所的土楼外喊话,企图威逼战士们放下武器投降。邹瑞德立场坚定,不为之所动,又使敌人阴谋诡计未能得逞。双方相持三天三夜。在战斗中,区干队队员阙志山英勇牺牲。直至 3 月 7 日,三路援军分别到来,由龙溪军分区陈光带领百余名解放军战士从南靖方向赶来;由县公安局局长孔繁智、秘书华毕挺及一区区长贾文学、公安大队郭法力率领 24 名战士从县城方向赶往;由县大队张连长、许指导员及地方干部刘仲农、郭逢运率领 10 余名干部战士从新圩方向赶到,使土匪闻风丧胆,只好抬着死伤的匪徒仓皇逃窜。

3.良村大墘土楼歼灭战

1950 年初,华安各地土匪活动猖獗,对新政权构成严重威胁。县工委通知各村干部民兵要集中活动,加强警戒,以防土匪袭击。良村大燕村干部、民兵按通知要求,在大墘土楼集中住宿。5 月 23 日凌晨 4 时许,良村土匪头目黄金辉带着匪徒 30 多人,趁岗哨不备窜进土楼。村长黄文斌、民兵黄妙土等人被绑架。危急关头,村里民兵黄春木急中生计,不顾生命危险,从 4 丈高的楼窗跳下,负伤前往良村圩底向区干部王玉吉报告敌情。王玉吉闻讯后立刻向仙都、新圩区公所通报匪情，同时组织当地村干部、民兵牵制敌人。当天上午9时，随着仙都、新圩等地武装力量的迅速聚合，军分区警备团三营战士，县大队，区中队，区干部，当地民兵，共160余人把大墩土楼围得水泄不通。为了防止土匪增援，驻良村工作组区干部王玉吉率领当地民兵把守溪坂渡头及路口。攻楼的部队从黄昏开始，向土楼门窗、枪眼射击，把土匪牢牢地围困在土楼里。

5月24日凌晨，随着一声令下，总攻开始。13挺机枪及其他火力一齐攻向土楼。顿时枪声大作，势如暴风骤雨，压得敌人喘不过气来。在强大火力掩护下，县大队连长张清俊扛着炸药包，冲向土楼西边小门。随着一声巨响，楼门被炸开了，解放军战士、民兵迅猛冲进土楼。“缴枪不杀”的喊声响彻土楼，匪徒惊慌失措。黄金辉、李高恕等30多名匪徒纷纷缴枪投降。有一名匪徒企图负隅顽抗，被当场击毙。前后不到一个小时，战斗就结束，击毙匪徒1人，生俘29人，我战士民兵无一伤亡，还缴获步枪25支、冲锋枪1支、轻机枪1挺、子弹千余发。良村大墩土楼歼灭战的胜利，大长了人民的志气，大煞土匪恶霸的威风，是华安剿匪斗争由被动转为主动的重要一仗，也是稳定局面的关键一仗。

（二）全面展开剿匪斗争阶段

1950年7月至1951年1月底，是华安县进入全面展开剿匪斗争的阶段。在良村大墩土楼歼灭黄金辉股匪之后，华安县区主要领导成员召开会议，认真总结半年多来全县剿匪斗争的经验教训。大家认为，剿匪斗争虽然取得阶段性的成果，但黄雨定、胡励海、童满天等罪大恶极的贯匪尚未伏法，因此剿匪斗争仍相当艰巨，不能松懈，必须做到：(1)不管困难多大，也要克难前行；(2)要集中力量，有目标有计划打击消灭敌人；(3)放手发动群众，组织农会、民兵，建立乡村人民政权，清除队伍中不纯分子；(4)各个击破，铲除土匪头目老巢，使他们没有藏身之地；(5)对敌人不能心慈手软，宽大无边，坚持有恶必办，有害必除，才能鼓舞人民群众的斗志，打击敌人嚣张气焰，把剿匪斗争进行到底。

这一阶段，是在总结第一阶段的基础上有重点有步骤地展开剿匪行动,其工作方法是做到“两个结合”:(1)军事打击,政治瓦解与抗美援朝、反霸、减租减息、镇压反革命相结合;(2)放手发动群众,武装群众与建立乡村人民政权相结合。此时,由于良村大塂土楼剿匪行动打了漂亮仗,全县军民受到极大鼓舞。到了 1950 年 8 月份,东山县又胜利解放,使形势产生逆转。中国人民解放军 31 军 91 师 272 团两个营兵力,又班师回来,加强华安、长泰剿匪力量。中共华安县工委召开扩大会和全县第二次各界代表大会,号召人民群众动员起来,彻底消灭土匪,建立人民政权,在全县范围内很快形成一个消灭土匪、人人有责的舆论氛围。这时候,上山土匪如过街老鼠,人人喊打,处于穷途末路之境。

县工委研究确定,集中力量首先歼灭三区的胡励海,四区的汤松江、陈北斗,二区的童满天及九龙江北溪的周海等土匪,进而消灭顽匪黄雨定和汤祖林。为了确保九龙江北溪水路畅通无阻,全县以解放军部队为主,区乡干部民兵为辅,成立“九龙江管理工作委员会”,负责九龙江北溪两岸剿匪和护航行动。从此,在全县范围内迎来一个声势浩大的军民联合剿匪斗争的新高潮。解放军战士和地方干部民兵不怕流血牺牲,不畏艰难险阻,跋山涉水,餐风宿露,日夜兼程,追剿土匪。人民解放军 272 团 3 营指战员和三区干部民兵,在九龙江畔展开伏击战,击毙土匪大队长周海和他的两个匪徒弟弟,还活捉顽匪周章。驻守四区部队和县大队、区中队击毙了云山叛乱主要策划者陈北斗,活捉了国民党科长、匪中队长、云山事变主谋犯汤禹斌,匪徒汤安等 4 人,缴获长短枪 6 支,迫使土匪缴械投降 43 人。驻守四区的部队指战员为了追剿越往境外的土匪,连续两天行军 170 多华里,终于在安溪县境内罗岩歼灭匪徒高献、卢同安、黄金声、洪宝兴等 4 支股匪 74 人,缴获机枪 2 挺、长短枪 51 支、子弹 1200 多发。同时揪出一个企图策反县大队战士叛变的内奸。从全县剿匪斗争动员大会召开后不到半个月,土匪缴械投降自新的达 57 人,还有上缴大量枪支弹药。通过军事、政治攻势双管齐下,全县各角落的土匪土崩瓦解,纷纷溃散,使广大农村基本实现安定局面,九龙江北溪亦可安全通航。但在剿匪斗争的过程中,我们也付出不少代价，县公安局股长常伍元、县大队战士陈文波、邹津修等在九龙江北溪航行时，遭到土匪伏击光荣牺牲。

为了迅速掀起剿匪反霸、镇压反革命的新高潮，县工委首次在城关兴洋坂枋树林召开规模盛大的公审大会。各区派代表，有3000余人参加。匪首黄金辉、李高怒，恶霸李仁英等当场处决。接着二、三区先后召开数千人参加的公审大会，枪毙一批罪大恶极的土匪和恶霸，既打击了敌人的嚣张气焰，又鼓舞军民剿匪斗争的士气。从1950年10月至1951年2月，全县共召开公审大会13场，2.5万人次参加。1258个苦难农民上台控诉土匪恶霸的滔天罪行。根据案情轻重，人民政府审判机关对土匪恶霸分别作出杀、关、管、判等处理。全县共抓获土匪恶霸150人，其中镇压罪大恶极的匪首、特务、恶霸28人，判刑关押50余人，宽大处理的50余人。到1951年春，全县剿匪斗争取得节节胜利。一区破获“反共救国军新圩谍报站”，活抓站长黄五岳、黄高椿；二区在围剿中击毙匪支队司令童满天、匪大队长李红狗。二区一个家庭妇女赤手空拳在家中活捉土匪邹清秀。三区下樟一个妇女把两个土匪反锁在屋内，然后到乡政府带民兵将他们活捉。迎富乡一个老阿婆上山砍柴，发现土匪吕海瑞的身影。她立刻下山报告敌情，全乡男女老少随着部队民兵上山抓土匪。吕海瑞被军民围追，魂飞魄散，走投无路，陷入烂泥田被活捉。

（三）彻底歼灭土匪，取得全胜阶段

第三阶段从1951年2月至1951年6月底止。这一阶段，是县工委根据上级指示要求，在全县剿匪斗争取得决定性胜利的基础上，要在6月底前彻底消灭全部土匪，建立健全人民政权，迎接土地改革到来的关键时刻。这时候，全县剿匪斗争虽然取得巨大的胜利，但匪首黄雨定、汤祖林、胡励海等还未抓获，仍逍遥法外。他们不仅在华安造成祸害，还经常窜扰安溪、南靖、漳平、龙溪等县交界的地方。因此，土匪未消灭，社会未能安定，人民群众也未能安居乐业。

1951年2月初，龙溪地委在蓬莱组织召开龙溪、华安、南靖三县交界剿匪行动会议。平浪代表中共华安县工委出席参加。根据华安剿匪斗争的实际情况，县工委要求各区乡要与部队、县大队、区干队密切配合,实行分片包干,干净彻底消灭所在区、乡、村的土匪。无论土匪逃到哪里,我们都要追剿到哪里,使凶恶的土匪陷入人民战争的天罗地网。在广大人民群众的支持下,全县军民团结协作,密切配合,取得剿匪斗争的一个个辉煌战果。1951 年 2 月 16 日(农历正月十一),部队和民兵在三区虎形山战斗中击毙匪徒郭枝安、林学仔,还活捉胡励海的贴身护兵邹长江和忠实走狗陈仁圣(胡励海的妹夫)。1951 年 3 月 20 日,据群众举报,胡励海窜到其兄胡因家里找粮食充饥。部队民兵闻讯后立刻追踪搜索。据分析胡励海可能躲进省山村匪徒邹钟的家中。果然不出所料,22 日,驻天宝的龙溪县大队及华安三区上坪、汰内、宝山等乡民兵,共 500 余人,分成内外三层包围圈把敌人团团围住。3 月 23 日凌晨,匪首胡励海发现被我军民包围,企图夺命逃跑,被民兵一枪击中,负伤逃往密林。我军民奋勇追杀,曾横行一时的顽匪胡励海终于被当场击毙。1951 年 3 月 11 日下半夜 2 点左右,7 名土匪窜到高车下洋新厝农家里抢食物杀猪,被站岗放哨的民兵发现。土匪惊慌失措,猪毛未刮清,就背着猪腿往山上跑。敌情发现后,各地驻军和民兵共 600 余人紧急集合,奋起直追,把土匪围困在甲指尖方圆不到 5 公里的山野上。果然不出所料,这些逃匪原来是黄雨定等一帮人。在山上一座草寮附近,发现有人的粪便,土匪就在山沟不远处。甲指尖山腰上有一个天然石洞,深不可测。县大队战士一名战士进洞搜查,突然间被洞内射出子弹击倒身亡,另一名战士又冲进洞里,又被枪杀牺牲,另有一位县大队战士负伤。军民义愤填膺,纷纷要求进洞杀敌,为死难的战友报仇。由于石洞易守难攻,部队民兵整整围困两天两夜,而且烧茅草往洞中送烟雾,但未能奏效。至 13 日下半夜两点多钟,匪首黄雨定等趁天下毛毛细雨,化装成村民,混入人群逃走。19 日(农历二月十二日),黄雨定等匪徒逃至三区汰内西坑村,其行踪又被民兵发现。匪徒林跃坤被击毙,还缴获了黄匪的日记本。在战斗中,副村长和民兵蔡木乔负伤,蔡铁槌光荣牺牲。黄雨定和他的儿子黄麒麟继续潜逃。4 月 20 日,他们窜入龙溪县风林乡月岭村,已被部队民兵团团围住,插翅难飞。黄雨定当场被击毙,其儿子黄麒麟中弹后被活捉,送医途中丧命。黄雨定一生干尽坏事,下场可耻,罪有应得。黄雨定的尸体被先后抬到新圩鲤鱼滩、仙都中心小学后操场进行公审,接受人民的审判。上台控诉其罪行的人群络绎不绝。匪首黄雨定被歼灭后,华安境内只剩下汤祖林等少数散匪。汤祖林如过街老鼠,人人喊打。1951 年 5 月 13 日,匪首汤祖林逃至三区汰内后坑村,被军民包围住。他垂死挣扎,负隅顽抗。在围击战斗中,民兵郑文德、郑添发、苏日生、林水元、谢金兴、陈淮清、蔡姓、林吐等同志先后牺牲,县大队战士高射德、杨裕芬负伤。匪徒汤祖林自知与人民为敌,恶贯满盈,无路可逃。5 月 14 日,他潜回老家云山,先把老婆枪杀,然后在云山大祖林祠堂里饮弹自杀。消息传开后,华安人民为彻底肃清匪患而欢欣鼓舞。华安从此结束了长期祸害人民的匪患历史。1951 年 6 月,中共华安县工委庄严宣布,华安剿匪斗争胜利结束,8 月将全面开展土地改革运动。

但是,华安剿匪斗争的胜利来之不易,这胜利果实是革命先烈用生命和鲜血换来的。在长达近两年的剿匪斗争中,全县英勇牺牲的有:部队(包括县大队、区中队、公安队)战士 34 人,县区干部 9 人,乡村干部 16 人,民兵 26 人,总共 85 人。他们为了华安的解放事业献上年轻生命,永远铭记在华安解放事业的光辉史册上,永远值得华安人民的缅怀。愿烈士们的英灵永垂不朽!

第三节　巩固人民民主政权的斗争

1950 年,是华安和平解放的第二个年头,也是全县剿匪斗争的关键时期。当年 4 月,中国人民解放军 31 军 272 团部队奉命调离华安参加解放东山战役。紧接着,美军入侵朝鲜,又派海军第七舰队巡弋台湾海峡。台湾国民党反动派的飞机飞越大陆上空,空投汽球,散发传单,进行反共宣传,大肆叫嚣反攻大陆,甚至指令潜伏下来的特务加紧间谍活动。华安首匪、民团司令黄雨定为首的地方反动势力,盲目乐观错估形势,认为时机已到,于是破坏活动更加猖獗。他们妄想利用新生政权建立初期,社会基础不牢,人心未稳之机,造谣惑众,破坏生产,拦路抢公粮,袭击九龙江北溪民船,谋害干部民兵,武力攻打区公所,甚至制造反革命暴乱,严重危害着人民的生命财产和社会治安。因此,华安党政军民同心协力坚决制止匪患,坚决镇压一切公开和暗藏的反革命分子,摧毁反动党团、会道门组织,沉重打击反动残余势力,迅速建立和巩固正常社会秩序,成为巩固人民民主政权的一项重要任务。

一、平息云山反革命暴乱

1950 年 5 月 9 日,在匪首黄雨定的授意之下,从华丰古镇(茶烘)潜逃回到老家的原宜昭乡民众自卫大队队长汤松江,伙同本村匪徒汤禹斌、汤柔软等,蛊惑策动云山、新洋、圳上和岭埔村干部民兵队伍中一些不纯分子,发动反革命叛乱。参加反革命活动达 20 多名匪徒。他们首先围攻招山村溪边三层“炮楼”。当时,楼内值班民兵 6 人,民兵队长林春生下楼开门时,不幸被匪徒枪击牺牲,这是云山暴乱的第一枪。其实,关于这场反革命叛乱,敌人早有预谋,只是我们的干部民兵缺乏警惕性,放松思想警戒,让他们突然袭击阴谋得逞。驻云山村的区干部庄凤岐、杨信,圳上民兵副队长刘俊华及无辜村民汤儒衍、汤井仔、汤爱仔被残忍杀害。匪徒还不善罢甘休,连夜袭击附近的下林村。该村村长林清冉夫妇,在家里被枪杀。响彻云霄的枪声,划破了宁静山村的夜空。由于敌人的手段残忍,许多当地村民担心会被无辜迫害,不敢下田干活,纷纷逃到山上躲避,或到外地投亲。一时,云山村内外腥风血雨,笼罩着一片白色恐怖的乌云。这就是震惊全国的发生在华安县云山的反革命叛乱事件,又称“云山事变”。

5 月 10 日清晨,也就是云山反革命叛乱爆发的翌日早上,该区区委书记张克瑶闻讯后,立即与区委委员张天保、宋祖文商量,召集大地、龙峰、中圳、仙都、招山等村民兵 50 多人赶往云山平息叛乱。民兵队伍行进到下林村境内,却遭到匪徒埋伏,敌我双方发生激烈交火,张克瑶不幸肩部中弹负伤。就在这时,全县各地,乃至漳州的增援武装人员纷纷向云山方向挺进。县公安局局长孔繁智率公安战士10余人从县城出发，县大队战士30多人从新圩赶来，龙溪军分区派警备团战士从漳州赶往，驻湖林乡的四区副区长刘兴芝率区干部、民兵19人从当地增援过来。

不过，副区长刘兴芝率领的增援队伍，半途上却遭匪徒的伏击。他们赶到石井村境内，被匪首陈万物等200余名土匪设伏包围。危急时刻，刘副区长、区干队队长曾阿团急中生计，果断地把队伍撤进路旁的石井土楼。接着，电话线被切断，失去与外界联系。在敌众我寡的情况下，19名干部民兵与土匪展开浴血奋战。敌人几轮强攻，都被我一一击退。匪徒们乘着夜色，企图放火烧开楼门，也被不断扔来的手榴弹炸得不敢靠近土楼。民兵们冒着生命危险，用石头重新堵上楼门，胜利地保住土楼阵地。他们与匪徒整整熬战三天三夜，到了第三天夜里，趁敌人不备突围出来。但在石井土楼的战斗中，李世琛、张玉成、林德木3位战士英勇牺牲。

随着各路增援的队伍到达，云山村里展开多次剿匪行动，击毙击伤土匪多人，但也有两名战士光荣牺牲。由于当时全县剿匪斗争的需要，解放军部队不可能长驻云山，只能开展政治攻势和宣传，逐渐瓦解敌人的抵抗力量。

区干部李国柱率领民兵40多人，扼守下林村口，不让匪徒轻易逃窜。夜间，干部民兵还深入云山村张贴“坦白从宽，抗拒从严”“首恶必办，胁从不问，立功赎罪，立大功受奖”等标语。9月，272团部队返回华安，增强剿匪力量，使全县剿匪斗争取得节节胜利。这时，干部随部队进驻云山村，召开多场匪属会议，加强对土匪进行政策形势教育。在党的政策感召下，上山为匪的纷纷放下武器向人民投降。1950年底，策动“云山事变”的匪首汤柔软被击毙。1951年初，匪首汤松江及其两名随员，在岭埔垵仔坑田里被群众抓获。土匪大队长汤福元也被部队包围击毙。至此，参与策划云山反革命叛乱的匪首，有的被歼灭，有的被活捉，宣告敌人以失败告终。1951年春，县工委在招山召开隆重的追悼大会，悼念在“云山事变”中英勇牺牲的庄凤岐、杨信及石井土楼战斗中光荣献身的李世琛等干部民兵战士。会后,汤松江等数名罪大恶极的土匪被依法枪决。到此,云山反革命叛乱被彻底平息。

二、镇压反革命

为了打击反革命分子的嚣张气焰,保护新生的革命政权和广大百姓生命财产的安全,根据中国人民政治协商会议通过的《共同纲要》第七条和 1950 年 10 月 10 日中共中央发出的《关于镇压反革命活动的指示》(简称《双十指示》),从 1950 年 10 月至 1953 年底,华安县在上级党委和政府的领导下,广泛发动群众,大张旗鼓地开展群众性的镇压反革命活动,有力打击敌人的有生力量。

根据华安当时的实际,这个时期的重要任务是:彻底摧毁国民党反动政权,取得民主革命的胜利,建立和巩固人民民主政权,为恢复和发展国民经济,改善民生创造条件。根据《中华人民共和国惩治反革命条例》的要求,这次镇反打击对象,主要是浮在面上的土匪、恶霸、特务、反动党团骨干和反动会道门头子等五个方面敌人。整个运动始终坚持"严肃与谨慎相结合""镇压与宽大相结合"的政策。中共华安县工委根据中央指示精神,结合本县的实际情况,确定在不同乡村采用不同方法。在已进行土地改革、人民群众充分发动起来的乡村,由广大群众检举揭发当地张三李四,属于反革命分子,经公安机关审查批准后逮捕;在还没有进行土地改革,而且群众尚未发动起来的乡村,一边进村入户宣传发动群众,一边开展镇压反革命行动;在反革命势力雄厚的乡村,则采取先镇压反革命,后再发动群众。至 1950 年底,全县共抓捕了反革命分子 180 人,其中有地霸、恶霸、土匪、特务等对象。在镇压反革命运动高潮中,华安广大人民群众的政治觉悟和对敌斗争的积极性空前高涨,全县上下涌现了群众性活抓土匪、恶霸、特务的动人事例。在反革命分子家属中也出现了子女揭发土匪父亲、妻子检举反革命丈夫罪行等大义灭亲的典型事例。广大群众强烈要求政府惩办罪犯,替他们申冤雪仇。1951 年初,中共华安县工委成立"人民法庭",专门受理审判反革命分子刑事案件,对已逮捕的反革命分子罪犯分别进行审理。其中罪大恶极、血债累累，不杀不足以平民愤的反革命分子，坚决处以极刑。从1950年10月至1951年春，全县各地先后召开上千人参加的公审大会，处决一批匪首和恶霸。这些公审大会的召开，对宣传政策、平息民愤、号召群众剿匪、动员匪徒下山投诚起到了积极推动作用。据统计，自1949年12月至1951年6月，全县共处决或在山上直接击毙的匪首、特务、恶霸等达394人，管制或监督劳动467人，送劳动改造的110人，判处有期徒刑96人。

在镇压反革命运动中，华安境内基本扫清了国民党反动派的残余势力，极大地巩固和加强了新生的人民民主政权，使全县城乡的社会秩序出现前所未有的安定局面，呈现出“路不拾遗，夜不闭户”的景象，为开展抗美援朝和土地改革运动铺平了道路。

三、取缔反动会道门

在1951年镇压反革命之后，于1953年，中共华安县工委又发动人民群众开展了取缔反动会道门的斗争，铲除反动的社会基础。反动会道门是封建旧社会遗留下来的反动组织。解放初期，华安境内反动会道门的地下组织繁多，情况错综复杂。在匪首黄雨定和敌特机关等反动势力的煽动下，他们大肆造谣惑众，扰乱民心，甚至公然参与组织反革命暴动。其中，全县反动会道门活动较为猖獗的有三种帮会。

大刀会，民国三十五年（1946年），由安溪传入华安湖林的上田、大坪、岛濑等地，1951年春又传入仙都一带。会首有曾清华、陈土墙、陈建辉、陈五四等，拥有分会坛30个，会徒225人。他们到处散布谣言，煽动群众，恶毒攻击政府，从中骗取钱财，坑害百姓。

一贯道，自称“达摩”。民国三十七年（1948年），由邹文秀到漳州“学道”后传入上樟开设道坛。与此同时，漳州北郊布坑农场的道坛点传师林松山也回到仙都大地设坛传教。从此，一贯道在华安广大农村迅速蔓延开来，拥有道徒819人。邹文秀、林松山二人始终坚持反动立场，叫嚣“霹雳红光尽，重整旧山河”，四处传播谣言，迷惑群众，企图造成社会混乱，从中渔利。

盘古会，民国三十八年(1949年)，由林开太等从安溪传入仙都下溪村，后向仙都、中圳、龙峰等地发展。主要道首有林开太、林火电、林磁灶等7人。他们企图配合云山反革命暴乱，乘机攻打四区区公所。1950年5月12日，在平息“云山事变”中，县公安局将其道徒130余人一网打尽。

为了彻底打击反革命活动，取缔反动会道门组织，从1953年初，县公安局在全县范围内全面开展彻底肃清反动会道门的斗争。首先宣布这些帮会为反动组织，依法给予取缔。采取统一行动逮捕道首分子，一举摧毁其反动组织；其次派出工作组到银塘、绵治、湖林、仙都，通过方言演唱、图片巡回展览，用摆事实、讲道理的方法，深刻揭露反动会道门的危害。通过宣传教育，不少上当受骗的群众，认清形势，自觉与之划清界限。全县自动宣布退道的道徒达800余人，投案自首的坛主、中小道首42人，缴获刀枪41支，各种道具179件。到1953年4月底，华安县取缔反动会道门的斗争取得重大胜利。从此，反动会道门组织在华安的社会基础全部被铲除干净。

第四节　实行土地改革　恢复老区经济

解决农村土地所有制的问题，是能否让千百万农民翻身解放的大问题。千百年来，我国农村生产力之所以落后，农民之所以贫困，就是封建土地制度所造成的。因此，解决农村和农民问题，首先要解决土地所有制问题，使广大农民盼望已久的“耕者有其田”的愿望得以实现。1950年底，当全县剿匪斗争取得节节胜利之际，中共华安县工委根据龙溪地委的部署要求，立即号召全县人民开展土地改革运动，废除封建土地所有制，彻底消灭了封建制度的经济基础，消灭封建地主阶级，极大解放农村生产力，让广大农民经济上翻身，促进农业生产的发展和恢复。华安县土地改革运动，从1950年12月开始，到1951年11月下旬才结束。这是一场史无前例的伟大历史变革，参加人数之多，涉及面之广，情况之复杂，是华安县从来没有过的。

一、土改前华安农村土地状况

新中国成立之前，华安县境内所有土地都是私有的，可以自由出租、买卖、典当、继承、转让。土地所有相当集中，占全县总人口88%的贫苦农民，只占耕地总面积的53%，人均耕地1.76亩，而山林地也只占总面积的50%，人均只有7亩。但是，占全县总人口12%的地主、富农，却占全县总耕地面积约47%，人均11.5亩，人均山林地51亩。地主、富农、官僚买办阶级不仅占有大量土地，也占有大部分的生产工具和耕牛。他们不用生产劳动，而是依靠手中土地和勾结国民党反动势力，进行统治、压榨和剥削广大贫苦农民。他们把土地出租给农民耕种，靠地租渔利。广大农民无地或少地，求生无门，只好向地主租田地耕种，接受田租或高利贷的剥削。

当时，华安地主、富农向广大农民收取田租，其主要方式有两种：一种是地主将土地租让给农民耕种，按田地面积实收产量计算，租佃双方各分成一半或“六四开”(即田主六，佃农四)；另外一种是固定地租，田主和佃农双方事先商定地租，不管实际收成好坏，佃农必须按确定租额按时交纳。一般谷子定产交租为总额的50%～70%的产量。地主、富农等除了利用土地对租地佃农进行剥削外，还有雇工、高利贷剥削。高利贷年息高达20%～50%，到期还不清利息者，采用“利加本”计法，第二年一起，本利生利，也叫“利滚利”。地主阶级依靠地租剥削，不劳而获，充谷满仓，过着骄奢淫逸的生活。而广大农民背上沉重债务包袱，过着非人的生活。尤其是灾荒年，地租不减，苛捐杂税照收不误，广大农民更是苦不堪言。因此，广泛流传着一句民谣，即“穷人灾荒卖儿郎，富人灾荒盖新房”。这就是当时华安农村社会的真实写照。

二、全县土地改革运动

1950年6月，中央人民政府委员会颁发了由中共中央提出的《中华人民共和国土地改革法》(简称《土改法》)。明确规定，废除地主阶级封建剥削的土地所有制，实行农民的土地所有制，做到：耕者有其田,没收地主的土地、耕畜、农具,多余的粮食以及农村中多余的房屋等五大财产,统一、公平、合理地分配给无地少地及缺乏生产资料的农民,以解放农村生产力,发展农业生产,为三年内实现国家财政收入根本好转,恢复发展国民经济准备条件。

1950 年底,在全县剿匪斗争取得阶段性胜利的大好形势下,中共华安县工委根据《土改法》规定,开始布置全县的土地改革工作。为了加强领导,县成立土地改革委员会,由县工委书记(主持县工委工作)平浪兼任土改委员会主任。当时,龙溪地委办公室、漳州各民主党派、华东军政大学福建分校共 400 余人,还有本县县区干部、群众,总共 700 余人组成土改工作队,深入到全县四个区,广泛发动群众,开展史无前例的土改运动。到 1951 年 11 月,全县土改结束,历时 10 个多月。整个土改运动,经历了宣传发动、试点摸索、全面开展三个阶段。

(一)宣传发动阶段

根据地委土改工作会议精神,中共华安县工委根据本县的实际情况,确定把剿匪反霸斗争、建立乡村政权、组织农会和民兵队伍作为土改运动的突破口。1951 年 1 月,土改工作队进村后,进行政策宣传,广泛发动群众。他们利用大小会议、黑板报、宣传栏向群众宣传土地改革法,宣传土改的重要性、必要性,热情帮助贫雇农的生活困难和解除思想顾虑。在此基础上,各乡村普遍开展阶级诉苦运动,采用忆苦思甜、算账对比等方法,启发广大农民认识到“富贵不在天,贫苦不是命”,是地主阶级压迫剥削的结果,从而激发他们的阶级仇恨,更加热爱共产党,热爱新社会,自发起来斗地主、恶霸。与此同时,各区相继还召开公审大会,镇压了一批罪大恶极的匪特、恶霸,为广大农民撑腰,稳定了人心。据了解,全县各地召开的公审大会上,上台控诉土匪、恶霸滔天罪行的苦主多达 1200 余人。群情激昂,很快形成消灭土匪、推翻封建土地剥削制度的强大舆论氛围,有力推动土地改革运动向前发展。

(二)试点摸索阶段

1951 年 1 月 8 日,是华安县进入土改试点阶段的起始日子。在此之前，县工委已派宋祖文、郭文耀等10余位同志，到龙溪地委干部学校学习有关土改政策。他们回来之后，先后举办两期土改骨干培训班，县区干部和农村积极分子120余人参加学习。培训班学习内容有：党中央有关土改文件、学习交流心得、农村实际情况介绍、工作方法探讨，包括如何开展宣传发动工作。参加培训结束后，他们立即分赴全县各乡村开展轰轰烈烈的土改运动。

时值6月，华安剿匪斗争取得节节胜利。全县境内匪患基本肃清，反霸、镇反工作进展顺利。农村中的农会、民兵组织、村政权基本建立和健全，社会基本安定，人民群众安居乐业。在这样大好形势下，县里采取“以点带面”方法，开展土改试点工作，通过实践探索经验，经县工委研究确定，全县土改工作试点定在草坂村。首期全县土改工作培训班结束后，郭文耀等3位县区干部带领40多名学员，组成土改试点工作队进驻草坂村。土改试点工作队进村后，首先是访贫问苦，培养土改工作的积极分子。其次，村里分角落召开忆苦思甜大会，让贫苦农民“吐苦水”，激发他们的阶级仇恨和革命热情。通过广泛发动群众，草坂村广大农民的思想觉悟不断提高，自觉参与土改工作的热情高涨，同时还参与农会、民兵队伍，保护翻身解放的胜利果实。由于广大贫苦农民的热情参与，草坂村紧接下来土改试点工作的划分阶级成分、没收地主的五大财产、组织发展农业生产等，都取得显著成效。实践证明，草坂村土改试点工作是成功的。在获得成功经验之后，县工委着手抓好第二批土改试点单位。其分别是：一区（今华丰镇）的下坂、华丰、罗溪；四区（今仙都）的龙峰村。为了加强对第二批土改试点工作的领导，县工委派张克瑶、宋祖文、王家谱、叶树孝四位得力干部，分别担任这些试点的负责人。经过土改试点工作，县土改工作委员会及时总结经验教训。通过实践，全县土改工作，其经验是：一是广泛深入发动群众，宣传舆论先行，让广大群众了解掌握党的政策；二是注重在工作中培养和锻炼农村干部，建立一支勤政为民的干部队伍；三是实事求是，评定阶级成分，按照党的政策办事，掌握分寸，一碗水端平，防止感情用事，严把政策关，一旦出现偏差，应立即纠正。总之，从整个试点过程来说,全县土改试点工作是成功的,群众反映是正面的,其做法得到龙溪地委的充分肯定。这为华安展开全面土改工作打下了坚实基础。

(三)全面展开土地改革阶段

土改试点工作取得成功后,华安县的土地改革运动即将全面铺开。在土改工作队还未进村之前,县工委提前做好两件事:一是组建土改队伍和机构。1951年8月中旬,龙溪地委正式批准华安全面开展土改运动。8月22日,县工委召开扩大会,县、区、乡村干部和积极分子260余人参加。会上认真传达地委关于第二批土改总结会议精神,学习刘少奇关于土改工作报告和有关土改政策,并请土改试点负责人介绍试点经验。9月1日,华东军政大学福建分校政治部主任张立光带领400多名同志及漳州各民主党派人士,还有地委办公室干部一齐到达华安参加土改工作。县工委、区委及军大领导共同研究了人员分配方案。县里成立土改工作委员会,县工委书记平浪任委员会主任,县长陈清定及张立光任副主任,成员有孔繁智、张田丁、李锁柱、周淑惠等。委员会下设办公室,贾文学任主任,各区也相继成立土改委员会。很快,全县一支由700余名人员组成的土改工作队,按4个区分布,编成4个中队,40个土改队拟将分赴全县各地。二是根据实际情况,有针对性地展开工作。解放初期,华安经过剿匪反霸、镇压反革命运动后,农村广大农民看到希望,迫切要求废除封建土地制度,积极要求土改,但全县发展不平衡,有些地方群众基础薄弱,对土改热情不高。根据各地情况,全县可分成三种类别:一是工作基础好,村里农会、民兵、村政建立健全。农村政权掌握在贫下中农手中;二是地主阶级仍未完全打倒,村里各组织不够健全,群众有思想顾虑;三是群众还没有发动起来,村基层组织没有建立,各项活动由地主富农说话算数。在分析以上情况之后,县工委部署全县土改工作时,明确提出土改工作的四个要求:(1)调查研究,宣传发动;(2)划分阶级成分,没收地主五大财产,征收富农剥削的部分土地;(3)分田到户,实行耕者有其田;(4)总结经验,评功表彰模范,建立健全乡村政权,组织大生产。1951年9月6

日、7日、8日，土改队伍分批从县城出发，浩浩荡荡开进全县40个村。土改队所到之处，当地群众都是敲锣打鼓，列队欢迎。甚至有的学校还组织学生打腰鼓、扭秧歌，高唱《解放区的天是明朗的天》等革命歌曲，热情欢迎土改队进村。从此，土改运动在全县范围内全面展开。

华安全面土改运动，大约分成三个步骤进行：

第一步，宣传发动群众，健全乡村组织，扫清土改障碍。土改队进村后，调查发现广大贫苦农民虽然拥护土改，但又心存变天心理和迷信宿命论的思想。有的怕错划为富农，杀鸡鸭，卖猪牛，有土地和财产的人，怕被斗争，怕财产被没收，赶快转移财产，少数地主和反革命分子散布谣言，制造恐怖气氛，企图谋害干部，赶跑土改队。

根据现实存在的情况，进村土改队加大党的土改方针政策宣传力度，同时结合镇反的条例，发动群众检举揭发不法地主和反革命分子破坏活动。全县各地还举办贫雇农训练班，累计5537人次参加。训练班运用算剥削账、挖穷根的办法，激发广大贫苦农民的革命热情。土改队在做好宣传发动群众的同时，抓紧整顿健全乡村组织，号召广大贫雇农参加农会、民兵组织，参与村政权建设。通过民主选举，严格审查，选拔革命积极分子进入基层组织领导班子。全县各地农村基层组织不断建立健全起来，使政权更加巩固，有利于土改工作顺利开展。

第二步，划分阶级成分，没收地主五大财产。划分阶级成分的目的是分清敌我。驻村工作队一方面大力宣传《中央人民政府政务院关于划分农村阶级成分的决定》，组织广大农民深入学习土改政策，反复说明各阶级成分划分标准，做到放手发动群众，划好阶级成分，评定阶级成分；另一方面组织群众对封建统治阶级进行政治上、经济上的总清算，集中力量打击少数顽固不化的地主。在划分阶级成分中，一般经过自报、贫雇农评议、村干部和土改队审批三个步骤，分三次张榜公布，当时叫三榜定案。对一些界限模糊不清的成分的难以评定，那就不只三榜定案，而是几经反复研究，报上级审批才最后确定。这样做，评定后的阶级成分相对比较准确，得到绝大多数人的拥护。经过阶级划分,据统计,全县划为地主671户,富农457户,小土地出租者515户,工商资本家53户,中农5729户,贫农6005户,雇农710户,其他(包括手工业者)1236户。

阶级成分确定后,按政策规定,没收地主五大财产。五大财产即:土地、房屋、粮食、耕牛、农具,同时征收富农剥削的部分土地,彻底废除封建土地所有制。没收征收前,全县各土改村普遍开好代表会和农协会,制定和通过方案,印好登记证、表格、封条等,组织调整、登记、没收、保管等机构,有秩序、组织、纪律地进行征收和没收工作,对于地主财产一律查封和集中保管,严禁干部徇私舞弊、贪污受贿。据统计,全县共征收、没收地主土地、公田、庙地54842亩,房屋3556间,耕牛1040头,农具10037件,粮食117万斤。

第三步,分配没收地主五大财产,实现耕者有其田。

斗地主分田地是土改的最终目的。土改队根据土改法的政策规定,召开贫雇农会议,广泛征求意见,制定分配方案,经农协会讨论,代表会通过,分配胜利果实按"先无后少再照顾""先土地后其他财产"的原则,做好统计调查,进行自报公议,实行民主分配。据统计,全县88%的贫雇农和其他劳动者,都分配到土改果实。其中包括小手工业者、工人、小商贩也得到利益。其中全县工人187户,分到土地644.6亩,粮食10517斤,还分到一些钱。广大农民分到田地,烧毁了地主掌管的田契、借据,领到政府发给的土地征、房产证。他们非常兴奋,彻夜难眠,衷心感谢共产党和毛主席。

三、组织大生产,发展老区经济

华安的土改运动,于1951年11月底基本结束。12月,全县从基层到县里转入土改工作总结,建立乡村政权阶段。各地召开庆功会,表彰土改中起模范作用的优秀干部和积极分子。紧接着,全县组织互助组325个,落实布置秋粮征收和冬季生产任务,迎接1952年大生产运动到来。

土改工作胜利完成任务,华安彻底消灭了两千年来的封建土地剥削制度。在中国共产党的领导下,革命老区人民获得千百年梦寐以求的土地。他们的政治热情和生产积极性空前高涨,全县掀起了农业互助合作和农业生产新高潮,家家户户订立爱国增产节约条约,广大农民购买牲畜,添置农具,积蓄肥料,兴修水利,改良土壤,改善经营,努力发展农业生产。1951 年全县工农业生产总值达 812 万元,比 1950 年增长 17.2%,粮食总产达 3218 万公斤,比 1950 年增产 11.2%。

第五节　华安农业合作化运动

农村土地改革后,华安县广大农民实现了"耕者有其田"的愿望,人人扬眉吐气,生产积极性空前高涨,纷纷把参加土改的积极性转入农业生产,在自己的土地上辛勤耕作,力争多打粮食,支援国家建设。然而,在当时特定的历史条件下,一家一户的分散耕作,势单力薄,生产规模狭小,加上生产资料严重缺乏,劳动效率低下等现实问题,很难抵抗台风、洪涝、干旱、病虫等自然灾害,更谈不上进行大规模农田基本建设。为了从根本上解决农村农业分散经营的小农经济状况,1951 年 11 月中旬,华安县召开第七次各界人民代表大会,认真传达贯彻《中共中央关于农业生产互助合作的决议(草案)》的文件精神,要求全县各地"把农业互助合作当作一件大事去做"。时任县长陈清定在会上号召全县人民开展互助合作,掀起大生产高潮,勇夺土改后第一个丰收年,从此华安县又一场新的轰轰烈烈的农业合作化运动揭开序幕。

一、互助组应运而生

农业合作化是社会主义三大改造的重要组成部分。通过生产互助合作的形式把千家万户的农民组织起来,把分散的个体农民组织起来,逐步引导他们走社会主义集体化道路,这是解放初期党在农村的主要任务。但是,农业合作化运动要改变几千年农业小生产者的经济基础和他们的心理习惯,逐步引导农民走社会主义道路,这是农村一场伟大历史变革,也非那么容易的事。

土改之后,华安广大农民分到田地,喜悦之情溢于言表。为了抵御自然灾害,解决缺乏耕牛、农具和修水利等困难,全县各地一些农户通过正面引导,开始进行生产互助的尝试。至1952年春,全县各地农村生产互助组如雨后春笋层出不穷。当时,一区有草坂乡李文俭、下坂乡李金火、良埔乡半山村黄显田互助组;二区有高安乡黄担水互助组;三区有沙建乡郑象互助组;四区有龙峰乡林朝阳、中圳乡林奇怀、林善述互助组。起初,这些生产互助组只是采用简单的"换工"形式,主要是农户之间在大农具、耕牛与人力的互助调剂和折换工时,其原则是自愿互利和等价交换,农民称之为"补被换挨砻",这叫"临时互助组"。农业互助组后来发展到劳动评分记工、按劳取酬的管理形式,农户相对固定,这叫"常年互助组"。

华安县响应中共中央的号召,遵循"自愿互利,典型示范和国家帮助"的原则,引导广大农民从一家一户个体单干至临时互助,再到常年互助,逐步走上农业合作化道路。至1953年,全县生产互助组已达1298个,参加农户10693户,占总农户71.1%,其中临时互助组764个,常年互助组442个。农村互助合作促进了农业生产大发展。1953年,全县粮食总产量达6280.66万公斤,比1949年增产2184.55万公斤,增长53.5%,粮食单产由95公斤增加到138公斤。

二、农业合作化的道路稳步推进

华安农业生产互助形式,切实促进了生产力的发展。其主要表现在三个方面:一是生产方面,全县各地普遍推广农业科技,精耕细作,合理密植,积极防治病虫害,使粮食获得好收成;二是抗击自然灾害方面,集体互助方式体现群体战斗力;三是公共积累方面,各地互助组中集体经济比重不断增长,公共财富也日益有所积蓄。有的还开荒种地,挖塘养鱼,扩大集体经济。

但是,随着农村生产规模的不断发展,互助组这样的合作组织形式虽然有不少长处,但由于自身的矛盾导致不利因素不断暴露,越来越难以适应农业生产发展。其主要问题是土地所有制问题没有解决，土地还是私有化，难以发挥集体力量。尤其是农业生产上，有关肥料统一使用和农作物种植规划上，很难达成共识，各说其是，各自考虑自己的利益。如旱情到来，各家为争水源而产生矛盾。收割季节到来，农户争先抢收抢种，使生产经营难以管理。因此，中共中央认为，为了解决互助组存在的矛盾和问题，就必须引导广大农民走社会主义集体化道路，应在土地私有基础上和自愿互利的原则下，开始试办农业生产合作社，把农业合作化运动进一步向前推进。

1953 年，中共华安县委按照“组织起来，发展生产，积极引导，稳步前进”的方针，在稳定和巩固互助组的基础上，选择骨干强、经验丰富的互助组，率先试办初级农业生产合作社。当时，县委派林干到四区（今仙都镇）中圳乡创办华安首个初级农业社，命名为爱国农业社，社长林奇怀。这个初级农业社初期只有 8 户农民，到春耕时又增加 3 户，总共有 11 户。全社人口 58 人，其中劳力 19 人，半劳力 13 人，土地入社 53 亩，实行劳动记工评分，按劳取酬，土地入股分红（土地占三至四成，劳力占七或六成）。农具折价入社，生产统一规划经营，劳动成果集中分配。爱国农业社创办后，不断显示集体的优越性。生产季节，不会出现社员抢收抢种、争水源、争肥料等现象。利益分配按分红比例，公平公开公正兑现。在行政管理上，成立社务委员会，社长由民主选举，财务管理按规章办事，公开透明，社员比较满意，劳动生产积极性被充分调动起来。

通过实践，爱国农业社试办成功，为全县树立了典型。1954 年春，县委根据党中央《关于发展农业社的决议》的文件精神，立即在全县范围内推开。全县计划在较成熟的乡筹备发展 11 个初级农业社。其分别是：仙都中圳爱国农业社、建设农业社，龙峰先锋农业社，市后五星农业社，良村半山光明农业社、和平农业社，华丰草坂劳动农业社、友爱农业社，下坂勤劳农业社，高安红星农业社，沙建红色农业社，上坪岱山农业社，宝山共同农业社、先进农业社、光华农业社。这些初级社入社户数 229 户，占全县总农户 1.56%。当时，全县互助组数量还是占大头，达 11068 户，占总户数的 75.5%，其中常年互助组的户数占到总户数的 53%。但到 1955 年，全县农业生产合作社已达168个,入社户数2709户,占总农户18.57%,到1956年下半年,全县农业合作社已达234个,入社农户12744户,占总农户87.43%。基本实现农村农业生产合作化。

到1955年下半年,华安县的农业合作化运动开始进入成立高级农业社的新阶段。1955年11月,中共福建省委在《关于农业合作化运动的指示》中指出,高级农业社,凡是条件具备的地方,均应以积极态度,进行试办,从中取得领导经验。至1956年春,华安县根据上级部署,已在中圳、市后、招山、龙峰、下坂5个村首批试办高级社,紧接着又在全县各地第二批21个村试办高级社。当时,所成立的高级农业社以取消土地分红、山林、果树、大农具折价入社,实行按劳取酬、有劳有得、多劳多得的分配原则。但办高级社必须具备三个条件:(1)社员自愿;(2)有较强的领导骨干,群众基础好的;(3)能使大部分的社员,入社后增加收入。只有具备这三个条件,才能从初级农业社转为高级农业社。参加高级社的社员,其生活资料、零星果树、小家畜、小农具等仍归个人所有。社员还有少量自留地,可以自由选择种植。高级社制定社章,全年生产计划,分配计划及五年远景规划,须提早制定,让社员早知道。在生产管理方面,实行定额管理,分段包工,当时叫"三包一奖"制度,即包工时、包劳力、包产量、超产有奖励。生产资料属集体所有,统一调配使用。高级社坚持做到国家、集体、个人三者利益互相兼顾。至1957年,全县高级农业社已发展到93个,入社农户达14210户,占总农户98.94%,为1958年大办农村人民公社创造了必要条件。

三、毛主席为华安龙峰整社经验批写按语

推行农业合作社运动,史无前例,没有经验可以借鉴,只是摸索探讨,稳步前进。由于经验不足等种种原因,华安县在实行农业合作化的过程中,也难免遇到这样那样的问题,如有的农业社社员的思想认识不一致,分配方面,同工不同酬,政策没有兑现;有的领导力量薄弱,班子团结不协调;有的社员不安心,要求退社等等,在一定程度上,反映了农业合作社发展过程中存在的问题。1955年,华

安县通过认真传达贯彻党中央关于整顿巩固农业生产合作社的通知要求,加强对全县农业合作社的整顿,以提高其经营管理水平。全县各地根据自己的实际情况,在整社过程中采取了不少创造性做法,收到良好效果。华安县先锋农业社在整社过程中,开展“四对比,五算账”活动,对社员进行社会主义教育,就是一个先进的典型经验。

1952 年春,华安县四区(今仙都镇)龙峰乡农民响应党中央的号召,自发成立起名叫先锋互助组。由于组长林朝阳善于领导管理,这个互助组经营有方,成绩显著,很快成为全县推行农业合作社运动的先进典型。1953 年 11 月,中共华安县委决定在龙峰先锋互助组的基础上,创办全县首个初级农业社,并派四区干部卢亚来为工作组组长到村里蹲点。

先锋农业社成立的那年,粮食喜获丰收。周围群众看到集体的优越性,纷纷要求入社。社员由原来的 14 户,一下子扩大到 75 户,拥有人口 744 人,劳力 160 人。为了方便生产管理,先锋农业社分成 4 个生产队,共耕种 300 多亩土地。由于思想觉悟、认识水平不一致,有的社员入社动机不纯,各种怀疑顾虑都有,思想波动较大,少数社员土地入社,不积极参加集体劳动,私下跑去开荒种地瓜。有的说入社“硬头”(受约束之意),不自由。甚至认为,自己有牛有劳力,单干时,一头挑秧,一头挑犁,一天插秧两亩田,何必入社受罪。加上由于缺乏管理经验,农业社经营管理上出现纰漏。主要是农副业结合没搞好、农家肥折价不合理等问题,因此产生社员不满情绪,个别的要求退社,先锋农业社面临着一场考验。

1955 年春耕过后,先锋农业社在县委工作组的帮助下,根据党中央关于整顿巩固农业生产合作社的通知要求,开展整社工作,整社的具体做法是:(1)依靠党支部,训练骨干,端正态度,明确做法;(2)从检查评比生产、组织劳动竞赛入手,把生产抓上去;(3)开展“四对比,五算账”活动,对社员进行社会主义教育;(4)进行社章教育,贯彻执行互利原则,检查和处理存在的问题。尤其是“四对比,五算账”的方法,对广大农民进行社会主义优越性的教育,收到明显成效。“四对比”是:比社、组、户哪个好;比社会主义和资本主义哪个好;比剥削制度和农民当家做主哪个好;比个人发展和集体共同富裕哪个好。“五算账”是算灾害账;算搞副业增加收入账;算积极劳动增加工分收入账;算农户之间合作互利增产账;算克服生产、生活困难账。先锋农业社用看得见、摸得着的事实,生动教育广大群众,改变了生硬呆板的说教方式,使不少社员受到教育,更加坚定走社会主义集体化道路的信心。在先锋农业社的模范带动下,龙锋乡广大农民战胜了特大旱灾,实现粮食产量比上年增产14万斤,单产提高到615斤,向国家多卖余粮23万斤,受到国家农业部的嘉奖。1955年,卢亚来同志代表中共华安县委将先锋农业社整社经验写成汇报书面材料上报中央。那年12月,毛泽东主席主持选编的《中国农村的社会主义高潮》一书出版。书中,毛主席写了序言和104条按语,其中就有华安县先锋农业社写的《一个整社的好经验》的按语。这是毛主席对全国各地包括华安先锋农业社整社做法的高度赞扬,同时也是毛主席对华安县先锋农业社采用“四对比,五算账”的方式,对广大农民进行社会主义教育的充分肯定。

毛泽东主席写的《一个整社的好经验》按语,全文如下:

> 这是一篇很好的整社经验,值得推荐。一个新的社会制度的诞生,总是要伴随一场大喊大叫的,这就是宣传新制度的优越性,批判旧制度的落后性。使我国五亿多农民实行社会主义改造这样一种惊天动地的事业,不可能是在一种风平浪静的情况下出现的,它要求我们共产党人向着背上背着旧制度包袱的广大的农民群众,进行耐心的生动的容易被他们理解的宣传教育工作。目前全国各地都在做这种工作,出现了很多善于做宣传的农村工作同志。这篇文章里所描写的“四对比、五算账”,就是向农民说明两种制度谁好谁坏、使人一听就懂的一种很好的方法。这种方法有很强的说服力。它不是象有些不善于做宣传的同志那样,仅仅简单地提到所谓“或者走共产党的道路,

或者走蒋介石的道路”，只是企图拿大帽子压服听众，手里并无动人的货色，而是拿当地农民的经验向农民作细致的分析，这就具有很强的说服力。

第六节　扶持老区发展农、林、副业生产

我们党在过渡时期的总路线，是指中国共产党在1949年取得新民主义革命胜利之后，到1956年基本完成对生产资料私有制的社会主义改造这一时期的总路线，是党中央在领导全国人民剿匪反霸、土地改革、“三反”“五反”等运动后，于1952年我国国民经济恢复时期总结时提出的。华安革命老区是龙溪地区的一个山区农业县，是以小农经济为主体的社会形态，因此必须在实行以农业合作化为中心的社会主义改造的同时，也要全力支持农村农、林、副业生产发展，帮助老区人民重建家园，活跃山区经济，逐步满足国家建设和人民生活需求。

一、稳定农业生产发展

据1949年统计，华安县耕地总面积14.7万亩，其中水田13.24万亩，旱地1.46万亩，人均3.33亩，大多分布于海拔千米以下的山坡或丘陵地带。由于山区自然条件和耕作条件落后，粮食产量不高。1949年，全县粮食总产只有20536吨，平均耕地亩产才141公斤。因此，华安必须从水利、肥料、耕作制度，到农业机械化推广、农田水利建设、农村产业结构调整等方面，帮助和指导农民科学种田，大力发展农业生产。

（一）农业机械化的推广

华安农业生产所使用的农具，自古以来条件简陋，款式老旧。耕作方面的农具，主要有：锄头、手耙、木犁、拉挞等；田管用的有：砍刀、岸刀、尿桶、粪勾、水车、戽斗；收割用的有：镰刀、割刀、谷桶、木

斗、拨箕；运输用的有：扁担、麻袋、箩筐、布袋，只有丰山平原地区使用木轮牛车、独轮推车；农产品加工用的有：土砻、风柜、水硅、水臼、石磨、石臼、簸箕、筛子等，由此看来，农村农业生产工具都十分传统、简陋，根本见不到先进的农具。

1952年农村土地改革后，新式农具、农业机械在全县农村逐步推广使用。1953年6月，漳州第一家地方国营工厂——农具厂建成投产，也为华安提供大量新型农机具。在动力机械方面有：柴油机、汽油机、电动机；耕作机械方面有：铧式犁、机引水田耙、施肥机；排灌用的有：抽水机、水轮泵、喷灌机；植保方面有手动喷雾器；收割用的有：机动脱粒机、脚踏式打谷机；加工用的有：碾米机、磨粉机、粉碎机、打浆机、榨油机、揉茶机等。从新中国成立后的1951年到1957年，华安县为了加快农业生产发展，在农机具的生产供应上，采取三条重要措施：一是由县里统一调拨一批钢材，鼓励民间铁匠，为广大农民多生产加工犁、耙、锄头、岸刀、镰刀等工具。二是大力推广新式农具，如铧式犁、划行器、拉挞等；三是九龙江北溪沿江村落如丰山、玉兰、龙径等地使用灌溉工具，如水车、戽斗等，抵御洪涝和旱灾。至1958年，全县广泛开展群众性的新农具改革运动。县里成立农机化工作管理机构，大力推广使用一些新式农具，从而减少人工体力。1958年，华安创办农具厂，后来改为县农械厂，开始成批量生产脚踏式打谷机，还有植保、加工、运输用的农用机械，为农业增产增收创造有利条件。

(二)农田水利基本建设

农村土地改革之前，华安县农田水利灌溉条件相当落后。据有关史料记载，解放前夕，全县能够灌溉农田500亩以上的引水工程只有8处，500亩以下有2604处，山塘46处，护岸灌溉36处。这些水利设施远远满足不了农业生产和抗灾需求。据史料记载，自宋至民国时期，全县多次发生旱涝灾害。其中一次是民国三十二年(1943年)，全县多月无雨，水源枯竭，赤地千里。时任县长于炳文崇尚封建迷信，代表民众和乡民，披麻戴孝带队到华丰福里潭祭神祈雨，但旱情依旧。另一次是民国三十六年(1947年)6月18日，九龙江北溪连降暴雨，山洪暴发。华安境内的九龙江沿岸村落，如丰山、沙建一带农田受淹，成了沼泽。水稻失收达九成以上，使不少灾民逃往长泰、南靖、漳州等地谋生。

新中国成立后，华安县重视农业生产，首先从抓水利工程建设开始，做好两件事：(1)挖渠修堰，修建小型引水渠道，改造、扩建原有的水利工程，从1949年至1957年，全县采用国家投资与以工代赈办法，修建天顶水库、太保牙水库、康山围塘、寨坂围塘；(2)大兴灌溉工程，增强蓄水灌溉能力，从1958年至1965年，哪怕20世60年代初三年经济困难时期，全县集中人力、物力、财力，兴建一大批水利重点工程。其分别是：乌石兜、黄枣、大地尾、康山、下尾、黄院、东坑、寨坂、金色坂等水库；白溪、五八、六五、石蛇、福津、幸福、漳华、华山等引水渠道；潭碧防洪堤，和睦、浦西、龙径等机灌站，这些水利工程的建设，极大地提高了华安防汛抗旱能力，促进革命老区农业生产稳定发展。

(三)农村产业结构调整

华安革命老区是闽南偏远的山区小县，境内山地辽阔，村落分散，人口稀少，历史以来属于纯农业地区。据史载，历代官府就鼓励这里民众垦荒，即“辟地置屯”，把荒山野岭垦植为水田。到两宋时期，九龙江北溪两岸农民筑堤障潮，辟为埭田。到明中期，当地开始引种甘蔗、花生、烟草、番薯等农副产品。历代对农业生产有所改进和创新，但长期以来还是改变不了农村单一产业结构。

新中国成立后，华安县贯彻党中央关于发展农业生产的一系列方针政策，因地制宜地调整农村产业结构，做到农、林、牧、副业并举，逐步提高老区人民的生产水平。据了解，1949年，全县农业总产值416.35万元，占农业经济总收入的85.22%，其他只有零星的林业产业和畜牧产业。但到1957年，全县农业总产值已上升到796.34万元，开始有了其他副业和渔业收入。其中农、林、牧、副、渔业产值分别为639.62万元、5.53万元、135万元、15万元、1.19万元。这说明全县除农业外，其他产业也快速发展，成为农村经济收入的主要来源。

新中国成立初期到20世纪60年代，是华安县名、优、特农产品恢复生产较快的时期。华安县传统的名、优、特农产品，主要有新圩坪山柚、文旦柚，沙建芦柑，仙都茶叶，高车兴宝楼烟叶，丰山香蕉等，都是县内栽培历史悠久的水果和经济作物，享有盛誉。有的还是国家出口创汇的商品，如坪山柚、茶叶等。新中国成立后，随着农业生产的稳定，这些名优特农产品也得到相应的发展，到1965年，其种植面积均达到上千亩，如沙建芦柑达1309亩，产量594吨；仙都乌龙茶达2000余亩，年产量750吨；丰山香蕉达1170亩，年产量1438吨，与芗城天宝香蕉同享盛名。

二、林业生产快速发展

华安县地处南亚热带，境内森林资源丰富。据调查，全县林业用地面积达153.9万亩，占全县土地总面积的77.4%。但民国时期，全县70%以上的林地都属于地主、富农所有，如华安县南部地区大地主郑乌龟，拥有大面积的私有林。九龙江北溪下至下樟口，上到华丰仙溪，沿途的店仔圩，新圩五岳、下路、华山、罗伴等，南北长22.5公里的山地，都是郑乌龟的私有财富，年产木炭200多万担。湖林岛濑大地霸廖乾，把下至西陂，上至漳平梅水坑的大片森林划为已有，总面积达5万多亩。新中国成立后，按照《土地改革法》有关林业政策规定，1952年全县实行山改，取消了剥削他人的林权和封建的山林私有制，重新确定新的山林权属。全县共没收、征收地主、富农山林15.32万亩，归人民所有，建立了国家、集体、个人三者所有制的林权制度，促进全县林业生产快速发展。

(一)创办国有林场

从1956年开始到1972年，华安县先后在境内创办了金山、潭口、西陂、葛山四个国营林场。国营金山林场创办于1956年，因为场址位于金山，所以叫金山林场。起初，原华安县仙溪国有林场经营所并入金山林场，其全称为“福建省华安县林场金山分场，总经营土地面积5.6万亩，其中林业用地5.3万亩，设有金山、八斗、港湾、长坑、小坑5个工区和龙头、大湖底、吊涧3个生产点，拥有林业工人157人。1958年，这个林场推行分片包干，造林定额，改为计件工资分配制，调动工人生产积极性。几十年来，金山林场在荒山造林，采种、育苗等取得显著成果。国营西陂林场创办于1957年9月，当时全称为“福建省华安林场西陂分场”，场址位于湖林西陂附近，由省林业厅拨款2.3万元创办。全场拥有路亭、洋坑、大渡坑、新建4个工区和5个生产点，拥有工人142人，总经营面积5.14万亩，其中林业用地4.46万亩，占总经营面积约86.7%。省林业厅每年下达造林任务为8500亩，采种2127斤。1958年，林场实行包工、包产的生产责任制，年年完成上级下达的造林、采种、育苗任务。国营潭口林场始建于1958年9月，场址原在丰山潭口，后迁址沙建利水，是华安面积最大的林场，跨域3个乡镇10个行政村，总经营6.78万亩，拥有鹅山、沙溪口、和清、打铁坑、利水、万世清6个工区和潭口、打铁坑等4个生产点。国营葛山林场，是从金山林场文华分场分支出来，创办于1972年7月，有文华、葛山、甲塘、草仔山、东山5个工区和3个生产点，总经营面积5.33万亩，其中林业用地5.29万亩，占总土地面积的99.2%，拥有工人50人。这些国营林场始终贯彻执行“以林为主，多种经营，综合利用、永续发展”的办场方针，始终把造林护林放在首位，把培育速生丰产林作为主要任务，同时根据当地实际，发展多种经营，开发短平快的毛竹和水果基地，取得良好经济效益。

（二）建立乡村集体林场

华安县队办、社办集体林场创办，始于20世纪50年代至60代初。当时全县各地掀起创办乡村集体林场的热潮。有的是以公社或生产大队、生产小队为单位，由群众投工投劳，进行荒山造林绿化。但由于传统生产方式和经济体制的约束，乡村集体林场发展缓慢，效益也不佳。至70年代，全县乡村林场进行整顿，有了较大起色。高安公社东溪头林场、湖林西陂社办场，被龙溪地区评为“生产管理先进单位”。到20世纪80年代，全县10个乡镇中，拥有社办、队办、村办林场86个，总经营面积达70多万亩，其中有32个乡村林场经营上万亩，如华丰镇草坂村办林场，拥有人工林1.05万亩，

山上林木蓄积量达3.5万立方米,被称为山上“绿色银行”,给农村脱贫致富奔小康打下坚实基础。

三、乡镇企业异军突起

新中国成立之前,华安县境内几乎没有乡镇企业,唯有一些零星的个体企业。它们主要分散于各家各户的家庭手工作坊,其产品主要是自产自销,而且规模很小。据统计,新中国成立前全县只有个私企业8家,解放后全部归集体经营。经新中国成立后几十年的扶持发展,华安革命老区的乡镇企业从无到有,从小到大,逐步发展壮大。从20世纪五六十年代起,全县乡镇企业主要发展种植业、养殖业,到后来发展到经营加工业、交通运输业、饮食服务业等,成为全县农村经济发展的主力军。

(一)乡镇企业的兴起

华安县乡镇企业创办,始于新中国成立后50年代,当时其主要由两大部分组成,分别为收归后的个私企业和集体兴办企业。如1958年,湖林公社吉土大队在柴坪脚创办集体瓦厂,同年草坂大队筹办集体养蜂场。到了20世纪六七十年代,全县村办企业如雨后春笋遍地开花,而且初具规模。当时主要是以发展种植业、养殖业为主,只有少量的加工业。到1977年,全县村办企业总收入达172.911万元,占全县乡镇企业总收入的77.37%,此时村办企业已经是项目多样、门类齐全。

华安县乡镇企业发展起步相对较慢,起初只有一些小型木材加工、机械行业、农村水电等项目,至20世纪60年代末总收入才50.57万元。进入70年代,华安的乡镇企业蓬勃兴起,门类行业齐全。其中工业企业已有电力、冶金、建材、化工、森工、食品、机械等14种行业。高车、高安、沙建三个乡镇开采的钨精,还打入国际市场,为国家出口创汇。至20世纪80年代,全县乡镇企业年总收入达5000万元以上。

(二)种养殖业发展

华安县境内有不少名优水果名扬天下,如坪山柚栽培历史已达

600多年，其原产地在新圩黄枣坪山。但是华安的传统名果，原来产量不高。据了解，1949年全县坪山、文旦柚只有140万担。新中国成立后，尤其是1958年公社化后，全县由集体组织劳力上山安营扎寨，创办耕山队，开发“万宝山”，成为群众性运动。全县创办社办林果场13个。到1980年贯彻中央关于农村经济改革若干规定后，全县集体创办林场已上升到78个，总经营面积31.2万亩，其中坪山柚、文旦柚和沙建芦柑已建立生产基地4个，面积达2479亩。华丰、仙都、湖林三个乡镇是茶叶主产区，主要生产铁观音、黄旦、本山等名茶，至20世纪80年代，茶园面积达1270亩，年产名茶277吨，拥有集体茶厂12家，年出口茶叶70余吨。

华安的养殖业，主要是养蜂业和淡水养鱼。1958年，草坂、前岭村开始兴办集体养蜂场，引进意大利蜂种，其蜂蜜产量比“中蜂”增加一倍，后改为专业户养殖。全县专业养蜂百余人，拥有蜂箱2000余箱，一年四季在省外带着蜂群追花采蜜，年产蜂蜜约150吨。华安淡水养鱼，集中在华丰草坂和丰山地区，从1958年就开始利用塘、库堰人工养鱼。20世纪70年代末，全县养鱼水面积达2402亩，年产商品鱼264吨，收入上百万元。

（三）农村交通、建筑行业兴起

新中国成立初期，华安农村运输队伍，为政府运公粮、运支前物资、支援鹰厦铁路建设等，均做出重大贡献。农业合作化之后，这些从运人员，农忙务农，农闲从运，架起沟通城乡物资交流的桥梁。不少农业合作社把他们组织起来，为当地供销社运送物资，既促进商品流通，又增加副业收入。但20世纪五六十年代，他们所使用的运输工具，主要采用肩挑或板车拉运，只有个别的有拖拉机。到七八十年代，拖拉机、汽车的使用，大大减轻运输人员的体力劳动。至1978年，全县农村运输企业达19家，拥有拖拉机509辆、汽车32辆，年运送物资18.3万吨，从业人员达712人，年收入822万元。

1956年工业合作化时，华安县的丰山、沙建、华丰、仙都就开始组织建筑生产合作社，当时约有从业人员百余人。甚至华丰草坂、仙都中圳村还办起村级建筑队。全县拥有建筑企业13家，从业人员 639 人。随着乡镇建筑企业不断壮大,工种由原来只有泥工,发展到一支有砖工、钢筋工、装饰工、电焊工、油漆工、电工等工种较为齐全的施工队伍,建筑企业由手工操作发展到机械化操作。

第七节　“大跃进”与人民公社化运动

1956 年,华安县经过多年的社会主义改造,基本实现农村农业合作化,社会主义制度也初步建立起来,开始要全面建设和发展社会主义经济。这时,全县迎来新中国成立后第八个丰收年,贯穿华安南北的鹰厦铁路完成全线铺轨即将通车,县城至仙都的公路全线通车,人民群众看到第一个五年计划所获得成果,无不欢欣鼓舞。但 1957 年反右派斗争之后,由于党内民主的缺失和“左”倾路线的影响,举国上下逐渐形成了急躁冒进的经济建设风潮。华安革命老区也不例外。全县以“共产风”为代表的“五风”猛然刮起,“大跃进”和人民公社化运动应运而生。全县各级党政响应上级号召,不顾客观经济规律,主观盲目制定工农业生产高指标,在“以钢为纲,全面跃进”的口号中,不断地批判“右倾保守”,追求工农业生产的高速度。由于“左”倾错误的影响,这使得华安县刚刚要开展进行全面的社会主义建设又遭受到重大挫折,给全县国民经济发展造成严重困难。

一、“大跃进”的号角吹响

1958 年 2 月 28 日,中共华安县委召开一届二次全会,认真贯彻中共福建省委一届二次会议精神。大会通过了《关于执行中共福建省委关于提前 5 年实现全国农业发展纲要修正草案规划》的决议,提出鼓足干劲,力争上游,多快好省,为 1958 年实现粮食亩产 800 斤县而奋斗的口号,同时,大力发展地方工业、交通、文教卫生事业。从此,华安“大跃进”高潮拉开序幕。

（一）“大跃进”高潮之前社会背景

从全国形势来看，新中国成立之后，我国经历了社会主义三大改造，整风、反右派斗争等经济战线和政治思想战线的运动，取得了节节的胜利，直接推动社会主义革命和社会主义经济建设向前发展。全国上下，广大人民群众以极大的革命热情投身于社会主义建设，并且取得巨大成就。第一个五年计划的各项经济指标得以完成或超额完成。当时，全党和广大人民群众普遍缺乏社会主义的实践经验和理论准备，对社会主义建设的长期性、艰巨性、复杂性及客观规律认识不足，以为依靠广大人民群众的热情和力量，通过发挥超常的主观能动性，进行生产关系大变革，实现“一大二公”全民所有制，就能实现生产力的巨大飞跃，实现由社会主义快速过渡到共产主义。在这样的时代背景之下，全国孕育出“大跃进”、社会主义建设总路线和人民公社化运动的所谓“三面红旗”。1957 年 9 月，中共八届三中全会召开，并作出《关于在今冬明春大规模开展兴修农田水利和积肥运动的决定》，10 月又公布全国农业发展纲要（修正草案），简称“农业发展纲要四十条”，这时实际上吹响了农业“大跃进”的号角。

从华安的形势来看，经过农业合作化运动，全县农户 15321 户，其中参加农业合作社的达 13196 户，占总农户 86.13%。广大农民生产积极性空前高涨，使粮食生产连续八年取得丰收。就是 1954 年和 1955 年全县遇到空前未有旱灾的情况下，也仍然喜获增产，至 1956 年全县粮食总产达两千万斤。同时，1957 年初鹰厦铁路铺轨完成顺利通车。金福公路（金山至马坑福田）建成通车。文教、卫生事业方面也取得了一些成就。被胜利的激情燃烧着的县委领导们，与情绪高昂的人民群众不谋而合，开始谋划大力发展地方工业、农业、交通、文化、卫生事业的宏伟大业，希望尽快改变华安经济和文化的落后面貌，提早过上共产主义的幸福生活。

但历史证明，华安县根据上级要求，全党全民开展“大跃进”和人民公社化运动，是偏离了党的实事求是思想路线和党的八大确定的经济建设为中心的正确路线，超越当时华安社会发展阶段，忽视客观经济发展规律，助长“左”倾错误思想滋生蔓延，使这场运动一发而不可收拾。

(二)开展“双反双比”运动

1958年2月开始，在对反冒进进行了严厉批判之后，党中央又在全国范围内发动一场“双反双比”运动，即反浪费、反保守、比先进、比多快好省建设社会主义运动。3月10日，中共华安县委立即召开县委委员、区委书记、党支部书记、工作组长会议，认真传达贯彻党中央和省委的指示，号召全县人民要认真“搞好双反双比，再接再厉大干一春”，要通过这一运动，坚决反掉一切浪费、保守和“五气”(官气、暮气、淘气、骄气、娇气)，在思想上、政治上、经济上取得全面丰收，全面开花结果。要将运动从城镇到农村，从机关、工厂、企业、学校到农业合作社，迅速地、全面地、有力地开展起来，以推动各方面工作的“大跃进”。一时间全县各区、乡出现争先恐后，你追我赶的“大跃进”局面。

当时，全县上下开展乡与乡、社与社、队与队、人与人的革命大竞赛，其口号是:“老人干活胜黄忠，壮年力气胜武松，青年勇猛胜赵云，少年积极似罗成，妇女干活胜穆桂英，干部计谋胜孔明”，这样的豪言壮语，随处可见。华丰银和乡筹备春耕生产，开展劳动竞赛。农民天没亮就下地干活，起早摸黑，两头见月亮。为了完成劳动任务，村民不仅每天加夜班劳动，还组织7支远耕队到远处田头草棚里安营扎寨，节省大量走路的时间。他们还用了20个昼夜修通一条长10里的牛车路。县委为了树立先进典型，号召全县学银和、赶银和的热潮。还有仙都先锋生产合作社湖仔底生产队，全队只有5户26个人口，6个劳动力，要耕作58亩山垅田。全部田块分散为24处，其中最大一丘面积只有0.23亩。在这样耕作条件恶劣的情况下，全队男女老少齐动员，奋力填土、积肥，改造22亩低产田，单季稻改双季稻，把全年粮食亩产400斤提高到一季完成任务，产量翻一番，被县委誉为“干劲冲破天”的先进典型，受到表彰。

华安县开展“双反双比”运动，实际上是一场批判“保守”，继续鼓动“大跃进”，鼓励人们积极投身于“大跃进”的洪流中去，为新时代建功立业。但是,这一运动也自然助长了正在产生的“左”倾错误。

(三)工农业生产的“大跃进”

1958年6月6日至8日,中共华安县委召开扩大会议,邀请全县党支部书记、革命积极分子出席会议,全面贯彻党中央关于鼓足干劲、力争上游、多快好省地建设社会主义的总路线。会上还公布了《1958年全县工农业生产跃进计划》,提出要开展社会主义和资本主义两条道路、两种思想的斗争,开展先进与落后的斗争,以十分指标,十二分措施,二十四分干劲,争取超额完成各项任务。紧接着,全县各条战线上,充分利用大会宣传,小会座谈,结合生产形势,广泛开展大鸣大放,张贴大字报,宣传贯彻总路线,迅速掀起工农业生产“大跃进”的新高潮。

1.工业方面的“大跃进”

华安县原来的工业基础十分薄弱。新中国成立前,全县仅有城关一家火力发电厂,并附设碾米加工厂。这是县内独有的一家私营企业,但只办一年多就倒闭。全县私营手工业较多,如木工、打铁、缝纫、竹器、弹被、棕制等行业。据统计,1949年,全县工业总产值只有40.90万元,到1956年也才176.19万元,因此,迅速改变华安工业落后面貌,成为县委和全县人民群众的迫切愿望。

1958年初,中共华安县委根据毛主席和党中央提出的在15年内,在钢铁和其他重要工业产品产量方面赶上或超过英国,要在5至7年或10年内,地方工业总产值要超过当地农业产值。这两个重要指标的提出,对华安地方工业“遍地开花”,起到很大推动作用。至1957年底,当时华安只有县办电厂、印刷厂、糖厂、石墨矿等4家厂矿,但到1958年底,全县实现全民办工业,企业蜂拥而上。工商业系统新增工厂有:肥料厂、糕饼厂、酱油厂、纤维厂、酒厂等22家;粮食系统新增榨油厂、豆制品厂、碾米厂等10家;社办工厂星罗棋布,遍布全县各地。据统计,当年全县新办工厂285家,其中肥料厂104家,农药厂34家,农具厂32家,其他企业115家。从数量上看,这么多新办工厂确实令人兴奋。可是,人们很快会发现这些“卫星”工厂,随即都变成“流星”工厂。因为在极短时间内匆匆上马的企业,在资金、设备、人才、技术上存在严重缺陷,因此很快遭遇各种困扰而纷纷倒闭破产。

但是,华安工业“大跃进”的一个显著特征,就是全民大炼钢铁。1958年8月,中共中央政治局在北戴河召开扩大会议,提出要掀起全民大炼钢铁的群众运动。全国各地随之如火如荼地开展起来。1958年华安县全民大炼钢铁运动,历时5个月。当年初,高安、良村、福田三地率先建起炼铁厂,随后大小炼铁厂如雨后春笋遍地开花。高峰期上场人数达2.59万人次,占全县总人口的近三分之二。上到70岁老人,下到7岁儿童,不分男女老少,不分昼夜加班加点炼铁。全县全民大炼钢铁,大约分为四个阶段:第一阶段从6月下旬至7月下旬,为找矿和试炼阶段。县委书记与群众一起上山找矿,共出动5000多人次上山找矿点,费了九牛二虎之力找出矿点55个。其中际头钨矿也是这时期发现的,后来使之成为华安工业的重要支柱产业之一。第二阶段从8月上旬至9月中旬,为建炉试产阶段,首座炼铁高炉在新圩玉山建成后,接着全县各地纷纷跟上。8月1日,仙都铁厂用铁砂为原料,炼出第一炉铁水,使全县人民欢欣鼓舞。县委立即召开现场会,极力推广先进经验,加快全民大炼钢铁的运动兴起。第三阶段,9月上旬至10月中旬,为突击建炉备料阶段,仅3天的工夫,全县建成喇叭炉135座。云山大队还献出机砖15万块,给仙都公社突击建炉16座。为了解决燃料问题,只有2天,全县抢建炭窑200余座,上山伐木上万人次,共烧木炭2万多斤。为大规模炼钢铁做好准备。第四阶段,10月中旬至11月底,为全民大炼钢铁高潮阶段。为让钢铁元帅升帐,全县全党动员,全民动手,机关停止办公,学校停止上课,农民停止务农,各条战线全力以赴支援大炼钢铁运动。就连来华安参加社会实践活动的厦大300余名师生也投入到大炼钢铁中来。华安大地顿时到处铁炉林立,烟雾弥漫,热浪冲天。全县炼铁厂达14家,其中县办2家,社办9家,县中学1家,其他2家。还有土炉69座,喇叭炉146座,小小炉828座,炭窑1667座。当时,龙溪地委分配给华安县炼铁任务是400吨。为了完成任务,县委书记挂帅,亲临现场指挥,公社80%的委员分片包干抓钢铁生产。许多干部群众睡在炉前，吃在炉前，日夜加班奋战在高炉。据统计，全县炼铁达768吨，产炭4867吨，其中产钢10吨，大大超额完成地委下达的任务。华安全民大炼钢铁，付出高昂的代价，动用了人力、物力、财力，无法用详细数字统计。但炼出的钢铁，其中有相当部分质量低劣，不能利用，甚至有些完全是废钢、废铁。唯独金山铁厂冶炼出来的钢铁才是合格产品。不仅如此，全县农村劳动力被挤用，使农业生产严重受损，还使山林遭受毁灭性砍伐，为后来全县经济发展埋下祸根。

2.农业方面的“大跃进”

华安县地处闽南山区，农业生产的耕作条件很差，极容易受到自然灾害的侵袭而造成粮食失收。1949年，全县水稻亩产才200斤。其中，农田水利建设是粮食生产获得好收成的关键。从1957年冬，全县就掀起兴修水利的高潮，这标志着农业生产“大跃进”的开始。至1958年元月，全县共投入35万个工日，完成开挖土石72万立方米。当年水利建设工程量相当于新中国成立8年来修建水利工程量的2倍。当时，全县水利建设工地上流传一句响亮的口号，那就是“敢叫石崖让路，高山低头”。沙建汰内乡的干部群众，仅用半年的工夫，就修通五八渠道，使1300亩的良田得到灌溉，其艰苦创业精神闻名全县。

1958年1月25日，龙溪地委召开三级扩大会，深入贯彻省党代会关于“提前15年实现农业发展纲要”的要求。会上，地委提出“1958年实现粮食亩产800斤专区”的口号，要求各县要反右倾保守思想，鼓足革命干劲，实现全民生产“大跃进”。为了贯彻执行地委的指示，华安县在原来基础上进一步吹响农业生产“大跃进”的号角，开始大放农业战线的“卫星”。6月中旬，中共华安县委向全县人民发出战斗号令，要求实现晚稻粮食产量翻一番，力争全年亩产双千斤。全县层层召开会议进行贯彻落实，下达粮食高产指标，一次比一次高。10月28日，《华安日报》竟然报道高安坪水村中稻亩产达2.07万斤，其“卫星田”轰动了全县。为了邀功受奖，各乡争相表态，在嘴巴上创高产。甚至提出“人有多大胆，地有多高产”的理论。湖林乡地处高山地带,山高水冷,自然条件差。可是他们的单季稻亩产达到2000斤,创造出比平原地区还要好的粮食产量。全县高产先进典型不断涌现,草坂1.16亩试验田亩产达2982斤,吉土大队地瓜亩产3万多斤,市后金星社青年试验田0.8亩净收谷子1092斤,利水大队柑橘亩产1.1233万斤。为了实现高不可攀的经济指标,有的乡村干部以强迫命令的手段,强制农民大搞什么"移苗并丘""高产密植",将几亩甚至十几亩即将成熟的水稻并成一丘,而大放特放亩产万斤、几万斤的"卫星",进行虚假宣传报道。实际上,华安县在农业生产"大跃进"期间,所涌现出水稻及各种农作物的高额丰产典型,全部是造假虚报上来的。这种违背客观规律,弄虚作假,盲目乐观,注定是劳民伤财,到头来没有好结果的。

二、人民公社化运动的兴起

华安县农业合作化向人民公社化转变,是在"大跃进"的发展中实现的。1958年8月,党中央在北戴河召开扩大会议,通过《关于在农村建立人民公社问题的决议》,提出随着农业社生产飞跃发展,几十户几百户的单一农业生产合作社已不能适应形势发展的需要,建立农林牧副渔业全面发展,工农兵学商互相结合的人民公社,是指导广大农民加快社会主义建设,提前建成社会主义并逐步过渡到共产主义所必须采取的基本方针。会后,全国各地包括华安县在内农村一哄而起,大办人民公社。

(一)人民公社化运动的急速发展

1958年8月下旬,随着中共福建省委关于创办建社试点的指示下达后,华安县立即在沙建、华丰、仙都、高安等乡镇进行试点工作。试点工作是根据中央把小社适当并为大社的意见来开展的。其具体的就组织形式、规模大小、转建政策、宣传发动等方面进行,做到边抓试点,边建立人民公社。全县从8月下旬展开试点工作,至9月上旬全面工作铺开,前后才不到一个月,就全部实现人民公社化。

紧接着,全县从乡和高级社中抽调干部257人,组成庞大宣传队伍,分组深入农村田间地头广泛动员群众入社。很快,在全县范围内掀起一个声势浩大的自愿报名参加、申请筹建人民公社的热潮。各地群众要求办社的申请书,像雪花般向县委大院飞来。有的还敲锣打鼓亲自送书面申请书到乡党委。经过10余天的宣传发动,全县各地把成立人民公社的运动迅速推向高潮。县委立即将原来24个乡88个农业高级社分片区合并建立成6个人民公社,它们分别是:红旗(仙都)、冲天(华丰)、火箭(湖林)、上游(沙建)、跃新(高安)、新星(新圩)人民公社,参加户数1.5292万户,平均每社2546户。最大的是上游人民公社,拥有4261户,最小的是火箭人民公社,只有1166户。人民公社化运动的特点是"一大二猛三快四公","大"就是规模大,"猛"就是气势猛,"快"就是行动快,"公"就是生产资料公有化程度高。在全县范围内,实行"政社合一",分级管理体制,取消了乡级政权,由人民公社、生产大队和生产小队进行三级管理。公社统筹全社生产安排、劳力调配、物资供应、产品分配和经济核算,生产大队则负责生产管理和部分经济核算,生产小队只是具体组织生产的基本单位。由于人民公社化运动发展太快,全县各地建社中存在时间短促、思想工作不够细致等状况,尤其是财产入社问题存在一些分歧,引起一些农民产生不满情绪。

华安县实现人民公社化以后,对工农业生产实行半军事化管理。全县各地农村公共食堂以营、连、排为单位应运而生。至1958年10月,全县农村公共食堂达521个,参与用餐户数1.418万户,占总户数的93%。与此同时,各地也相应成立托儿所、幼儿园等配套单位。有的还集体养猪种菜,集体养牛拾柴火,体现集体生活。社员吃饭不要钱,干活干与不干一个样,反正有饭吃。上级甚至有指示,各地要放宽粮食供应,只有放开肚皮吃饭,才有干劲生产。但好景不长,各公共食堂单位仅执行一个月,就开始出现吃不饱饭的现象。后来,各公社只保证解决秋收季节社员吃饭问题,其余的就不办伙食。有的地方则采取季节性筹办,服务农忙。有的则采取集体煮饭分户吃,或公饭私菜形式,来解决公共大食堂遇到困难。后来,国家给华安补贴110万斤回销粮食,才免强渡过缺粮危机。人民公社化运动严重背离了实事求是的思想路线,超越了社会发展阶段,违反客观经济规律,给社会主义建设造成严重后果。

(二)人民公社化运动弊端初显

1958年秋,华安县实现人民公社化后,在巩固大集体要求下,“事事都讲集体,项项强求统一”,限制或取消社员个人自由。表现在生活方面,强调办公共大食堂集中吃饭,不许老弱、病残社员提饭回家或在家生火做饭。食堂按班、排编饭桌,一家人不能同桌用餐。起初,鼓励社员放开肚皮吃饱饭,造成大量粮食浪费。到后来粮食严重欠缺,社员三餐吃不饱,只好煮米糠挖野菜充饥,产生了种种社会问题。副业生产方面统得过死,有的社队规定社员厝边屋角种瓜豆之类一律上缴归公,有的社员工余时间打草席、编竹器、养鸡鸭等也受到限制。农民合法权益受到了严重侵害,如高安公社本来就是一个山高水冷、地多人少、劳力不足、多种经营不发达的地区。这里建社后,干部错误地认为,人民公社是大家所有,而大家的东西也是人民公社的。因此,一平、二调、三收费的“共产风”屡刮不止,搞得山穷水尽。甚至个别公社干部存在严重的生产瞎指挥,工作作风、生活作风低劣等问题,造成不良的影响。

实践证明,人民公社强调大集体运作,实际上生产力水平并没有提升,反而下降。华安县经过“大跃进”的推波助澜,加快全县人民公社化运动发展,后来又相继开展了工农业生产的“大跃进”运动,几经波折,使本来就是山区经济落后地区又受到沉重打击,其教训极为深刻。

(三)扭转农村困难局面

由于“大跃进”和人民公社化运动,特别是“反右倾”以后继续“大跃进”的错误,全县保粮保钢的浪潮汹涌澎湃。公共食堂经过整顿之后继续办下去,出现如沙建公社双千食堂,体现人民公社的一大二公,使全县工农业生产急剧下降。再加上1959年至1961年连续三年严重困难,如1959年6月10日,九龙江北溪发生水灾,洪水位超过警戒线4米以上,使全县经济损失达44余万元;同年9月11日,又遭本年度第二次大水灾,洪峰超过警戒线4.7米,全县不少房屋倒塌,农田受淹;1960年5月上旬,阴雨连下1个多月,导致早稻烂花不结穗，全县受灾 54372 亩，粮食大减产；同年 6 月 9 日，九龙江北溪发生百年未遇的“六九”特大水灾。洪水位达 93.17 米，超过警戒线 9.37 米，使全县 1500 多名群众，一夜之间无家可归。其中死亡 63 人，受伤 36 人，下落不明 6 人；1961 年 9 月 13 日，风、雨、雹之灾袭击华安县，被人们称为“九一三”灾害。最水高水位 92.46 米，超过警戒线 8.96 米，使全县经济损失与“六九”水灾相当。几年中间，一波又一波的天灾人祸，使华安县雪上加霜，全县的经济和人民生活陷入极度困难境地。

当时，华安县农村困难局面，主要体现如下几个方面：一是粮食严重减产而造成粮荒。华安原来是纯农业地区，是产粮的农业县。粮食不仅可以自给，还可以卖余粮支援国家建设。在这样一个良好农业基础的土地上，粮食生产本来就不成问题。然而，经过这连续发生的天灾人祸，从 1958 年开始，华安县连续 4 年粮食大减产。到 1960 年，全县粮食总产只有 24432 吨，只是 1957 年的三分之二，人均年口粮仅 134 公斤，月平均只有 16 斤谷子，开始吃国家回销粮。由于粮食不足，群众生活产生极端困难。当时，县委发出《关于开展大规模采集和制造代食品运动方案》的通知，号召全县人民以瓜菜代主粮，以野生食物充饥来渡过粮食危机，但粮食紧张的困难局面仍然是最大威胁。由于缺粮，人民群众身体健康因营养不足开始出现严重问题，二是人口死亡率居高不下。1960 年 10 月，华丰公社社员因饥饿，误食用未去皮木薯，引起食物中毒 27 人，其中抢救无效而死亡 10 人。1961 年春夏之交，县防疫医疗站针对当时社会上四种流行病（水肿、妇女闭经、妇女子宫脱垂、小儿营养性萎缩）开展积极医疗活动。全县共设临时医院 18 所，组织巡回医疗队 24 支，召集 121 名医务人员下乡巡诊，就医群众达 2230 人，其中重病的 298 人接受住院治疗。三是主要水果及经济作物大量减产。坪山柚、沙建芦柑都是华安传统名果，为主要的大宗产品，历史以来远近闻名，畅销各地，在全县的经济发展中占有重要位置。但 1958 年以后，“大跃进”和人民公社化运动，因全民大炼钢铁，抽调大量劳力，使果园无人管理而荒废。由于管理不善，名优水果面积和产量急剧下降。如柑橘从1957年全县768吨,下降到1962年的380吨,坪山柚的产量也减半。四是物资缺乏,市场供应紧张。“大跃进”和人民公社化运动,原来愿望是想早日跨入共产主义社会,让人民过上幸福日子。但事与愿违,在实际行动中,由于方法错误,随着运动深入开展,华安城乡市场上东西越来越少,有的人手中有钱却也买不到东西。在三年困难时期,一些日常生活用品,如猪肉、鸡、鸭、鱼、蛋、蔬菜、白糖、食油、干果、肥皂、棉布等供应十分紧缺。一些投机商贩趁机哄抬物价,扰乱市场。

面对农村工作中存在的严峻问题,尤其是一平二调的“共产风”所酿成的严重危机。中共华安县委根据党中央《关于农村人民公社当前政策问题的紧急指示信》的指示精神,用最大努力纠正“共产风”,逐步扭转全县农村出现困难的局面。一是认真贯彻党中央第一次郑州会议和党的八届六中全会精神,开始整顿人民公社。在社队管理体制上作了调整,把原来42个管理区划分为69个大队。在行政管理上以大队为单位,实行统一经营,统一分配,以队为基础分级管理,不搞穷富拉平的“一大二公”分配方式。各大队可根据自己的特点和优势,组织生产,群众说这是“龙舟下水各奋桨”。二是允许社员个人发展生产。全县共划出4694亩土地,作为社员自留地,人均0.059亩,允许个人种植经济作物。还允许业余时间搞副业,上山开荒。允许个人养猪,养家禽,改善生活。三是落实党的政策,退还“大跃进”、公社化运动中平调社员财产。如在炼钢铁时期抽调劳力,全县退还社员补助款563万元。四是帮助受灾群众迅速重建家园,恢复生产和生活。据统计,三年困难时期,全县发放救灾款242万元,布匹8642米,衣服3万多件,帮助受灾群众修建房屋4000多间,通过生产自救和救灾等工作,使广大群众的吃、住、穿、用等生活问题基本得到妥善解决,各项生产很快得到恢复和发展。

第八节 “文革”期间工农业生产曲折发展

1966年，正当全国基本完成国民经济调整任务，开始实施发展国民经济第三个五年计划的时候，史无前例的“文化大革命”运动爆发了。从1966年至1976年，这场长达十年的政治运动，不仅使华安县党的建设、道德建设、法制建设受到严重破坏，而且在教育、卫生、文化事业等方面也遭受巨大损失。尤其是接连不断，一波又一波的群众性革命运动，使全县社会造成了混乱和动荡，工农业生产发展受到严重影响，国民经济发展出现困难前行的局面。

一、开展“工业学大庆”运动

华安县地处闽西南交界的偏远山区，九龙江北溪上游，由于交通不便，加上经济长期落后，自古以来就缺乏发展工业的基础，属于纯农业地区。解放前夕，全县工业企业唯有一家私营小型印刷厂，其余均为手工家庭作坊。即使到了“文化大革命”运动爆发之前，全县全民所有制工业企业，也只有石墨矿、龙径糖厂、502矿(钨精)、农械厂、城关粮食加工厂、印刷厂、造纸厂、城关糖厂、电力公司、食品厂等11家企业。据了解，1965年，全县工业总产值只有282万元。

华安县开展“工业学大庆”运动，是从20世纪60年代初开始的。当时，由于大庆人在建设大庆油田中创造了辉煌业绩，表现出了伟大的无私奉献精神。毛主席和党中央于1964年向全国发出“工业学大庆”的号召。随后，全国各地工业战线上，涌现出一大批学习大庆的先进单位先进个人和不少大庆式的企业。但是，好景不长，“文化大革命”运动开始了。随着运动的深入发展，为数不多的华安工业企业职工也跟着串连“造反”，“停产闹革命”，造反浪潮一浪高过一浪。工厂企业的内部规章制度(如工业七十条)被视为资产阶级的“管、卡、压”而遭到废除。“革命造反派”忙着抢班夺权，致使企业管理混乱。“文革”初期，全县工业企业基本处于停产、半停产的状态，使工业生产水平大幅度下降。1968年，华安县革命委员会成立，开始抓全县工农业生产。“工业学大庆”运动在全县范围内再次兴起。20世纪70年代初，在龙溪地区革委会的大力扶持下，全县掀起创办“五小”地方工业，即小化肥、小机械、小钢铁、小水泥和小煤(墨)矿。从1971年至1976年，全县新办国营全民工业企业有县机砖厂、石墨加工厂、金山铁厂、西陂松香厂、温水溪电站、沙建糖厂、潭口化肥厂、葛山松香厂。在“工业学大庆”运动中，全县新老工厂纷纷开展技术革命和工艺革新运动。如县石墨加工厂、1968年年产石墨仅150吨。后来矿区增加了空压机、风动凿岩机等一批先进机械设备，生产能力逐步提高。到1972年产量已增加到1012吨，1975年增加到4000吨。创办于1970年的县金山铁厂，年产生铁305吨，原来是一家亏损企业。企业经过技术改造后，改煤用电，生铁和硅铁一并生产，实现转亏为盈。1975年，县农械厂与龙溪机器厂挂钩，生产195柴油机油箱、三角皮带轮等7种拖拉机配件获得成功。该厂在技改方面取得突破，被龙溪地区评为技改先进企业。1973年4月，投资20多万元的潭口化肥厂正式投产，主要生产过磷酸钙。经过广大技术员工的改革创新，企业于1975年年产量达490吨，支持农业生产第一线，但后来因管理不善，年年亏损只好停产。除此，县造纸厂把废水变成肥水，生产出固体的胡敏酸铵，支援了农业生产。还有一些厂矿试制生产了水玻璃、活性炭，“九〇二”农药等农业和国防建设急需产品。

“文化大革命”时期，华安开展“工业学大庆”运动，强调工业生产政治挂帅，片面强调“亦工亦农”，盲目追求生产高指标，不顾客观实际，急于求成，希望建立“小而全”的工业体系，在人力、物力、财力严重缺乏的情况下，盲目办工业企业，致使全县一些企业因原料短缺、质量低下、销售渠道受阻等方面的问题而无法正常生产，又加上“文革”派性造反添乱和接连不断的政治斗争，使全县工业生产增长缓慢。

但是，全县在“抓革命、促生产”口号推动下，交通基础建设方面还是有些发展。1970年元月，华良公路(华丰至良村)建成通车；

1971年元月，县成立金山大桥建设工程指挥部，着手动工兴建金山大桥。这座主孔跨径99米，全长161米，为当时全国孔径最长的石拱桥，于1972年建成通车；1973年4月，华湖公路（华丰至湖林西陂）动工兴建；1974年，福建省革命委员会下文通知，华安水电厂工程建设指挥部正式成立。电厂的拦河大坝筑在华安县城，平湖蓄水经涵洞引水到新圩红旗山发电。4台机组总装机容量为6万千瓦，为当时闽南地区水力发电的最大电厂。

二、开展“农业学大寨”运动

早在“文化大革命”运动爆发之前，1964年12月，党中央和毛主席就发出了“农业学大寨”的号召，从此“农业学大寨”运动在华安县开展起来。1968年，龙溪地区革委会作出决定，在全区掀起“农业学大寨，工业学大庆”新高潮并召开“抓革命，促生产”积极分子、先进工作者表彰大会。1972年元月14日，县委召开全县三级干部会议，425人出席，学习中央“两报一刊”元旦社论，认真传达贯彻毛主席关于“农业学大寨”指示，继续深入进行思想政治路线教育，推动社会主义革命和建设的更大发展，为实现1972年全县粮食亩产跨《纲要》（即亩产800斤），总产实现9500万斤，力争1亿斤，人均3人养2头猪，造林35.6万亩而努力奋斗。当年6月，县委再次召开三级扩大会，到会730人，学习中央(72)12号和1971年82号文件，进一步落实党在农村的经济政策，研究部署全县范围内掀起“农业学大寨”群众运动高潮。会上，还请时任中共华安县委分管农业副书记杨五豹、时任仙都公社先锋大队书记林春德作参观山西大寨的先进经验介绍。从1970年至1974年，全县共组织三批赴山西昔阳大寨参观团，分别由县委书记、县委副书记带队，成员有县直机关、公社、大队、重点生产队、知青代表等共650余人前往山西大寨“取经”。

在深入开展“农业学大寨”的群众运动中，全县通过贯彻“以粮为纲，全面发展”的方针，确实也取得农业生产新业绩。尤其是1973年，全县战胜了历史少见的“倒春寒”，获得了粮食大丰收，创造了历史最高纪录。全县有21个大队粮食产量跨《纲要》，其中有3个大队超千斤。特别是湖林公社爱国生产队(原名柴坪脚),他们一颗红心为革命,两只铁手换天地,地处偏僻山区连年夺高产,这年创造了亩产1130斤的好成绩,成为华安"农业学大寨"的先进典型。1973年底,县委召开农业学大寨、工业学大庆表彰会,决定在全县开展"学大寨,赶爱国"运动。同时全县各地也涌现出不少"农业学大寨"的先进典型。如良村公社良埔大队"八老"耕山队,他们以"老三篇"为座右铭,人老心不老,不断改造世界观,立下了"只要还有一口气,也要紧跟毛主席"的誓言,每天上山拓荒种果种茶不止,成为新时代的"老愚公"。在毛泽东思想的哺育下,全县在"农业学大寨"运动中活学活用毛泽东思想先进集体和个人不断涌现,仅1970年,全县评出了"四好单位"671个,"五好个人"和活学活用毛泽东思想积极分子826人。

"文化大革命"十年动乱早期,华安县"农业学大寨"运动由于受到"左"的错误路线影响,出现不少制约农村生产力发展的局面。首先是"以阶级斗争为纲"。把发展生产力放到次要地位,不断地在农村以"阶级斗争为纲",大搞所谓"斗地富反坏右,扫资本主义歪风邪气"运动,使广大人民群众受到不应有的打击,挫伤了他们的积极性;其次是以"大批促大干",搞单一农村经济结构和形式,把许多在社会主义初级阶段,有利于生产力发展和生产商品化、社会化的做法加以限制,如没收社员个人房前屋后自留果、自留地和开荒地,把社员正当家庭副业收入当作"资本主义尾巴"割除,不准社员将剩余副产品挑到市场交易,堵塞了城乡的经济交流。最后,片面强调"以粮食为纲",不顾全面发展。为了多生产粮食,全县将其他经济作物和蔬菜种植面积压缩到最小规模,就连农户个人饲养鸡鸭群的数量也受到限制,导致农产品单一,其他副产品匮乏。仅1970年,全县就砍掉果树达2000多亩,改种水稻。华安县境内原有许多名优水果,如坪山柚、沙建芦柑、丰山香蕉等都远近闻名的传统名果,只要水源能够灌溉的地方,果园全部改造成稻田。

1975年,是华安县开展"农业学大寨"运动,实现"普及大寨县"的关键一年。可以说这一年,全县"农业学大寨"运动达到高潮。县委提出：大批促大干，苦干三五年，把华安建设成为大寨县。到1979年，全县粮食亩产实现跨“双纲”即1600斤，总产达到2.3亿斤，生猪存档13万头，人均1亩田、1头猪、3亩林。为了实现这一奋斗目标，全县重新修订学大寨的改土、改水为中心的近期计划及“五五”农业发展规划。各公社、大队都必须确定至少一个或两个改造旧山河、建造新平原、大干促大变的典型工程，然后以点带面，点面结合，全面开花加以实施。全县各行各业都必须全力以赴支援“农业学大寨”。县委号召之后，各公社、大队立即行动起来，有的是围溪造田，有的开山造地，平整农田山地，八仙过海，各显神通，掀起农田基本建设高潮。

当年，仙都岭埔水库建设工程，是全县“农业学大寨”的最大施工项目。1974年12月破土动工，由县委书记亲自挂帅，任总指挥，抽调仙都、良村两公社数千名民工上场。原计划在云山溪上游，建设一个华安县最大蓄水工程，设计最大库容387万立方米，然后通过开挖引水渠道灌溉仙都、良村公社的旱地耕作用水，集防洪、灌溉、发电、养殖综合利用的大型水库。计划有效灌溉面积达10240亩。后来由于种种原因，岭埔水库工程建设拖到1982年12月才竣工，但远远没有达到原来计划的目标。工程总投资达259万元，其中国家补助159万元，多方集资100万元，总投入134.4万个工日，只建成一个小型水力发电站，得不偿失。更严重的问题是，当年由于赶时间，抢进度，水库大坝施工存在严重质量问题，给后来留下后患无穷的险情。每逢重大汛期，岭埔水库频频告急，担心垮坝，产生泥石流，造成人为灾害。

总而言之，“农业学大寨”运动的开展，使华安的农业生产条件和农村建设发生了一定的变化。但是，在学大寨过程中，盲目推行了大寨“左”的一套做法，把纯粹向自然界作斗争运动，大搞“以阶级斗争为纲”，严重背离了党在农村的方针和政策，极大地挫伤了全县干部群众的积极性，给农业生产的发展造成不利的影响。

第三章　改革开放闯新路(1978 年—2014 年)

党的十一届三中全会翻开了新中国发展史上新的一页,对内改革、对外开放的战略决策,使中国经济社会发生了翻天覆地的变化。改革开放激发了华安老区人民的创业热情,消除了思想束缚和体制障碍,极大地解放了社会生产力,增强了社会活力,赢得了发展的宽松环境和广阔空间。在改革开放各项政策的指引下,华安县委、县政府领导华安老区人民锐意进取,开拓创新,从率先在全市推行联产承包责任制到各行各业的改革开放;从"华安要致富,发展林电路"到"工业兴县,兴茶富民"再到实施"生态立县,工业强县,旅游活县,兴茶富民"的发展战略转移,成功走出一条山区特色产业发展路子,取得了经济总量快速提升,生态建设成效显著,基础设施日臻完善,工业发展城乡繁荣,农民收益稳步提高,脱贫攻坚精准推进,社会事业不断进步等显著成效。先后获得福建省"县域经济发展十佳县""中国名茶之乡""中国坪山柚之乡""中国观赏石之乡""中国绿色食品之乡""国家森林公园""全国科技兴林示范县""全国科学工作先进县""全国义务教育发展基本均衡县"等数十个国家或省级的荣誉称号,谱写了华安老区县改革开放的壮丽诗篇。

第一节　农村经济体制改革

华安老区县的经济建设在新中国成立后的几十年里,由于长期贯彻"以粮为纲"和频繁开展政治运动,特别是十年"文化大革命"的浩劫，使得老区经济长期处在徘徊状态。不合理的生产关系（包括组织形式、管理体制），压抑了劳动生产积极性。农民群众一年到头仅凭生产队集体统一发给的定量口粮度日，温饱问题始终不能解决。严重的贫困问题，催生着人们改变吃“大锅饭”的体制，早日摆脱贫穷困苦状况的念头。1978 年 12 月，党的十一届三中全会胜利召开，改革开放的阳光普照着神州大地，拉开了农村改革开放的序幕。

一、推行联产承包责任制

建立健全联产承包责任制，是一个渐进探索、攻坚克难、不断完善的过程。华安县的主要做法是：

（一）以中央文件精神为指导

1979 年 2 月 5 日—14 日，中共华安县委召开四级干部和劳动模范共 1000 多人参加的扩大会议，传达贯彻中共中央《关于加快农业发展若干问题的决定（草案）》和《农村人民公社工作条例（试行）草案》两份文件及省委农村工作会议精神，做出“两个转”的重要决定，即把各级领导干部从长期所受的“左”的错误指导思想中摆脱出来，转到十一届三中全会提出的“解放思想，实事求是，团结一致向前看”的思想路线上来；把党的工作重点从“以阶级斗争为纲”转到“以经济建设为中心”的轨道上来。

四级扩干会后，县委从县直各机关抽调 98 名干部分头深入全县 10 个公社 13 个重点产粮大队和后进大队驻点，探索推行联产承包责任制的做法，不时用这些点上的经验指导全县面上的工作。但是，由于极左路线的根深蒂固和当时思想解放的不够彻底，一些干部和群众认为包产到户是“辛辛苦苦三十年，一夜回到解放前”，心有余悸，患得患失，妨碍了党的农村改革开放政策的贯彻实施，影响了联产承包责任制的推行。加上当年严重寒流，全县粮食比 1978 年减产二成，农民群众的温饱问题依然没能解决。

1979 年初，沙建公社山溪尾村于两年前就暗地里试行“耕作责任制”，以及高安、仙都等偏远生产队暗中分田到户的做法，给全县老区人民带来极大的鼓舞。大家再也按捺不住了，纷纷要求试行联产承包责任制。1980年秋,时任地委常委、副专员黄长茂在时任县长林周发的陪同下深入华安调研。为打消农村基层干部怕政策多变、怕挨斗批判的思想顾虑,县委在仙都召开全县生产队长以上四级干部大会。黄长茂在报告中明确支持山溪尾等一些生产队实行联产承包、分田到户的做法,使其经验得到有效推广。很快全县10个公社、90个生产大队、858个生产小队,占比98.5%建立了不同形式的生产责任制。

同年10月16至19日,县委召开有县直机关领导、公社常委以上干部及下乡工作队员参加的农村工作会议。各公社又接着召开了生产队长以上干部及党员大会,传达学习中共中央《关于进一步加强和完善农业生产责任制的几个问题》文件精神。中央文件明确指出:"在生产队领导下实行的包产到户是依存于社会主义经济,而不会脱离社会主义轨道的。没有什么复辟资本主义的危险,因而并不可怕","各级领导干部要放开胆子,甩开膀子,根据群众意愿,支持群众合理诉求。既可以包产到户,也可以包干到户,并在一个较长的时间内保持稳定"。广大农民群众因此消除了思想束缚,增强了农业体制改革的信心。尤其是那些已自发包产到户地方的群众更是像吃了颗"定心丸"。

(二)推广先行先试老区村的经验

山溪尾大队是沙建公社的一个革命老区村,海拔高、离县城远。这个只有300多人口的小村,有田地近2000亩,山地近2万亩,人均水田6亩,山地60亩。因劳力少,生产任务重,每年农忙时节,公社都要动员一大批干部支援山溪尾生产,一住一个月。1977年,公社领导深入山溪尾调研,倾听群众呼声,默许他们暗中试行"农活单干包",按田地的优劣、远近、灌溉等条件,以劳力和人口各占一半的方法,分田到户,以产计分,超产奖励。试行第一年,群众生产积极性被充分调动起来,农忙季节抢在前面,使粮食获得大丰收,温饱问题得以解决,征购任务也走在了全公社的前头。公社干部再也不用来村里支援农忙和催收征购粮了。实行"暗中单干包"的三年间(1977—1979年),山溪尾大队粮食年年增产,总产比推行责任制前增产 43.8%。1979 年虽遇特大寒流，粮食仍获好收成，比 1978 年增产 11.17%。该村的先进事迹不仅在全市推广，还刊登于 1980 年 10 月 10 日的《福建日报》。

(三)处理好国家、集体、个人三者利益的关系

1981 年，为了打消农民群众怕政策多变的顾虑，进一步完善农业生产责任制，由县委领导成员带领的 64 名县直机关干部深入社队搞了 10 个试点，摸索签订合同的经验。之后，县政府统一印制了 8 万份《农业责任制承包合同书》，分发给各生产队逐户签订。合同书以生产队为甲方，承包户(组)为乙方，把承包权利和义务逐一用条文作了规定。合同主要内容是：粮食、经济作物、副业款、义务工、劳动积累工，以及生猪上调任务等，经甲乙双方协商认可。乙方要按合同规定履约，甲方对乙方完成或超额完成任务的收获和奖励按规定予以兑现。合同签订后，由生产队、承包户(组)和公证单位(大队)三方各在合同书上签名盖章后生效。由于合同中任务明确，条文严肃，具有法律效力，既体现了国家、集体、个人三者利益兼顾，又贯彻了按劳分配的原则，受到老区农民的欢迎。

1982 年，全县 98.71%的农户与生产队签订了合同(包括购销全面合同)，明确了土地承包期限和各项奖励政策、措施。承包合同制的实行，极大地调动了农民的生产积极性。春耕时节，全县新购买耕牛 500 多头，新添置农具 9000 多件，新建肥料坑 380 个，春耕生产热火朝天。《福建日报》以《吃了定心丸，又贴“护身符”》和《华安县实行多种形式的生产责任制》两篇文章做了报道宣传。

当年，全县早稻获得空前丰收，比 1979 年增产 17.5%，成本和包工工分分别比降 29%和 20%，早晚两季，全县粮食总产达 56092 吨，增产 9513 吨，比增 20.1%，增收数值与幅度均创历史最高水平，摘掉了“回销粮”县份的帽子。同时，人均年收入增长 39.4%，温饱问题初步解决。

华安县老区乡村群众先行先试生产责任制的先进事迹，为全地区进一步解除“左”的思想束缚、推行联产承包责任制提供了学习借鉴的经验。

(四)处理好原生产队的债权债务问题

人民公社时期,不少生产队留下了一笔“糊涂账”。欠款户没钱还或不还,剩款户拿不到钱被挂账,挫伤了群众的生产积极性,影响了生产责任制的推行。县委重视这一问题,于 1981 年 7 月,在华丰公社下坂大队搞试点,一个月后全面铺开清理财务工作。全县共抽调三级领导干部、经管干部及信用社干部和大队、生产队财会人员 600 多人,对生产队债权债务分期分批进行清理。至年底,全县完成 595 个生产队的清财工作,占 69%;收回社员超支欠款全县 88 万多元,占 42%;归还国家贷款 62 万多元,占 34%。到次年 6 月,全县基本完成清理财务任务,既解决了实行责任制后生产队财务悬空、混乱,集体资金被贪污挪用和债权债务无着落的问题,又调动了群众归还欠款的积极性。

(五)处理好集体财产的管理使用问题

在实行联产承包责任制初期,多数生产队原有不动产(如队址、仓库、晒谷埕等)留队统一使用;动产中大项生产资料(如拖拉机、耕牛)折价到户,保本保值使用;小农具折价拍卖,收回价款。但在实行了一段时间后,一些新问题出现了:一是个别社员把保值包养的集体耕牛随意拍卖,从中牟利;二是耕牛轮流使用产生矛盾;三是保存在队里的集体财物不时丢失,损害了群众利益,影响了团结和生产。针对以上情况,县委根据各地具体情况,在多数地方采用“一竿子插到底”的办法解决。即动产的多为拍卖,不动产多为出租,变固定财产为流动资金,并用这笔钱归还旧欠贷款或发展多种经营。据 1981 年底统计,全县 862 个生产队中,有 209 个队出租队址、仓库计 739 间给社员使用;有 41 个队把边远或破烂不堪的队址、仓库计 128 间现价卖给社员;有 581 个队把 7600 多头耕牛作价到户,一次性或分期收回款项。为防止有作价没收款,久后成“烂账”的情况发生,全县采取与清理债权、债务相结合的办法,把生产队拖欠国家的贷款转给购买生产队财产的农户归还。这样,既避免这些长期被拖欠的贷款成为“无头账”,又健全了新时期的经营管理制度,有效制止贪污、私分、挪用公款等违法行为的发生。

（六）搞好水利设施和田间道路维护

大田承包到户以后，全县一度出现水利设施、田间道路众人争先使用，没人管理、维修的现象。县委、县政府对此十分重视。华丰公社下坂大队按各户承包田地面积负担水利工程和田间道路维修用工的经验及新圩公社玉山大队发动群众投资投劳，兴建 2 条水利干渠，解决 500 亩“望天田”灌溉，并建设一座 125 千瓦水电站的好典型，及时总结推广，供全县各地学习。1981 年后，县委和各公社党委每年秋季都发动群众兴修水利和田间道路，确保农业生产顺利发展。

（七）解决好承包后因人口增减产生的土地不均问题

家庭联产承包责任制承包期一般为 15 年不变。这样做虽然有利于调动承包户护地、养地的积极性，但由于生死婚嫁、征兵复退、招生招干等原因产生人口变动，造成户与户之间人均耕地面积和口粮差别的问题。对此，经社员充分讨论，全县分别采用三种办法予以解决：一是耕地固定不变。人口增减变动用调整粮食征购任务解决。二是增加人口的家庭由生产队以机动粮食贴补。三是视人口增减情况对承包地抽补变动一次，大部分承包地仍维持不动。

（八）解决好干部补贴问题

建立责任制后，农村中一方面抓干部精简，适当减少领固定补贴的人数。除大队党支书、大队长和会计外，其他大队干部和生产队长实行实误实补，同时，适当提高补贴标准，保证干部收入略高于当地同等劳力的水平；普遍建立干部岗位责任制，每年用粮食增产、社员增收、人口增长率等六项指标作为考核、奖惩干部的主要依据。补贴资金来源于队办企业和向社员提取的管理费，评比奖励资金则由县财政拨予，促进了干部队伍的稳定和农业生产责任制的实行。

（九）解决好“三缺户”、五保户和烈军属的生产困难问题

实行以户联产承包责任制后，绝大部分农户增产增收，但仍有一些缺资金、缺技术、缺劳力的困难户以及五保户、烈军属的生产上不去，温饱问题没解决。1981 年，县委、县政府把支持这些困难户发展生产作为完善联产承包责任制的一项重要任务来抓，因地制宜

采用许多切实可行的办法加以解决。如对五保户照顾的口粮和费用,或由大队供给,或由生产队负责,或由生产队包口粮,由大队供基本生活费。对烈军属的照顾,除普遍提高优抚金标准外,有的还由大队雇工帮耕责任田。而对这些困难户则优先提供短期贷款和生产技术指导。1982 年后,开始抓扶贫工作。全县人均纯收入 200 元以下的 4 个偏僻山区穷困大队采取三项措施解决:一是抽调家在当地的国家干部回去任职,以加强领导;二是县财政建立农村扶贫基金,对这些穷队定扶持项目,帮助他们发展粮食生产和多种经营;三是指定县有关部门挂钩扶贫,三年包改变面貌。

(十)维护好社会治安稳定

包产到户以后,农村中因为争水源、争集体耕牛而发生争吵斗殴和故意毁坏他人农作物,以及偷砍集体林木等社会治安案件呈上升趋势。为解决这一问题,县委、县政府于 1982 年春,在全县总结推广了仙都公社中圳大队坚持实行村规民约十二年,创建文明村和丰山公社组织连片联防治安巡逻,有效维护一方平安,确保生产发展的经验,深受各地群众好评和效仿,促进了联产承包责任制的深入推行和逐步完善。

实行家庭联产承包责任制,全县各地改革了人民公社"一大二公"的弊端,消除了"左"的思想束缚和体制障碍,把农业的责权利统一起来,体现了按劳分配的原则,充分调动了广大农民的生产积极性。全县粮食生产连年获得丰收,并促进了养殖业的迅速发展,肉类和副食品大量增加,从根本上解决了人们的吃饭问题。忍饥挨饿的日子终于一去不复返。

二、大力念好"山字经"

解决温饱问题之后,农村中的居住环境、交通出行、文化卫生、教育现状依然落后。这就迫切需要全面发展农村经济,引导广大农民向小康社会迈进。

1981 年,中共福建省委做出了"大念'山海经',向山海要财富"的战略决策。华安县委联系山区实际,认真贯彻执行,因地制宜念好“山字经”，着力调整农业产业结构，变单一的粮食种植为农、林、果、竹、牧、副、渔业全面发展。

（一）大力植树造林

华安境内高山林立，连绵起伏，有山地176万亩。气候温和，雨量充沛，河流纵横交错，发展林业生产具有得天独厚的条件。20世纪80年代以来，华安县委在深化农村联产承包责任制的同时，致力抓好林业生产责任制的改革，采取多种措施大力植树造林，发展林业生产。

1.确定山权、林权、管护权

1981年，全县开展确定林权“三定”工作，划定自留山。按山权归国家和集体所有的原则，林权分国家、集体和个人所有。全县核实山地总面积为1515132亩，定权发证1498834亩，占98.9%；未定权属16298亩，占1.1%；全县有林地993177亩，落实权属976879亩，占98.4%。全县134676亩的疏林地和38278亩的无林地也同时确定了国家、集体和个人的权属。

在林业“定权发证”中，全县共调处山林纠纷173起（其中县内171起，县际2起），调处面积5.24万亩。共有77个村更新划分自留山12256亩，57个有林权的生产单位确定自留山总面积551542亩。山权、林权、管护权的落实和明确，调动了广大林农开发山地资源，植树造林、护林的积极性，推进了林业生产的快速发展。1981年，自留山造林1.62万亩，占全县当年春季造林面积的33.1%。翌年，自留山造林30671亩，占划定自留山面积的25%。至1983年，全县拥有各种林木110多万亩，木材蓄积量189万立方米，森林覆盖率达60%，居全区第一位。

1982年5月下旬，由地委办公室、县委办公室联合采写的反映华安县抓好林业生产责任制的《山区经济起飞的一项战略措施》等四篇调查材料，先后在地委办《工作简报》、中央书记处研究室理论组《调查研究》、新华社《内部参考》和《福建日报》登载。

2.造管并举，营林形式多样化

1986年，我县林业生产开始以造林为主向造管并举的纵深方向发展。为调动林农管林的积极性,树林抚育费采用县、乡、个人三级分担。1985—1987 年全县共发放营林贴息贷款 41 万元,林业生产贷款 220 万元,造林育林资金 112 万元。广大林农讲究科学造林,根据适地适树原则,完成幼林抚育 13.48 万亩,成林抚育 2.96 万亩。做到种一片、管一片、成林一片。

在发展林业生产的过程中,全县以国营林场为核心,建好基地示范片;以乡村群众造林为基础,集体、个人一齐上。金山、西陂、潭口、葛山四个国有林场、十一个乡镇办林场、八十六个村办林场形成全县 18 片 39 万亩用材林基地和 5 片 4 万多亩木本油料林基地。人工造林面积 72.74 万亩,拥有千亩、万亩林的村逐年增加。全县涌现出 340 个造林联合体,1197 个造林专业户(其中 50 亩以上的有 223 户,千亩以上的有 17 户)。个人造林面积达 152000 亩,成为华安县林业生产的又一支生力军。1986 年,全县林地面积 1252200 亩,人均有林地近 10 亩,森林蓄积量为 177 万立方米,年生长量 144000 立方米,每年可为国家提供商品材 2 万立方米。1993—1995 三年间,全县开山造林 23.04 万亩。至 1999 年,全县森林覆盖率达 66.3%,森林蓄积量 314 万立方米,实现木材生产量大于消耗量,年产值 3000 万元,比 1993 年增长 3 倍。进入新世纪,全县森林覆盖率达到 72.72%。先后被国家林业部和国家绿化委命名为“全国首批科技兴林示范县”、“全国百佳绿化造林先进县”和“国家森林公园”。林业已成为华安乡村经济的重要支柱和绿色金库,成为生态华安、美丽华安最具特色、最为迷人的绿色风景。

(二)发展果树生产

1.制定政策,鼓励种果

华安县政府在大力发展林业生产的同时,制定了发展果树生产的一系列政策,调动广大农民的种果积极性。“想要富,种果树”成为当年响亮的口号。1982 年,县政府拨出专款,由农业局调进 12 万株柑橘苗,免费供应农民种植,并调进一万斤橄榄果树种子,分别在县良种场、龙头山苗圃场、丰山、沙建、良村、华丰等地培育苗木 20.9 万株。同年,全县还出台对连片种植一亩以上柚子、柑橘和橄榄的集体和个人分别给予每株补助果苗费5角、3角和2角的政策。1982—1983年初,全县共扩种柚子、柑橘和橄榄7287亩,合计25.9万株,补助苗款8.1万元。1984年12月,华安县第五次党代会提出在1985—1987年内,争取每年在九龙江沿岸扩种2000亩柚子、柑橘、香蕉等水果。至1987年,全县水果总面积达2.82万亩,总产量4655吨,分别比1984年增长47.12%和35.2%。通过宣传号召、政策鼓励、以点带面,全县形成了国营、集体、个人一起大兴种果的热潮,推动广大农村种果由零星化向基地化连片种植的转变。1988年,全县种植龙眼1025亩,荔枝1825亩,橄榄2563亩,李子3298亩,香蕉6000多亩。新圩高宅村和丰山下尾村人均种植香蕉100株以上。熟蕉热销浙江、上海、辽宁等地。全县涌现出许多户户有果的典型村和收入上万元的种果户。至1993年,全县拥有果园面积14万亩,实现了人均一亩果的目标。

2.种果与旅游、扶贫开发相结合

1992年,结合九龙大观园旅游建设规划,我县继续在九龙江沿岸大力种植名优特水果,其中,坪山柚、文旦柚12969亩,占新种水果的27.85%,我县还把水果开发与扶贫救灾有机结合,创办了19个果场,总面积700亩,年创产值50.2万元。促进了扶贫工作的提质增效。

3.打造坪山柚品牌

1997年,我县组织实施"坪山柚生产与保鲜"项目,坪山柚提纯复壮工作,坪山柚低产果园改造3万亩,同时加大坪山柚销售流通工作力度,改进产品包装,注重坪山柚特质展示宣传,制作了坪山柚电视专题节目。华安坪山柚荣获全国早熟柚类金杯奖,被国家农业部长刘中一誉为"天下名柚"。华安县被命名为"中国坪山柚之乡"。

(三)发展绿色食品

华安县在积极调整农业产业结构中,大力发展国家"星火计划"绿色食品项目。1986年,香菇、蘑菇、草菇、黑木耳等种类的食用菌栽培生产遍及全县80%以上的乡村。而且香菇、木耳的生产技术从段木室外栽培逐步转向袋栽室内培育,大大提高了木材利用率,提高了产量和效益。全县黑木耳干产 0.07 万公斤,香菇干产 1.21 万公斤,草菇产量 2.42 万公斤,蘑菇产量 121.38 万公斤。总产值 225 万元,占全年农业总产值的 5.9%。

1998 年,我县建立前岭村 300 亩麻竹速生丰产林栽培示范基地,星华林场 420 亩毛竹生产基地和国家"星火计划"10 万亩四季笋竹两用丰产林基地。全县香菇、木耳种植 930 万袋 96 万平方米,创产值 5280 万元,比 1993 年增长 2 倍。反季节蔬菜种植近 2 万亩,产量 2.4 万吨,创产值 1840 万元。甘蔗种植 3.29 万亩,创产值 3840 万元,比 1993 年增长 2.86 倍。烟叶种植 8400 亩,产量 965 吨,创产值 965 万元。养蜂 1.5 万箱,年产蜂王浆 20 吨,蜂蜜 400 多吨,创产值 700 多万元。

进入 21 世纪以来,华安绿色食品生产更是如火如荼,成效喜人。全县共建立了 5 万亩高产优质大米基地,5 万亩肉桂生产基地,25 万亩水果基地,20 万亩四季笋竹两用基地,3 万亩反季节蔬菜基地,1 万亩烟叶生产基地,数千万袋香菇,百万平方米蘑菇食用菌生产基地,3 万箱蜂群,年产蜂蜜 1100 吨的全省最大养蜂基地,产值 2.2 亿元以上的畜牧、水产养殖基地等十大生产基地。华安藤菜、苦菜、蕨菜、优质大米、香菇、蜂王浆、蜂蜜、清水笋罐头、玉笋 9 种产品获得国家绿色食品标志使用证书。华安县成为全市最大的绿色食品生产示范县之一,获得"中国绿色食品之乡"荣誉称号。绿色食品生产给华安人民带来了丰厚的经济利益和良好的社会效益。

三、重视扶持专业户与联合体

20 世纪 80 年代,随着家庭联产承包责任制的实行,全县出现了一批生产经营专业户和经济联合体。例如,有的农户把承包的土地有偿转让给他人耕种,自己专业上山造林种果;有的能工巧匠自办或联办作坊或工厂,生产加工各种产品销往全国各地。他们依靠党的富民政策,勤劳创业,成了先富光荣的万元户。华安县大力扶持专业户和新经济联合体,不断壮大这支发展农村商品经济的生力军。例如:县委、县政府领导多次到华丰镇草坂村李正祥木模厂调研，鼓励他开拓创业，带动就业，做致富的带头人。李正祥以优秀民营企业家的身份蝉联三届华安县政协常委。据 1985 年统计，全县共有专业户 189 户 1223 人；经济联合体 11 个，从业人员 44 人。专业户人均收入 972.60 元，比 1983 年全县人均收入 588.5 元高出 65.26％。专业户与联合体私营经济成了我县农村经济建设的新兴载体，带动了广大农民就业创业，促进了产业结构的调整和农村经济的繁荣。

第二节 水电事业大发展

华安县地处九龙江北溪中游，地形属典型丘陵山地，西北高南部低。全域属亚热带气候，年均降雨量 1720 毫米，高于全省的平均值。境内河流众多，有 17 条中小溪流，水系总长 324.5 公里，集雨面积 1732 平方公里，其中集雨面积在 100 平方公里以上的溪流有 5 条，可利用天然落差 2524 米。江河川溪年径流量 74.46 亿立方米，水电蕴藏量达 46 万千瓦，可开发的水能有 200 多处，装机容量达 42 万千瓦，居漳州市首位。丰富的水力资源是华安县发展水电产业良好的前提和条件。

新中国成立初期，县内没有电灯照明。从 1954 年到改革开放前，先后建有城关火电厂、仙都水电站、温水溪二级水电厂、岛濑水电厂以及一些“小型为主、土法上马”的乡村小水电。囿于当时的县乡财力，水力资源虽然丰富，但得不到开发利用，以致华安电力事业发展滞后，电力供应严重短缺。除县城和公社所在地外，许多山区的农民望电兴叹。群众照明大多用的是点煤油灯和蜡烛。从房间到厅堂，端灯举火需用手遮掩，生怕被风吹灭。夜里走路，更多人用的是松明火把和打手电筒。即使有电的地方，也是供一片，停一片，轮流用电。工厂用电受到限制，工业发展举步维艰。

一、20世纪八九十年代华安水电建设的状况

改革开放以来,华安县水电面貌取得了翻天覆地的变化。

1980年底,华安县投资439万元,建成装机2×1600千瓦的温水溪一级水电厂。该厂投产后并入省电网,是县内骨干电站。过后新建的有华丰镇仙溪水电站、后岭水电站。沙建公社铜尖水电站等,这些电站的建成投产,初步改变了华安县电力匮乏的局面。

1985年,华安架设了7条计17.8公里的农村小水电线路。其中仙都乡一条ICKV输电线与城关电网并线。整修了华安—金山9公里长的10千伏输电线路,新架设了一条8公里长的35千伏输电线路。保证了华安铁厂1000KVA电炉的投产和其他企业的用电。

1987年,全县水电站装机容量14741.5千瓦,发电量4664.4万度,架设3.5万千伏的线路3条计33公里,产值354.5万元。水电装机容量人均100瓦,电能202度,达到全国农村电气化人均装机100瓦,人均发电量200度的要求。全县先后为新圩镇的官畲、华山,高安镇的坪水,仙都镇的高村等边远老区村架设了高压线路,解决了这些地方群众世世代代望眼欲穿的用电问题,实现全县91个行政村村村"通电"的愿景。

1988年,装机450千瓦的赤溪口水电站建成,并架设了1.3公里长的高压线路,还完成浙溪7500千瓦水电站的勘测和可行性研究。

至1990年,全县有大小水电站55座,总装机容量7.5万千瓦,被国务院列为全国第二批农村初级电气化试点县。

1992年,华安又新增电站6座,装机1088千瓦,修复电站6座,装机685千瓦,增容4台,装机434千瓦。

1994—1998五年间,华安共兴建水电站21座,新增装机容量2.14万千瓦,全县水电装机容量达9.8万千瓦(含华电6万千瓦),年发电量5.3亿度。华安县被批准为全国第二批农村电气化县。但电能不稳定,缺电现象依然困扰制约着华安经济的发展。

进入21世纪以来,华安县委、县政府立足华安山区实际,提出:"华安要致富,发展林电路"的经济发展思路,致力开发华安水利资

源,改变水丰电缺现象,建设华安电力强县。

二、出台政策,大力扶持水电开发

在扶持开发农村小水电的过程中,县政府出台“谁投资、谁受益,减免征收土地使用费”的政策,鼓励外资、个人、民间多渠道、多层次、多元化投资,对实际投资额在300万元以上的水电建设项目帮助协调贷款,提供部分财政贴息支持。充分调动群众办电热情和社会办电积极性。水电部门对水电开发商简化审批手续,及时办理用水许可证。县成立水电同业工会,协调水电业之间的利益关系,处理好水电开发中的纠纷。

2000年8月9日,县委主要领导在全县加快工业化进程会议上指出:要推进九龙江“低水头、大流量”水利资源梯级开发,完善电网配套,实施“北电南送”,提高供电质量。发挥电力资源优势,降低电价、以电兴工。有关部门先后下发《华安县“十五”期间农村电气化县实施计划方案》《北溪水电资源开发规划》等文件,坚持水电开发与水源保护并重原则,鼓励水电投资者自带企业开发电站,消耗电能,形成产业链。从各个方面打响华安电力品牌,吸引外商到华安投资兴电。

三、中、小水电站建设成就喜人

1995年,我县建成了全市最大的县办水电站——浙溪水电厂和一批小水电站。高车乡政府引导群众以个人投资或股份合作等形式兴建水电站6座,计装机1005千瓦,实现总装机容量3845千瓦。全县共有水电站98座,总装机容量47276KW,总发电量1.8亿度(不含华电)。至2002年底,全县水力发电站157座,总装机容量13.7万千瓦,年发电量7亿多度。在建电站21座,装机3万千瓦,完成发电产值5780万元。2001年,全县水电缴纳增值费1042.2万元,占全县国税收入的43.73%。水电产业赫然成为我县的一大经济支柱产业。2002年,华安县被国务院批准为“十五期间全国水电农村电气化县”。

四、挖潜改造，科技兴电

“十五”期间，我县积极开展老电站改造，成立电站技改服务队，解决老电站因陈年建设设备老化、技术落后、电力不足等问题。技改旧电站比建设新电站具有投资少、工期短、效益好等优点。湖林乡吉土水电站原装机75千瓦，技改投资35万元，增容200千瓦，年发电量增加80万度。云山一级电站原装机75千瓦，技改资金40万元，增容275千瓦，年增发电量80万度，增收16万元，收到事半功倍的效果。

在新电站建设方面，我县水利部门注重从水电项目前期工作、技术装备、施工工艺、人员素质及高新技术应用等方面体现科技含量、科技素养、科技兴电。规范建设质量管理体制和加大对水电建设工程技术的指导力度，提供水电站建设规划、设计、施工全套技术服务。天宫水电站采用科技新方法，设计“低水头、大流量”河床式建设新模式。共装有3台灯泡贯流式水轮发电机组。溢洪坝布置在九龙江河道中部及左侧口，设8孔，每孔净宽12米。溢洪坝工作闸门采用固定式卷扬启闭机操作，检修闸门采用桥式启闭机操作，坝顶设计工作桥。与此同时，水电部门强化对水资源的管理，严格执行水利水电建设市场准入和清出制度及水利水电工程设计文件审查制度，确保合理、有序、安全、科学开发我县水利资源。

五、开发九龙江北溪水电资源

九龙江北溪干流在华安段有107公里，水量充沛落差大，是水电能源的“富矿区”。

据有关资料显示，北溪干流华安段可建设“低水头、大流量”水电站8级，装机容量近30万千瓦，占全县可开发水能总量的35%。潜能巨大、前景可观。开发北溪干流水资源是加快我县水电业发展的重要举措，也是华安县申报建设全国第一批中级电气化县的关键。

2001年，县水电部门召开北溪水电开发规划会议，专门邀请水电专家就北溪“低水头、大流量”水电开发进行科学考察论证，实施北溪水电资源规划外业测量，为水电开发提供资源分布及规划。

同时，县里积极引入“低水头、大流量”水电开发科学技术，并出台一系列优惠政策，优化投资环境，提高服务质量，对九龙江北溪流域进行梯级开发，促进华安水电业的跨越式发展。

2002 年，华安县重点抓好绵良电站和西陂电站建设的前期工作。至 2003 年，九龙江北溪华安流域，已有西陂、绵良、华电、天宫、利水等近 10 个梯级水电站于开发准备中。根据各梯级电站技经指标和地方电力需求，县水利局推荐西陂、绵良、天宫三个梯级电站为近期建设工程。

至 2007 年，华安县建设成了包括总投资 1.5 亿元，装机 1.5 万千瓦的利水电站；总投资 1.3 亿元，装机 1.5 万千瓦的天宫电站；总投资 3.5 亿元，装机 4.4 万千瓦的绵良电站和总投资 3.5 亿元，装机 4 万千瓦的西陂电站。标志着华安水电事业进入了一个新的里程碑阶段。

六、建设“北电南送”工业专线

我县水电资源大部分集结在北部，而集区位优势、交通优势、工业发展优势于一体的南部丰山镇，却缺乏电能。为解决这一问题，县里成立“北电南送”专门工作小组，工程沿线乡镇和有关部门协调解决征地、赔青等相关事宜。县里积极争取省、市电力部门的支持，实施过网供电。对九龙江北溪梯级电站接入系统进行“北电南送”工程综合规划，由龙泉工贸有限公司从西陂架设一条工业用电专线到丰山工业集中区，保障工业用电需求，促进华安工业发展。

七、完善电网建设，服务经济民生

2000 年，华安县加快了电网建设，加快水电生产调度、通讯、测报等方面的自动化进程，先后投资近 2 亿元新建和扩容新社、银塘、沙建、仙都、马坑、高车、金山、城关、湖林 9 座变电站。不断完善全县电力网络，供电的可靠性和电能质量大大提高。

2001 年，华安县投资 3200 万元进行第一期农村电网建设与改造项目，完成了60个行政村的农网改造，占全县的70.6%。电力设施进一步完善，顺利通过省电力公司验收。

2003年1月起，我县开始实施城乡用电同网同价，其中，城乡居民生活用电每度0.5元，非普工业用电每度0.63元，为全市居民用电价格的最低水平。

同一时期，我县先后建成的城关110千伏变电站满足了群众生活用电的稳定和华安玉产业耗电的需求。仙都110千伏变电站支撑了华安铁观音茶业的生产。新社110千伏变电站适应了华安工业集中区的发展。

八、华安水电厂的建设

华电福新能源股份有限公司华安水力发电厂（简称华安水电厂），隶属于国资委管理的中央企业——中国华电集团有限公司。电站位于九龙江北溪中游华安县境内，引水8.92公里到新圩镇新圩村红旗山主厂房发电，是一座径流开发的引水式中型水力发电厂。

1969年，龙溪地区革命委员会提出建设华安水电站的建议，并组织工程技术人员进行规划和初步设计。1971年1月，工程建设指挥部成立。同年9月，设计方案经省革命委员会生产指挥部审议批准。10月1日，主体工程动工，进行边勘测、边设计、边施工。1975年1月，工程归省水利电力局直接管理，列为省重点工程。1979年10月1日，两台1.5万千瓦机组投产发电。次年2月、4月，另两台1.5万千瓦机组相继发电并网，工程全部竣工。工程历时8年，经7次修改设计，总投资8390万元。

1978年8月，电站开始进行生产准备工作，隶属福建省水利电力局，归闽西电力公司管理。1980年1月，电站更名为“福建省华安水力发电厂”。1983年1月，归属福建省电力工业局（福建省电力公司）管理。2004年，国家电力体制改革厂网分开，划归中国华电集团公司管理，名称变更为“中国华电集团公司华安水力发电厂”。2011年9月，企业名称变更为“华电福新能源股份有限公司华安水力发电厂”。

华安水电厂装机容量6万千瓦，投产发电时为闽西南地区最大的水力发电厂。电厂以110千伏双回路送往漳州并入闽西南电网，成为闽西南电网的主力电站，承担调峰任务，缓解当时闽西南革命老区电力紧张局面。1994年开始，从110千伏系统引接电源向漳平至厦门电气化铁路供电。

华安水电厂建设和生产过程中，得到了国家电力主管部门、福建省、龙溪地区（漳州市）各级领导的关心和支持。1979年至2012年期间，时任国家水电部部长钱正英，时任福建省委书记项南、陈光毅，时任省长马兴元、王兆国、贾庆林，时任龙溪地委书记刘秉仁等各级领导先后莅临电站视察。电站建设期间，从龙溪地区各县市召集6000多名民工参与拦河闸坝、压力隧洞和发电厂及其他附属工程的施工。华安县委、县政府全力支持工程的建设征地、库区移民、拆迁安置等工作。当地群众给予了大力配合，为电站建设和投产发电后企业的安全生产做出了极大的贡献。

电站在城关建拦河闸坝，闸坝全长194.4米，正常挡水位94米高程。水库正常库容560万立方米，属于不完全日调节水库。因此，大坝的防汛工作非常重要。华安水电厂定期开展大坝安全检测。每年汛前开展安全大检查，及时排除隐患。制定防汛防台预案，定期开展超警戒洪水预案演练，成功抵御九龙江北溪历次洪水，确保大坝和上下游人民群众的生命财产安全。

电站投产发电以来取得显著的经济效益。1979年至2012年，34年来累计完成发电量120亿千瓦时，累计上缴税收18000万元，为华安县老区经济和社会发展做出了积极的贡献。

华安水电厂坚持两个文明建设一起抓，在企业生产经营管理取得显著成绩的同时，精神文明建设也取得了丰硕的成果。企业先后获得“福建省文明单位”“福建省省级先进企业”“省五一劳动奖状”“省模范职工之家”“省电力公司（省电力工业局）双文明单位”“中国华电集团公司安全生产先进单位”等荣誉称号。

2005年，华安水电厂启动电站扩建项目前期工作，扩建电站在原水库上游 2 公里处下穿铁路引水至红旗山厂房发电,设计安装 2 台 4 万千瓦机组。扩建工程于 2011 年 2 月正式动工建设,于 2013 年 10 月投产发电。投产发电后,华安水电厂总装机容量达到 14 万千瓦,每年增发电量 2.5 亿千瓦时以上,为国家增收利税 1000 多万元以上。

九、水电事业为新时期华安经济的发展插上腾飞的翅膀

如火如荼的华安水电建设事业给华安人民带来了光明和幸福,推动着华安从“工业兴县”到“工业强县”。2007 年,全县工业产值完成 26.82 亿元,增长 32.3%。其中规模工业总数 40 家,完成产值 16.37 亿元,增长 53.5%,增幅位居全市第一。全县新引进工业项目 48 个,其中上亿元项目 13 个。2007 年 12 月 16 日,全县共有总投资 46.43 亿元的 24 个工业项目奠基剪彩。

2007 年至 2009 年,华安县连续三年被评为“福建省县域经济发展十佳县”。2010 年 12 月,华安(丰山)工业集中区被福建省政府批准为省级经济开发区,更名为华安经济开发区。

至 2014 年,华安经济开发区共有工业项目 158 个(上亿元 46 个,上 10 亿元 10 个,上市公司 3 家),总投资 300 亿元人民币。项目全部建成后,年可创产值 420 亿元,财税收入 15 亿元,全县人均近 1 万元。一江清水,流金溢彩。以电兴工、工业强县。丰富的水利资源为华安人民带来了源源不断、取之不尽的巨大电能财富,为革命老区县摆脱贫困落后,赶上时代步伐立下了卓越的功勋。

第三节 兴茶富民奔小康

华安县属南亚热带与中亚热带过渡型季风气候地带。山地资源丰富,土壤肥沃,优良的自然环境为华安发展优质名茶提供了得天独厚的条件。历史上华安就是漳州地区的茶叶主产区之一。加上县域与安溪接壤,区位优势更加显著。这里既有“明前茶”,又有

“秋香茶”“冬片茶”，形成清香五季茶的特色。茶文化源远流长，华丰古镇素有“茶烘”美称。

华安种茶历史悠久，远可追溯到唐代，那时，仙都、华丰盛产茶叶。宋朝时，在朝廷掌管茶道的张睿轩（其后裔在仙都送坑）所著的《张睿轩做茶诀》一书即为史证。近可依明代官方史志中称今华安县城华丰为“茶烘”而得名。清代更是华安茶叶发展的鼎盛时期，北溪两岸漫山遍野尽是开垦过的一垄又一垄茶园。据记载，100多年前，仙都就有茶园2000多亩，茶叶品种多样且不断培育更新。茶铺、茶行经营的茶叶经“茶烘”肩挑到新圩古渡口，装船沿九龙江北溪运往海澄月港，销往全国各地及南洋、西欧等国，还有制茶师傅到台湾传授制茶技术。民国时期，广大民众贫穷困苦，民不聊生，茶叶生产随之衰落。

一、新中国成立后，华安茶业的发展状况

新中国成立后，华安茶叶生产经历了曲折的发展过程。解放初期，百业待兴，农民群众种茶积极性有所提高。仙都、湖林、良村等乡镇的茶叶生产得到恢复性发展，有茶园1000亩，产量0.35吨。1958年，仙都培育的茶苗参加漳州地区“发展多种经济展览会”展出，其经验得到推广。但后来在人民公社“一大二公”的体制下，“以粮为纲”，单一的农业产业结构导致华安茶叶生产得不到应有的重视和发展，仙都、华丰、良村等地的许多茶园被强令改种水稻。1965年，全县余有茶园1450亩，产量8.3吨。茶园面积不断缩小，茶叶生产跌至谷底。

二、改革开放以来，华安茶叶大发展

改革开放以来，华安县委、县政府立足华安山区实际，高度重视茶叶生产，提出“工业兴县，兴茶富民”的经济发展战略。连续几届县委、县政府持之以恒不动摇，走出了一条不平凡的茶业发展道路，取得了前所未有的辉煌成就。纵观华安振兴茶产业的历程，主要做法是：

(一)坚持"兴茶富民"战略决策,推动茶叶规模化发展

1996年,仙都市后茶厂改造旧茶园1000亩,生产的"芸外飘"铁观音茶叶荣获杭州第三届"中茶杯"名优茶赛一等奖,极大地鼓舞了全县农民种茶的热情。1998年是华安茶叶发展史上的重要里程碑,县委、县政府举办了首届茶王赛,华安仙都铁观音"茶王"以50克1.8万元的天价拍卖成交,全县农民种茶热情高涨,踊跃开垦荒山,开辟茶园。同年12月7日,县委发出《关于加快农业产业化的决定》,把发展茶叶生产列入农业产业化的主导产业之一,并要求茶叶生产以铁观音、肉桂、黄旦等名优品种首选,种植地区以仙都镇为主,扩大到良村、华丰、湖林、新圩等地。

1999年1月6日,县委1号文件提出建立农业综合开发"十大工程",明确以茶叶种植为重点,加大优质茶基地建设和茶叶精加工。2000年全县新种茶树2500亩,茶叶产量2079吨,超年计划19.5%。

2001年8月,县委、县政府领导在《闽南日报》载文《发挥优势,群策群力》指出:华安要发展,就要走资源型绿色经济路子,就要提倡绿色消费,就要大力发展茶叶生产等绿色食品。2002年,全县新增茶园面积1.5万亩,有优质茶园面积4万多亩,茶叶加工企业500多家,茶叶产量3174吨,比2001年增加33.2%。2003年2月18日,县十三届人大六次会议提出,启动绿色行动计划,实施"兴茶富民"战略。当年,全县茶叶面积由1998年的6200亩扩大到5万多亩,茶叶加工户1000多家,茶业产值3亿多元,增加农民人均收入1000元以上。全县粮经比例由1998年的7∶3调整为3∶7。2003年11月19日,县委主要领导在县第十次党代会报告中提出,今后五年要继续实施"工业兴县,兴茶富民"的县域经济发展两大战略,抓好茶叶生产这一支柱产业。同年12月27日,华安县在福州西湖大酒店隆重举办"华安仙都铁观音冬季茶王赛",进一步扩大华安茶的知名度。2005年2月25日,县委领导在县委工作会暨县政府第一次全体会议上的讲话中指出:深入实施"工业兴县、兴茶富民"发展战略。以发展生态茶园为立足点,通过能人大户带动,龙头企业牵动，政策扶持推动，按照基地建设规模化，产品加工专业化，质量监测标准化，市场管理规范化，服务保障社会化，茶叶质量品牌化的“六化”发展方向，在做好茶叶产业规划和生态保护的基础上，继续扩大优质茶种植规模。在着力抓好东部片区茶叶品质提升的基础上，出台茶叶生产优惠政策，鼓励、引导西部乡镇大力发展茶叶生产。2008 年 2 月 18 日，县人大第十五届二次会议指出，着力扶持茶产业，推进农业持续增效。具体以“三扶持”（扶持西部、扶持市场、扶持品牌）为努力方向，加快提升茶叶“标准化、产业化、品牌化”发展水平。历届县委、县政府坚持“兴茶富民”战略决策，先后出台《关于加强茶叶生产的实施意见》《关于实施进一步加快茶叶产业化进程工作方案》《关于进一步推进茶叶产业可持续发展的通知》《关于进一步提升“华安铁观音”茶叶产业化水平的通知》等一系列政策措施，引导全县茶叶生产规模发展，提质增效，不断迈上新的台阶。

（二）重视抓好人才培训工程，有效提升科技兴茶质量

县委、县政府从 2008 年起，开展“万人种茶能手”“千人制茶师”“百人茶艺师”培训计划，全县实现每家茶叶种植户和加工户都有一名茶叶种植、加工能手。组织农业科技专家帮助企业开展制茶技术培训，提升茶叶质量；每年邀请专家传授茶科技知识和茶园生物防治知识，及时了解、吸纳国内外茶叶发展的最新动态，打造一支科技兴茶、质量活茶的人才队伍。全县拥有茶叶高级技术员 213 人。通过与厦门大学管理学院联合举办“华安县企业高管和经济能人研修班”及定期组织茶叶企业经营者外出考察学习等活动，不断增强他们的管理创新意识，促进茶产业发展。

2009 年，华安县启动全国首个“国家级铁观音茶叶绿色食品原料标准化生产基地县”创建工作，严格控制茶叶种植规模，推进茶叶产业升级。推行茶园早期适度密植，矮化密植，封行删剪管理模式。通过多次修剪、喷灌、大棚覆盖等措施，促进早投资、早收益。全省茶叶“五新”技术（新肥料、新农药、新品种、新技术、新机械）集成推广现场会在华安县召开。仙都中圳村“五新”技术集成推广示范片被农业部授予“全国绿色防控示范点”称号。

在监管技术上，全县建立具有法定资质认证的农业检测中心，定期对茶叶进行“体检”。引导茶农使用低毒农药、生物农药，推行“生物+物理”防控技术，切实减少农药残留，让消费者能喝上“绿色”放心茶。如皇家龙公司投入20多万元，建立茶叶质量可追溯体系；光照人茶业有限公司配置茶园可视化监控设备，实现“从茶园到茶杯”之间各个环节信息的全程记录。其生产的有机茶获得了国家和美国、日本、欧盟的认证。全县逐步扩大无公害-绿色-有机茶和名优茶种植，建立4个有机茶生产基地，12万亩无公害茶园。通过绿标认证企业10家，有机茶认证企业3家，无公害基地认证企业2家。

积极创新茶叶制作工艺。首创空调制茶，除湿机控制湿度新技术，有效调整茶叶“做青房”的适宜温、湿度，采取多次冷包揉，使茶叶外形基本达到珠形化或半珠形化，摸索出一套茶叶冷藏保鲜技术，生产出的轻发酵型茶叶芬芳四溢，回甘鲜爽。与传统加工技术相比，茶叶质量大大提升，价格成倍增长。

国际农业可持续发展组织专家组到光照人茶园考察

(三)坚持以生态保护、可持续发展的理念指导、规划茶叶种植

县里正确处理茶叶种植和生态保护的关系，采取统一规划、统一开发，禁止毁林开山种茶，防止水土流失。对过度开发山地的茶区，全县采取“退茶还林”“林茶共生”的种植模式。光照人茶业有限公司承包山地2350亩，开发生态茶园480亩，在茶园里套种降香黄檀树、紫檀树 18000 株，沉香树 6000 株，还有美国红枫树、紫荆等树种。全县茶园套种名贵树种的面积达到 8 万亩，使茶叶发展与生态保护达到“双赢”之目的。

（四）培育茶叶龙头企业、产生品牌效应，带动农户茶业发展

县委、县政府坚持“扶优、扶强、扶大”原则，着力培育一批起点高、规模大、带动力强的茶叶龙头企业，充分发挥它们在引进、示范和推广新品种、新技术、新品牌，拓展市场方面的作用。农业部门积极带动茶农加快老茶园改造和新茶园开发，壮大茶叶生产基地，推进茶产业规模化发展。“哈龙峰”“皇家龙”企业与农户签订购销合同，采用订单式保护价收购茶青，形成“公司＋基地＋农户”利益共同体发展模式，促进农民增收。县、乡镇投资 6000 万元建设华仙茶都，为茶农提供茶叶集中贸易的大平台。引资 4000 万元，创办集茶叶生产、营销、文化和科研于一体的华安天福茶业有限公司。落实财政捆绑使用各项惠农资金等优惠政策，集中支持村村通水泥公路基础设施建设，方便茶山道路通行，促进茶叶生产。“华安铁观音”品牌申报地理标志证明商标获得国家工商总局的批准，2011 年，被农业部列入全国绿色食品基地县（茶叶），营造了品牌效应。全县共有茶叶注册商标 120 多个，其中中国驰名商标 4 个，省著名商标 8 个，市知名商标 7 个。

（五）注重市场开发，促进茶叶营销

2007 年秋，县政府举办首届海峡两岸茶文化节。自 2008 年起，华安多次组织茶叶龙头企业到北京、上海、杭州、新疆、澳门及美国等多个国内外城市参加或专门举办茶事展览和竞赛，相继获得中国第三届“中茶杯”名优茶评比一等奖、第二届国际名茶评比金奖、全省名优茶评比茗茶奖、漳州“新城杯”首届茶王赛茶王、“9·8”厦门国际星级茶王赛“五星级茶王”称号。每年在县内组织“斗茶”竞风采系列活动，举办“千壶万人品茗”评鉴会、推介会，提升华安铁观音茶叶的知名度和影响力。县里还倾心打造一流茶叶营销队伍，表彰到县外创办专卖店、连锁店的茶叶企业和个人。全国各地有 593 家华安铁观音品牌专卖店，仅福建雅之道茶叶有限公司就有 30 多家直营店。“华仙茶都”被批准为“农业部定点市场”“省级标准化产品批发市场”。全球最大的茶叶销售巨头天福集团在全国的 1000 多家直销店内均设有“华安铁观音”茶叶销售专柜,产品标注“产地华安”字样。华安铁观音茶叶以其优秀的茶文化品牌行销全国,走向世界。

华安第二十届茶王赛鉴评与颁奖现场

(六)挖掘茶文化资源,延伸茶产业发展链条

县委、县政府在抓茶业发展的同时,努力挖掘当地茶文化资源,丰富茶文化内涵,做好茶文化文章。全县通过举办各种茶王赛、评鉴会、茶文化高峰论坛等茶事文化活动,营造讲茶话、赏茶艺、品茶香、游茶园的浓厚社会氛围。邀请文艺界专家、新闻媒体记者到华安采风,感受、宣传华安茶的实力、魅力和绿色茶山的美丽。引导企业对成品茶再次深加工,提高附加值。如立兴食品公司生产的速溶茶,雅之道茶叶有限公司制成的系列食品等。鼓励茶企业发展茶文化产业。“哈龙峰”“皇家龙”等茶叶企业利用茶叶基地,建设集生产加工、科技示范、文化培训、休闲娱乐、旅游观光为一体的旅游休闲茶

华安县编著《华安县茶志》一书

文化产业。把“世遗华安大地土楼群”“华安玉”与华安铁观音茶文化产业整合起来，形成独特的“华安三宝”文化旅游线路，吸引无数游客到华安参观游览，带动第三产业的发展。

（七）设有专门茶业生产的管理机构和工作人员

县委、县政府为推动茶产业发展，成立县茶产业领导小组，下设专职办公室，配有专职技术人员，领导、协调全县茶叶种植规划、生产科研、品牌宣传、交通运输、营销队伍、市场建设、产业文化、人才培养等产业链条的运作和衔接。同时成立县茶产业交流协会，配合县茶产业领导小组对全县茶产业会员企业的发展进行指导和提供力所能及的服务与咨询，推动华安茶叶生产不断向前发展，取得新的业绩。

三、兴茶富民，建设新华安

至2011年，华安县种茶总面积16.5万亩，其中乌龙茶种植面积居全国第2位。年产干毛茶1.8万吨，居全国茶产量第11位。年产值16亿元以上，居全国乌龙茶产值第2位。实现全县人均一亩茶园，人均年茶产值1万元。有茶叶加工企业上万家，精制加工企业100多家，龙头企业20多家。大格局的茶业生产，带动了茶叶精深加工、机械制造、包装印刷、物流贸易、文化旅游、餐饮住宿等一、二、三产业的发展。整个茶产业覆盖除丰山镇、开发区外的全县各乡镇。全县从事茶叶种植的农户2.6万户，从事茶产业活动的人数7万人，农业总产值75％以上来自茶产业。“十一五”时期，茶产业对农民增收的贡献率达46.7％。2011年，农民人均纯收入9256元，位居全省各县第12位，仅茶叶一项农民人均纯收入即达6000元以上，占当年农民人均纯收入的65％。

茶叶主产区仙都镇人口3.12万，种植茶叶5万亩。2011年人均纯收入12693元，茶产业收入比重占80％。新圩镇官畲少数民族村有88户人家，452人口。这里曾是有名的“赊”村。即买东西用“赊”账，孩子读书“欠”学费。发展茶叶生产后至2011年，全村茶园面积1605亩，人均3.5亩茶，年户均卖毛茶收入52000元。官畲村还成了著名的美丽乡村旅游景点,带动了茶叶的销售和第三产业的发展。家家盖楼房,轿车进农家,村民们的日子越过越红火,成为华安老区乡村依山种茶、脱贫致富奔小康的缩影。

茶叶生产在华安国民经济中占据着举足轻重的地位和作用,已成为华安县最具特色、最有潜力、农民增收最多的农业支柱产业,是全市农业生产的闪光点和福建省“一县一品”的典型。华安县先后获得“中国名茶之乡”“全国重点产茶县”“全国特色产茶县”“全国绿色食品原料(铁观音茶叶)标准化生产基地”“全国铁观音优质茶主产区”“华安铁观音中国驰名商标”等荣誉称号。

第四节　华安玉石绽异彩

一、华安玉的古往今来

华安玉俗称九龙璧,古称茶烘石、云石、梅花石,广泛分布于九龙江北溪流域及两岸的崇山峻岭,主要集中在华丰镇罗溪至新圩岭兜、温水溪良村良埔境内麒麟山上至九龙江交汇处之间。华安玉石在华安境内仅裸露面积就有 104 平方公里,总储量约 1 亿立方米以上。它成石于亿万年前,质地坚硬、五彩相间、玉感强。真可谓“聚天地之精气,吸日月之光华”。

远在唐、宋、元、明、清时,华安玉就被视为石玩珍品。今华安县城华丰镇古时就有“石宝镇”之称。清乾隆年间,作为贡品的“茶烘石”,至今收藏于北京故宫博物院。明代地理学家徐霞客两次游九龙江北溪,在其《徐霞客游记》中,对华安玉极尽赞美之辞。民国初年,岭南大学黄仲琴教授考察九龙江北溪后,写下《华丰观石记》,对华安玉做了详尽的叙述。

石中珍宝,钟灵毓秀。过去,华安经济落后,人们生活困苦,华安玉石的价值没有被重视,难以玉尽其材。人们身处金山不识宝,拿华安玉做垒地基、筑台阶、填土坑的粗石料。

二、华安玉的开发与发展

（一）开发玉石，重视人才

华安玉石产业开发酝酿于改革开放后的十年间。1990 年，华安玉作为福建奇石参加第十一届北京亚运会观赏石展，被誉为“中国十大奇石”。1992 年，全国人大副委员长叶飞为华安玉题写“华安九龙璧”五个大字。这两件事提升了华安玉的知名度和华安县开发华安玉的信心。1992 年，华安县委、县政府召开九龙大观园旅游区规划论证会，正式把华安玉作为一项特色产业来抓。

1990 年，南安人曾茂斌率先创办了华安玉枕加工厂。每件玉枕售价人民币 600 元，受到商家和消费者的青睐。惠安石雕厂王金兰、马力两位美术师利用华安玉雕刻了一系列简单工艺品，分别选送北京参展和销往台湾，引起强烈反响。

1993 年，邹龙生创办华安玉板材厂，林玉周生产华安玉枕巾和玉座垫，台商蔡学昌在良村良埔采石，在兴洋坂建厂，制作华安玉板材和实用保健品，拉开了华安玉开发的序幕。

1994 年 6 月，华安县政府批准成立华安九龙开发公司，以县农械厂为基础，生产华安玉系列产品。初创时期，由于华安玉坚硬无比，机械简陋，技术水平低，只能加工低端粗型号产品。废石多，耗材大，成本高，利润少。面对困难，县里重视人才培养和技术引进。选派 200 多名学员到惠安县学习玉雕技术，在华安职业中专开办首届“玉雕工艺班”3 期 90 多人。次年，华安又分别从北京、河南、江西和本省惠安请来 40 多位高级技术人员指导、创立巨龙工艺品有限公司和龙驹庄工艺品有限公司。学习全国各地硬玉加工的经验和技术，从选择金刚锯、片、砂的每一个环节探索起，引进地质使用的金刚石钻探工艺，提高镂空部分的成功率和光泽度。充分利用石材层理状多色彩的特点勾画出栩栩如生的人物、动物、景物、玩物、器皿等。具体有五谷、六畜、山水、风景、松竹、梅柳、花卉、鸟兽、香炉、古鼎、印章、茶具、花瓶、如意、腾龙、飞凤、骏马、人物、仕女、仙人佛像等，题材广泛，精品绝伦。华安玉雕刻制作的巨型狮象、麒麟、壁画、浮雕、龙柱、罗马柱等,造型奇特优美,色彩绚丽光洁,尽显高贵典雅之气势。

1996年,华安玉产业形成态势,其有持证矿山11个,年开采石材量2.5万吨。有包括天龙玉雕有限公司、和发玉石有限公司、华安巨龙工艺品有限公司、华安八达玉石工艺品有限公司、华安大兴工艺品有限公司、华安精丽华九龙璧石业有限公司、华安汉昌九龙璧石业有限公司、华安龙驹庄石业有限公司10家规模华安玉企业,源源不断开发出高级板材、工艺品、保健用品等上百种华安玉产品,销往北京、上海、深圳、港澳台、东南亚、日本、美国等国内外大城市。

进入21世纪以来,华安玉巨狮、玉麒麟分别雄踞在国家经贸委、国土资源部、中国人民银行等国家部委机关的大门口,形成一道独特的风景,彰显着华安玉的尊贵与豪放,为首都北京的靓丽增分添色。

2001年底,四根高3.65米,直径30厘米的华安玉“镂空透雕蝴蝶兰”柱荣登首都人民大会堂台湾厅。华安玉雕柱以台湾人民喜爱的蝴蝶兰花为主题,寓意台湾同胞“盼回归、思统一”的深刻内涵,达到思想性与艺术性的完美统一,博得国家宝玉石权威专家们的一致盛赞。

(二)集约开发,科学发展

2007年,华安县政府采用市场运作机制,投资12亿元在城南建设华安玉产业集中区,安排华安玉相关加工等产业入驻。园区位于华安奇石第一村罗溪村附近,面积5.4平方公里,分为加工区、展示区、游览区、交易区、储矿区五个功能区。占地50亩的华安玉综合交易市场(九龙商贸城)和奇石博物馆于2009年投入使用。加工区内的和发玉石、华玉石业、龙腾石材三家玉石企业被纳入规模企业管理。2008年,华安玉同业工会成立,引导华安玉企业进行产品创新。研发将玉石产品融入家居装修的各个角落,深受国内外客户的好评;技术创新,有发明滚动型360度翻转多角度切割机,加工出的石材又薄又轻,这种工艺占地面积小,省电,出材率高;管理创新,有单独核算研发经费,完善科技人员奖励制度。吸引大量本科、大专及有中级职称以上的管理、技术、营销人才；节能创新，有建设废水、废气处理设施，实现污水达标排放，企业生产用水全循环。大材大用，小材精用。既节约了宝贵的玉石资源，又减少了废弃物的排放，保护了生态环境。

从1992年起，华安县就严格规定从九龙江北溪罗溪桥到金山桥的10公里长河段为华安玉地质观光走廊，严禁石材开采。2007年5月，又颁布实施《华安县华安玉（九龙璧）奇石保护区管理规定》。2011年7月，公布实施《华安县矿产资源总体规划》。始终坚持科学布局，依法开发，引导华安玉产业朝着法治化、规模化、集约化、标准化，协调、可持续发展。

（三）赏石玩石，蓬勃兴起

1996年，华安玉奇石作品《关圣帝》获第四届中国藏石名人名家精品展览会金奖。华安玉奇石由此声名显赫，点石成金。从一吨二三十元涨到一枚成百上千过万乃至百万元，藏玉玩石蔚然成风，县内玩石人数呈几何级增长，全省赏石参与者约有2万人。占地3000多平方米的华安奇石博物馆集机关干部、农民群众的藏石精品于一室，吸引着国内外宾客赏石尽兴，乐陶其中，平均每天有参观者300多人。华安玉作为一种文化经济活动融入了大众生活，提升了百姓爱美、审美、赏美的热情。有关华安玉文化的研究日益深化，影响度不断扩大。原国家农业部部长何康、中国观赏石协会会长寿嘉华分别为华安玉题词："中华奇石、华安九龙璧"，"千姿百态九龙璧，石中珍宝华安玉"。

三、擂台唱戏，推升华安玉产业发展高度

1999年3月3日，华安玉首届评鉴拍卖会在华安宾馆五楼会议室隆重举行。专家们从参评的70多块华安玉天然奇石和工艺精品中评出一、二、三等奖共12块。其中，奇石类一等奖的《碧峦神韵》和工艺类一等奖的《十层花薰》分别被以15.2万元和8.5万元竞买，显示了华安玉的不凡身价和发展前景。

同年9月，《八骏马》《雄鹰》《东方醒狮》等12件华安玉雕精品

参加全国《光辉的历程》新中国成立五十周年成就展。江泽民、朱镕基、李瑞环、胡锦涛、李岚清等党和国家领导人莅临参观。

2000 年 1 月 3 日,华安县在华安灯光球场隆重举行首届中国华安玉奇石节。时任省委副书记、代省长习近平发来贺电。贺电说:“一元复始,万象更新。在普天同庆新千年之际,华安县为带动生态旅游业及相关产业的快速发展,隆重举办首届中国华安玉(九龙璧)奇石节,特向你们表示热烈祝贺。”时任省人大主任袁启彤在贺信中说:“华安县举办奇石节活动,发挥地方特色,以石会友,拓展市场,寻找机遇,对促进地方经济发展将起到积极的作用。希望通过奇石节活动,展示奇石风采,吸引更多人到华安投资兴业,在新世纪争创新的辉煌。”时任副省长曹德淦的贺信是:“改革开放以来,华安县立足实际,充分发挥山区资源优势,大力发展特色经济取得显著成效。华安县隆重举办首届华安玉奇石节,以石为媒,广交朋友,扩大影响,促进地方经济发展。这是一件很有意义的活动。希望华安县通过这次活动的举办,进一步加快山海协作步伐,促进山区经济迅速崛起,扎实推进新一轮创业,创造更加灿烂辉煌的新纪元。”

奇石节展区设有玉雕精品馆、奇石馆和相关展室 30 间。作品千姿百态,美不胜收。诚如“沉睡万年始唤醒,点石成金终闪光”。

常务副县长蒋一婷主持华安玉精品拍卖会。天然奇石《巍巍昆仑·大玉峰》和玉雕工艺品《雄鹰》分别以 168 万元和 28 万元被竞价拍卖,引起轰动。

首届华安县奇石节成果丰硕,产生了良好的经济效益和社会效益。在奇石节研讨会上,玉石专家们一致同意把华安九龙璧定名为“华安玉”。

2000 年 2 月,300 多件华安玉奇石和玉雕作品参加在福州特艺城举办的福建候选“国石”精品迎春展。奇石类《满载而归》、工艺类《昭君观梅壶》等 13 件华安玉精品分别获得金奖、银奖和铜奖,另有 37 件作品获得优秀奖。

同一时间,华安玉精美作品(奇石、玉雕各 50 件)还参加第十八届全国珠宝、首饰暨第二届“国石”候选石精品展。奇石类《盼》《古堡》,玉雕类《万马奔腾》《石头记》等8件作品分别获得精品奖和优秀奖。华安县委书记谢毅泰带领的华安玉参展团10人出席精品展。

在第二届中国国石研讨会上,许多专家认为华安玉是新玉种,是石业界的后起之秀,对中国玉石文化的发展起到了积极的推动作用。通过3天展示和2天研讨,"福建华安玉"荣登中国"国石"候选石金榜。中国宝玉石协会为"福建华安玉石"颁发了"中国国石候选石"证书。

2001年5月,省国土资源厅和省宝玉石协会在福州藏天园举办"八闽名石""省石"精石展览与评选活动。华安玉获得"八闽名石"荣誉称号。

2001年9月,华安玉再次赴北京民族文化宫参加第三次"国石"候选石精品展。经中国宝玉石协会专家们认真评鉴,华安玉工艺品《十二生肖》获金奖,《大象》获银奖,华安玉奇石精品《文武双全》获银奖。时任中共中央政治局委员、北京市委书记贾庆林观后高度赞美华安玉奇石不愧为"天赐瑰宝"。

四、华安玉产业取得巨大成就

从20世纪90年代到2012年的二十余年时间里,华安玉产业从无到有、从小到大、从大到强,拥有集体、私营、个体、股份制等多种经济成分。华安玉加工企业上百家,拥有大切102台,中切107台,小切46台,从业人员3000多人。全县有华安玉奇石店150余家,华安玉产品连锁店遍布全国各地,从业人员近千人,年销售额约5000万元,年创产值上亿元,成为华安县的一个特色经济产业。华安玉先后获得"漳州市石""八闽名石""中国四大名玉""国石候选石"等荣誉称号。它与电力、冶金、竹木加工、食品加工、精细化工构成我县六大行业;与水果、养殖、林产业、绿色食品构成我县五大科技示范基地;与绿(林果竹茶)、白(水能资源)构成我县三大特色经济,推动着华安经济建设不断迈上新的台阶。

华安玉见证了华安老区人民改革开放、走向幸福的光辉历程,培育了一大批锐意进取、勇攀高峰的石业精英,为华安人民带来了巨大的物质财富、文化财富和精神财富。她与山水鸟兽、花草树木、一流空气、世遗土楼和芳香铁观音茶叶共同铸就了华安特有的美丽生态名片，在新的征程上为建设富美新华安带来新的机遇和辉煌。

第五节　工业强县见成效

华安县地处闽南山区，为传统农业县。新中国建立前夕，华安工业一片空白，直到解放初期，全县才创办一家小型私营印刷厂。改革开放前，这里由于道路交通不便，电力能源缺乏，工业发展缓慢。

一、改革开放前华安工业状况

20世纪70年代，全县的工业企业大多规模小，产值低。如华安石墨厂年产石墨粉1967吨，产值117.9万元。潭口化肥厂生产过磷酸钙化肥490吨，华安铁厂年产型焦2801吨，生铁1458吨，产值37.31万元。仙都公社9个大队自办瓷厂，生产碗、盘、汤匙等，龙径糖厂年产榨糖2290.3吨。效益较好的企业要数县农业机械厂，年产10万件柴油机配件，产值100余万元。1978年，全县工业总产值1475.70万元，其中占比：轻工业905.39万元，重工业570.31万元；全民所有制1385.88万元，集体所有制89.82万元。落后的工业经济状况远远适应不了人民群众对幸福生活的追求。

二、华安工业发展经历

(一)所有制的破茧重生

华安县的工业发展走过了由弱到兴再到强的艰辛历程。

1978年12月，党的十一届三中全会吹响了改革开放的号角。华安县委、县政府从县情出发，大胆探索、锐意进行所有制改革，解放生产力，改变华安工业落后面貌。

1987年10月，华安县工业部门开始推行经营承包责任制，试行租赁制和股份制等经营形式。1992 年 4 月，县成立深化企业改革领导小组，贯彻国务院制定的《全民所有制工业企业转化经营机制条例》，实行“自主自营，自负盈亏，自我约束，自我发展”模式。1995 年 12 月，县委、县政府“抓大放小”，加快国有企业改革，制定《进一步加快国有企业改革改制试行意见》，并转发贯彻《漳州市国有工业企业股份合作制改造暂时规定》文件。企业改制分为租赁承包、出售拍卖、依法破产、改制分流四种模式。打破了“一大二公”旧的生产经营体制的弊端，经营模式由单一转向多种。承包方集责、权、利于一体，调动了管理人员与生产工人的积极性。一些不良企业的依法破产减轻了国家的负担。企业改制、破茧重生，拉开了华安工业改革的序幕。

（二）工业兴县　吹响号角

1996 年，中共华安县委第八次党代会提出了“运足内力，巧借外力，富山兴县，强工腾飞”的经济发展战略，全县产业结构开始大踏步由农业为主转向以工业为主的方向发展。

1997 年工业产值达到 9.78 亿元，增长 16.9%。1998 年，全县工业总产值 8.59 亿元，是 1993 年的 2.89 倍。全县有工业企业 1307 家，其中重工业 253 家，轻工业 1054 家，企业总数比 1993 年增加了 351 家。以电力、冶金、竹木加工、华安玉加工、食品加工、精细化工为主要产业的六大行业年创产值 7.8 亿元，占全部工业产值的87.6%。

1999 年，华安县国有企业产值、利税的增长速度及产销率等主要指标的综合比位于全市第三名。县政府重视抓好集体企业改革，促进停产企业恢复生产。原丰山绿源公司复产后实现年生产罐头 1800 吨，年创产值 1300 万元。丰山磷肥厂、华丰九龙水泥厂等 5 家复产企业新创产值 3000 多万元。当年新创办 36 家产值上 500 万元的工业企业。全县工业总产值 13.2 亿元。其中 500 万元以上工业企业产值 1.38 亿元。

2000 年，全县工业产值实现 10.44 亿元，比增 12.8%，其中规模工业产值 2.68 亿元，比增 11.5%。

同年,县政府出台了《关于加快工业化进程的若干意见》,形成"以电兴工、资源加工、发挥优势、放开发展"的工业发展思路。大力推进工业化进程,资源产业发展初具规模。全县共有竹凉席加工厂609家,产量达300万床,品型多种多样,质量不断提高,销售额过3亿元。华安玉产业发展同样迅猛,年创产值1亿多元。

2002年,全县工业总产值实现13.03亿元,比增10.3%,规模以上工业产值完成4.2亿元,增长20.8%。丰富的电能为招商引资提供了良好的条件。闽台开发区新引进3家工业企业,三川钢管公司投资700万元新上两条生产线。仙都镇引进一家年产5万吨的冶金企业。沙建镇引进志丰针织厂。金山钢铁联铸动工兴建。

2003年,华安县第十次党代会提出:立足基本县情,继续实施"工业兴县,兴茶富民"经济发展战略,工业发展迈出新步伐。是年,全县规模以上工业产值5.08亿元,是1998年的2.54倍,平均年增长40%。主要成绩体现在水电及电力关联产业保持较好发展势头。全县新投产水电站85座,扩建电站16座,总装机13.5万千瓦。裕兴联铸、紫升锻造、氧化锆等一批用电大户相继落户我县。竹木类资源加工稳步发展。全县竹凉席产量突破1000万床,创年产值7亿多元,解决农村劳动力就业1.5万人,是全国最大的竹凉席生产基地县之一。仙都竹制品有限公司生产的竹凉席打入沃尔玛超市,企业被确定为省级龙头企业。联达木业公司获得生产企业自营进出口权,产品全部出口。全县投入4500万元建设金山、仙都、新圩、闽台农业开发区等6个工业小区。内引外联成效显著。全县新办个私企业1676家,内联企业208家,三资企业18家,工业投资7亿元。

2005年,全县工业总产值完成16.69亿元,增长19.3%。新增规模工业8家,总数达26家。规模以上工业完成产值6.12亿元,增长53.4%。全县新建成投产工业项目35个,总投资3.9亿元,其中包括利水电站、绵良电站一期、氧化锆二期、龙发结晶硅等大型项目。

2006年,全县工业发展形成优势。全年工业产值实现19.89亿元,完成年计划的111%,增长30.2%。新增规模工业12家,总数达

37家。规模工业产值突破10亿元,现价增长65.2%,增幅全市第二。全年新引进51个工业项目,总投资24.47亿元。全县在建工业项目41个,总投资21.5亿元,其中投资上千万元的有26个,投资上亿元的有5个。达产后年可创产值25亿元,新增税收1.5亿元。全县初步形成了电力光电、精细化工、建材玻璃、汽车配件和家具等特色产业。

2007年,全县有26个项目建成投产,工业产值26.82亿元,增长32.3%,完成年计划的103.6%。其中规模工业总数40家,完成产值16.37亿元,增长53.3%,增幅全市第一。全县新引进工业项目48个,其中上亿元的项目有13个。11月16日,全县共有总投资46.43亿元的24个项目奠基剪彩。

2008年,工业税收1.42亿元,占财政总收入的60.9%。国税收入总量超过全市五个县区,增幅全省第三。全年共投产工业项目25个,累计投资8.59亿元。

2009年,全年新引进工业项目54个,总投资37.25亿元。新投产工业项目32个,总投资12.99亿元。

2011年,全县工业税收达2亿元,增长28.7%。全年纳税上千万元的企业有9家,比2010年增加2家,上缴税收1.35亿元。

从2007年到2011年,华安县四个年度被评为“福建省县域经济发展十佳县”,经济社会面貌发生了翻天覆地的变化,摆脱了全省经济欠发达县的行列。

(三)建设华安工业集中区

进入21世纪以来,华安大力实施“工业兴县”发展战略,把工业作为重中之重来抓,全力推进工业发展。2003年11月19日,华安县第十次党代会提出:建设华安(丰山)工业园区。这是市委、市政府贯彻省委、省政府提出的“构建三条战略通道”,加快区域经济步伐的重要举措,是吸引外资加快工业化进程,促进华安经济发展的时代要求。

2005年初,华安县采取创新项目引进机制,“飞地办工业”模式,选择靠近漳州,具备集中兴办工业条件的丰山镇建设“华安工业集中区”。县里成立华安工业集中区开发建设领导小组。在丰山镇划出30平方公里土地作为工业集中区的首批用地,着手征地、拆迁、赔青等工作。全县各部门全力支持工业集中区建设,在行政审批、企业办证、办照等方面为投资者提供最优质、最温馨的软环境服务。

2006年,华安县着力完善华安工业集中区基础配套设施。完成漳华路集中区路段四车道拓宽改造工程规划设计,抓紧工业集中区办公楼、道路、医院建设,着手区域环评,有序开展征地,潭口大桥建成通车,共引进20多亿元的项目。

2007年,利胜电光源部分厂房投入使用,招聘员工近千人。龙翔工业园草酸项目完成厂房建设并抓紧设备安装中。盈晟纸业、新欣木业等一大批大项目陆续建成投产,逐步形成光电、建材、纸业、汽配、化工、家具、制造、食品、玻璃加工等工业群体。全部项目达产后,年可创产值100亿元以上,税收5亿元。

2008年,华安工业集中区建设取得新进展,共有总投资100多亿元的60多个项目落户集中区。其中总投资35亿元的艺科环境科技是华安县有史以来引进的最大项目。龙翔工业草酸等项目相继投产,利胜电光源扩建扩产。工业集中区主干道、银塘110千伏变电站、医院、汽车站等配套工程抓紧建设中。全年征地6500亩,有效提供用地保障,招商引资不断取得新成效。

2009年,工业集中区在建项目58个,总投资89.37亿元。其中总投资12亿元的佳具群家具城,总投资3.5亿元的法拉电子,总投资3亿元的万享欣机械制造,总投资1.2亿元的玉兰精糖等重大项目有序推进。投入700万元加快工业新区配套设施建设。工业集中区税务分局办公楼投入使用。龙翔工业园过网供电正式获批。

2010年,华安县筹集1.462亿元,进一步完善工业集中区路、水电等基础设施。九龙大道、南北大道、浦角线和长新路等主干道建成通车。总投资3000万元的开发区污水处理厂开工建设。新建工业厂房28.5万平方米。新开工项目38个,总投资40.2亿元,其中亿元以上项目13个,投产项目总数达到91家,形成新社、前宅、长富、龙翔、九龙、大洲一区六园发展格局。

华安工业集中区充分利用土地、电力、税收等优惠政策和交通便捷、地理位置优越的条件，主动承接厦漳泉的扩张和转移项目，招商引资成果丰硕，工业规模不断扩大。

工业集中区积极开展“帮企业渡难关，帮项目破难题”的服务保障工作，加大融资力度。召开政银企融资对接会，41 家企业与 9 家金融机构成功对接。贷款金额 43.8 亿元，向上争取无偿补助资金 4.09 亿元，有力保障项目建设资金需求。创新征地工作机制，新征土地 4583 亩，整理土地 2540 亩，补充耕地 1520 亩。帮助企业招工 21500 多人，负责推荐就业 6000 多人次，加快企业发展。

2009 年，华安工业集中区被福建省信息产业厅授予“福建省光电产业园”称号，被国家商务部、科技部授予“国家科技兴贸创新基地”称号。2010 年 12 月，华安工业集中区被福建省政府批准为省级经济开发区。

2011 年，华安经济开发区税收突破 2 亿元，成功实现了从 1 亿元到 2 亿元的新跨越。仅 2012 年 1—6 月，税收就达 1.57 亿元，同比增长 134.32％，居全市第一。

从 2005 年到 2012 年短短几年时间，华安经济开发区从无到有，从小到大，从大到强，打造了承载全县招商引资的飞地工业平台，将各个乡镇的招商项目统一集中在园区里，有效避免了到处都高炉、漫山皆烟雾的状况。这既满足了企业发展经济的要求，又保护了华安的青山绿水，既拓宽了百姓就业的门路，又提高了服务企业的水平，实现了地方经济、企业发展、农民收入、环境保护等多方面的互利共赢。它是漳州市北部经济增长极，是华安县“工业兴县”的主战场和新时期华安经济的半壁江山，是华安人民改革开放、艰苦创业的伟大成果和献给新时代的杰出作品。

三、工业兴县使华安旧貌变新颜

工业兴县的巨大成就，使华安县跨入了工业强县的行列，人民群众的幸福感和获得感不断增强。例如，华丰镇银和村过去是个贫穷、偏僻的小山村,农民人均年纯收入在全县平均线以下,村中适婚女青年纷纷外嫁,村里小伙十有八九异地当起“过门女婿”。在“工业兴县”的浪潮中,全村利用丰富的竹林资源办起了近百家竹凉席加工厂,年产竹凉席 20 万床销往全国各地,年创产值 2500 万元。农民群众因此过上了好日子。40 多位远地女青年嫁进银和落户、扎根。新村建设也别具一格。34 幢农民别墅错落有致掩映在青山翠竹绿水之间。村里还办起了农家乐旅游项目。银和村成为“漳州市新村建设先进示范村”和全省“小康百佳村”。华丰镇银和村在“工业兴县”中的山村巨变,只是全县其中一个缩影。类似银和村旧貌换新颜的,华安革命老区比比皆是。

第六节　道路建设谱新篇

一、解放前后华安交通状况

华安境内,群山连绵,交通不便。解放前民众外出的唯一通道是水上航运,需到新圩码头乘船远行。新中国成立后,于 1957 年 1 月全线通车的鹰厦铁路穿越华安县境 89 公里,沟通了华安与外界的联系,促进了华安经济的发展。至 1978 年,华安境内建设有 4 条县级沙石路面公路。一条是华安县城通往仙都 23.5 公里的山区简易公路。另一条是旧漳华公路,由华安县城途经金山、高车、际头、绵治、上坪、汰内至漳州,华安境内全长 77 公里。这条路路窄、弯多、坡陡,行车不安全,速度又缓慢,从华安县城到漳州大约需要 4 个小时。另两条分别是际头至马坑公路,全长 31.46 公里和西埔至金山公路,全长 18 公里。

由于公路交通设施落后,出入华安的大量货物运输要通过铁路和水路。因铁路货运紧张,车皮指标需要申请批项,而且多番装卸,有些不便。水路则以放木排和船运。全县许多生产大队没有通公路,有的也只是泥巴路。雨天满脚泥,晴天尘土扬。农民收割粮食靠肩挑手扛，独轮车和板车是那时农村中常见的运输工具。

华安县城只有大同路、靖河路、农林路3条街道。主街道大同路长约400米，宽3米。遇圩日高峰时段，人们摩肩接踵，寸步难行，由今华安县农村信用社到中国银行300米街道要走半个小时。落后的交通状况严重制约着华安经济的发展。

二、改革开放后华安公路建设

（一）举全县之力修建公路

改革开放以来，历届华安县委、县政府秉持"要想富，先修路"的执政理念，披荆斩棘，开山筑路，奋力谱写华安交通事业的新篇章。

1986年，我县建成了解放以来最大的一项基础设施工程——丰山大桥。丰山大桥属T型灌注桩式钢筋混凝土构造。桥长412米，宽9米，共20孔，每孔净跨20米。桥的两端为框架式桥台。丰山大桥连接了丰山与漳州和华安县城之间的交通，极大鼓舞了华安人民修路造桥的信心。同年，由爱国华侨陈步清捐资，侨亲筹款，县政府拨款支持，林场群众筹资修建的湖林石井公路也竣工通车。

1995年5月1日，西陂大桥建成通车。大桥长178米，投资275万元。10月29日，高龙公路（高安至南靖龙山）通车。工程投资573万元，全长24公里，可缩短高安至漳州里程20公里。

1999年初，华安县确定了包括道路建设在内的33个重点工程，多方筹集近2亿元资金投入建设。县领导经常深入挂钩建设项目现场办公，帮助解决具体困难，加快施工进度，把完善旅游交通设施建设、提高公路等级作为献给新千年的厚礼。

2000年1月，总投资9740万元，长31公里，工期五年的"闽中通道"华安段（华安城关至漳平小杞）建成通车。"闽中通道"是连接闽西南、闽中南、山区通往沿海，助力经济腾飞的交通主干线，也是我县城关通往北溪漂流和竹种园、民俗风情园旅游景点的必经之路。县投资1500万元改造连接省道围禾线，通往"土楼之王·二宜楼"和国家级重点文物保护单位——南山宫的城关至流塘桥9.4公里泥土公路为沥青路面。两支施工队伍200多个工人风餐露宿，夜以继日移电杆、拆电线、砌涵洞、修路面、建设挡土墙，加快工程进度。通往省级森林公园长34公里的贡鸭山公路也拓宽改造完成。全县新改造成的四条“新千年生态之旅”公路成为华安的一道道美丽风景线。

2003年，福建省政府出台了一系列农村道路硬化工程补助政策。鼓励各地在3年内完成农村道路硬化。我县上报省交通厅获批补助212公里农村道路硬化工程。每公里村道、乡道、县道各补助10万元、20万元、30万元。当年，全县完成道路硬化工程26条计60公里。另有15条在测设招投标中。县里抓住机遇，多方筹措资金，把农村道路硬化工程当成为民办实事的一项重要工作来抓。这一年，省道金上线华安段改建工程前期工作也基本完成，省交通厅每公里补助我县工程款60万元共1800万元。

2004年3月15日，全县农村公路建设动员大会召开。会议传达贯彻落实全省农村公路建设会议精神和全市农村道路建设专题研讨会精神。县政府领导在会上就我县农村公路建设所面临的形势和任务进行了全面的分析，对加快我县农村公路建设进行再动员、再部署。并强调指出：抢抓机遇，加快我县农村道路建设是摆在全县干部面前的一个重大责任，也是促进农村经济发展，全面建设小康社会的必然要求。要加强领导，落实责任，加大宣传，调动群众积极性，多方筹资，用足政策，突出重点，分步实施，加强防范，安全施工，严格验收，确保质量。

仙都镇干部群众重视农村道路建设。各村抢抓省政府补助机遇，多方筹措资金，千方百计修路，争先上报“硬化工程”项目。全镇共有市后、先锋、云山、岭埔、下林、招坑、高村、送坑等行政村实施农村道路硬化工程，共修建村道50公里。云山村宫仔洋3个村民小组居住分散，离村主干道较远。为方便交通，促进茶叶经济发展，3个村民小组在镇与村的支持下，每人口筹资500元，修建了一条2公里多的水泥路。深圳商人蒋兴辉回仙都高村探亲，赞助家乡20万元，激发、带动了全村300多名群众一起捐资修路的热情，兴建了一条7.8公里通往镇区的主干道。

城区道路旧貌换新颜。1984 年，靖河路改铺水泥路面，并向华电坝址延伸至与大同路汇合。全长 1129 米，路幅 12 米，其中车行道 7 米，北侧人行道和绿化带 3.8 米。重修农林路。从火车站招待所到华电坝址与大同路、靖河路交会，全长 1026 米，宽 10～12 米，全为水泥路面。1986 年，兴建大同西路，从坝头经兴洋坂到城关糖厂，长 1700 米，宽 7.5～9 米。1987 年 11 月，县委、县政府搬迁至城关九龙江北侧平湖路 5 号办公。次年 8 月，平湖西路（县人武部至一中）铺设石板路，90 年代又改铺水泥路。同期，兴洋坂至下坂梨仔坪路段拓宽至 18 米，道路名为：迎宾大道，成为华安县城的入口形象工程。1998 年城关大桥、城关立交匝道、温水溪桥拓宽等工程竣工通车。城关大桥把平湖路和大同路连接起来，是漳平至漳州途经华安的主要桥梁道路。

2004 年 10 月 1 日，我县在马坑乡隆重举行良马线公路改建工程开工典礼。良马线属县级公路。连接高车乡、高安镇、马坑乡三个乡镇，涉及人口 2 万多人。原长 64 公里，为简易泥碎石路面。路弯坡陡，交通不便，是制约华安西部沿线群众生产、生活的瓶颈。

良马线按四级公路标准改建。改建工程长约 50 公里，路基设计宽 6.5 米，水泥路面设计宽 5.5 米，总投资 3000 万元。工程竣工后，马坑乡可与漳平永福镇相对接，高安镇与 319 国道相连通。

2007 年 2 月 8 日，我县举行良马线公路改建工程通车典礼。沿线三个乡镇上万名干部群众满怀喜悦之情，燃放鞭炮，热烈祝贺这一致富路、幸福路的建成。

从 2004 到 2007 年，县里决定每年建设 100 多公里农村公路，确保三年内完成全县 547 公里农村道路硬化任务，基本实现通行政村公路全硬化。2004 年，全县完成农村水泥公路建设 139.8 公里，完成市政府下达 111 公里年度建设任务的 125%，是我县农村公路建设史上投资总额最大、建设里程最长的一年。

2005 年 11 月 12 日，省道（308）金上线华安段工程（自华安与安溪交界的石坂水电站至华安与漳平交界的白溪）开工。该工程全长 38.1 公里，规划按二级公路技术标准改造。工程概算总投资 7000

多万元，合同工期18个月。

省道金上线华安段是闽西龙岩地区连接闽南“金三角”地带的重要通道，也是原南京军区国防公路战役干线之一。公路的改建，有利于改善山区交通条件和投资环境，有利于完善区域路网布局，提高国防交通运输保障能力，有利于加强华安与安溪茶产业的交流协作，促进茶区经济繁荣发展。

2007年，是我县“农村公路建设攻坚年”。县里抓住省补助政策最后一年和“一县一议”的机遇，攻坚克难，加快进度。高沙线、高龙线等主要公路相继竣工，全县91个行政村全都通水泥路。至此，全县共铺设县道水泥路600多公里，基本形成以“三纵三横”为枢纽，以农村道路为支线的便捷交通网络，为偏远山区群众铺就了一条条通往小康社会的阳光道，有力推进农民脱贫致富和新农村建设的步伐。2007年全县农民人均纯收入5903元，比2004年增加近2000元。

2009和2010两年，华安县继续投入2800万元，完成13条计35公里农村道路硬化和5座危桥改造。长18公里的县道华马线(罗溪至高石段)建成通车。厦成、福广两条过境高速(华安段)相继开工建设，省道金上线一、二期工程完成建设任务。

蜿蜒曲折的九龙江北溪在华安境内有107公里，一江天堑给两岸群众的生产生活带来了极大的不便。为解决这一困扰华安群众千百年来的难题，华安县委、县政府运足内力、巧借外力，发挥政策扶持、山海协作、项目捆绑、能人作用等各项优势建设跨江大桥。福建龙泉工贸有限公司在投资5亿元建设龙翔工业园的同时，配套建设一座投资1400万元，长368米、宽11米的潭口工业大桥。以此为模式的还有绵良大桥、城东大桥、利水大桥3座依项目捆绑兴建的大桥，为当地政府取得了节省资金投入、实现资源开发、发展地方经济、方便群众交通等多重效益。华安县还发挥与漳州芗城区、厦门思明区山海协作、对口帮扶的优势，取得厦门鹭江、梧村等街道办事处的大力支持，积极引进资金投入公路建设。

2012年10月8日，漳永(漳州到永安)高速公路漳州段工程在华安大洲工业园隆重举行开工典礼。

漳永高速公路是《海峡西岸经济区高速公路网布局规划》"三纵八横三环三十三联"的重要组成部分，是闽中西部及江西、湖南等内地通往厦门、漳州沿海港口的快速通道。漳州段起于华安玉兰村，终于漳平小杞处，全长67.141公里，概算投资61.12亿元，规划全线采用高速路标准建设，工期三年，于2015年建成通车。漳永高速华安段，设有一个服务区和四个（华安城关、新圩、沙建、丰山）高速出入口收费站。它的建成结束了华安没有高速公路的历史，为华安经济的发展插上腾飞的翅膀，为加快构建八闽"海西大港口、大通道、大物流"，建设更加富美、更加和谐、更加幸福的福建发挥了巨大的作用。

（二）建设漳华公路

1989年3月，省计委批准华安县改建华安至漳州沿九龙江公路（新圩至汰口、潭口至汰口段），称为"华安沿江公路"，按三级山岭重丘区技术标准核准改造，全长81公里，路基宽7.5米，总投资2400多万元（其中干部、群众集资82万元）。与旧漳华公路相比，新路段提高了公路等级，缩短了华安至漳州通车里程24公里，客车行程时间1小时。经五年建设，华安沿江公路（新圩至潭口段）改造工程于1995年元月竣工通车。

原黄枣大桥曾经是闽中通道重要桥梁之一

2001年12月28日，漳华公路华安段（原华安沿江公路）改造工程开工。

漳华公路华安段是华安县通往漳州的唯一通道和经济命脉，是我省中部三明、永安至漳州(省道208西港线)最便捷道路的一段，是“八纵九横”省级干线的重要组成部分和原南京军区国防公路战役干线之一。长期以来，公路等级低、线型差，严重制约了我县经济的发展。在县委、县政府的积极争取下，有关方面决定对该路段进行改建。改建工程被列入漳州市重点工程项目和漳诏福建公路捆绑建设项目。工程建成后，公路等级提高数倍。华安通往漳州可缩短行车里程13公里、行车时间1.5小时，极大改善了我县的交通条件和投资环境，推动华安经济社会快速发展。

在漳华公路拓宽改造期间，由于汰口大桥、黄枣大桥被鉴定为危桥，限制车辆通行。旧的路段毁坏也严重，车辆行驶缓慢。而车辆绕道安溪又远，加大了运输成本，造成一些企业停工待料或产品滞销。部分乡镇农副产品和农药化肥出难进难，极大影响了生产发展和群众生活。为早日建成通车，促进经济发展，工程全线五个标段定时间、定任务，1000多名工人加班加点，加快施工进度，确保工期进展。

2002年6月12日，漳华公路拓宽改造工程的重点项目——红旗山隧道工程开工。当时，红旗山隧道工程是华安乃至漳州公路建设史上投资最多、里程最长、工程最大的公路隧道重点项目。隧道全长2150米，高5米，宽10.5米，计划行车速度40公里/小时，总投资8043.6万元，工期14个月。承建单位中铁19局负责进洞开挖，总长800多米；隧道局负责新圩红旗山出洞开挖，总长1公里多。

2003年底，受钢筋水泥涨价的影响，漳华公路改建工程一度受阻。在省市有关部门及市领导的重视下，经多方协调，工程得以顺利进展。截至2003年5月，漳华公路(华安段)改造工程累计完成投资8976万元，占总投资的38.2%，隧道开挖进尺1230米，占57%，隧道衬砌进尺500米，占23%，桥梁钻孔灌注桩54根，桥梁墩柱34根，均占100%，路基挖土石方185万立方米，占82%，路基填方60万立方米，占48%，涵洞100道，1450米，占68%，防护工程2.56万立方米，占53%。有望于2004年元旦完成路基、路面、桥涵、隧道等主体工程。

2003年11月8日，漳华公路红旗山隧道贯通，标志着漳华公路华安段改造工程建设进入了一个新的阶段。

2005年11月21日，我县隆重举行漳华公路华安段建成通车典礼。漳华公路华安段工程历时两年半，达部颁二级公路技术标准建设要求，全长43.1公里（含红旗山隧道2.1公里），总投资2.3亿元。它的建成通车，进一步改善、优化了我县的交通条件和投资环境，对于推进华安经济建设和社会事业的发展具有十分重要的意义，是一项功在当代、利在千秋的伟大工程。

三、道路建设助推华安加快发展

修路造桥意在兴我华安，众志成城共创交通辉煌。改革开放35年间（1978—2012），华安公路里程不断延伸，公路等级不断提升，公路作用不断显现。全县共投资8亿元，建成1286公里的省道、县道、乡道、村道水泥路和10座跨九龙江公路大桥，实现了区位优势的快速转换和经济社会的跨越发展。华安已由过去全省山区贫困县变为“县域经济发展十佳县”和全国生态建设示范县。环境优美，社会和谐，市政建设不断完善。便捷的交通缩短了华安与厦漳泉龙的距离，成为1小时内生活圈。到华安投资兴业、旅游观光的人们越来越多，人民群众的幸福感和获得感不断增强。

第七节　教育事业展宏图

“文化大革命”期间，华安县教育阵地、教学设施、教育秩序、教师队伍受到严重破坏。教育、教学质量断崖式下降。党的十一届三中全会以后，教育战线拨乱反正，正本清源。各级党政领导和社会各界重视教育，在集资办学、勤工俭学、师资建设、德育工作、教学成绩、职业教育各方面谱写了一个又一个教育新篇章。

一、集资办学

1979 年后，华安县采取许多集资举措，优先发展教育事业。据不完全统计，1979—1983 年的五年间，全县多形式集资办学的金额达 195.5 万元。新建、扩建校舍面积 7244 平方米，修复危险校舍 9083 平方米，添置课桌椅 3222 套及其他教学设备。1982 年，新圩公社华山大队农民方振忠独资 15000 元，三年持办一个教学班，让这个偏僻小山村几户人家的孩子都能读完初小再转到中心学校续读。

1984 年，华安县成立教育基金会，县长任会长，切实加强领导，促进群众集资办学。1985 年，华安水力发电厂大力支持华安六中由黄枣迁址红旗山，捐资 10 万元兴建教学楼。同年 7 月，县政府成立学校“一无二有”(校校无危房、班班有教室、人人有课桌椅)领导小组。县委、县政府发出《关于进一步开展多层次、多形式的集资办学活动，实现全县“一无二有”》的文件，全县兴起集资办学的热潮，出现“不修庙宇建学校，拆掉祠堂盖学堂”的新气象。县政府还制定 5∶1的拨款补助办法(即群众集资 5 元，政府拨款 1 元)，对贫困地区则以适当照顾的方法，调动他们的集资办学热情。这一年，全县 37 个村办林场将伐木出售的 50%收益投入教育。仙都镇的村级干部两年未领工资津贴，筹集村财优先发展教育，并带动群众集资 8 万元，兴建了仙都中心小学教学楼。草坂村村主任和党支部书记带头捐资建校，上田村村长让出 2.4 分自留地建村小学校舍，并把自家卖耕牛的 1500 元钱借给学校基建用，带领 32 名党员参与建校义务劳动。热心教育的感人事迹，不胜枚举。

1986 年，县部分小学遭受 7 号强台风袭击，共倒塌校舍 42 间 2570 平方米，波及受损面积 7610 平方米。面对灾情，县委书记叶正芬反复强调，“再穷不能穷教育，再苦不能苦孩子”。各部门、各乡镇建立目标管理责任制，把集资办学、修缮校舍、实现“一无二有”列入农村“五大指标”评比和各级领导任期责任制内容。各乡村不仅修复了危房，还新建了一批校舍。

在集资办学进程中，县教育局主动争取有关部门的支持，县财政部门追加基建经费，县计委及时供应水泥 1379 吨，钢材 24.6 吨，基建部门图纸设计费只收 50％等。

1984—1987 四年间，全县集资新建、扩建的教室可容纳 15745 个学生课座，新造课桌凳 1730 副，兴建教师宿舍 197 间，修复各种校舍面积 13488 平方米。

1988 年，我县征收农村教育附加费 37.98 万元，比上年增长 4.5 倍。同年，经省市联合检查组审核，确认华安县小学如期实现“一无二有”的标准，获得省财政厅的奖励。华丰镇草坂村被评为省集资办学先进单位。仙都镇上苑村党支部书记刘金水、教育局陈建章被评为省集资办学先进个人。

1989 年，湖林乡集资 38 万元兴建湖林中学教学楼。华丰镇筹资 75 万元兴建华丰初中教学楼。

1984—1990 年，全县多渠道集资 1270 万元（含海外侨胞捐资 35.33 万元），重点解决中小学危房，搞好配套工程，逐步完善学校设施，实现“一无十有”（无危房、有校舍、有校门、有围墙、有课桌椅、有操场、有厕所、有劳动生产基地、有德育基地、有升旗台、有宣传栏）奋斗目标。新建、扩建校舍总面积达 2909 平方米，修复建筑面积 17487 平方米。华安一中、实验小学、金山小学、草坂小学等中小学率先实现“一无十有”。全县涌现出华安水电厂、华安建筑公司、丰山镇、先锋村、草坂村 5 个集资建校红旗单位和 31 名捐资建校先进个人。

1995 年，全县共投入 5000 多万元，扩建校舍 6 万多平方米，扩大校园面积 12 万平方米，极大改善办学条件。

1994—1997 三年间，县财政对教育拨款占财政总支出的 37.5％，占教育总支出的 75.2％，发挥了县财主渠道作用。共完成危房改造 2.16 万平方米，扩建校舍 4.5 万平方米。

1999—2006 年，华安教育部门向上向外争取资金 3000 多万元，完成 27 所学校危房改造项目，建筑面积 52461 平方米，主体完成 9 所学校项目，建筑面积 8807 平方米。在建项目有华安一中教学楼、实验楼、学生公寓、县实验小学教学楼和中国女排捐建的“先锋希望小学”工程。总建筑面积 2872 平方米。

2011—2015 年,华安大力推进县域教育均衡发展。投巨资完成华丰中学、下坂中心小学、实验二幼、沙建中心小学四所学校的整体搬迁任务。全县办学条件不断得到改善。

中国女排捐建先锋希望小学的捐赠仪式留影

二、勤工俭学

1988 年,县政府发出文件,确定对各乡镇村社学校的勤工俭学基地进行“调、拨、补”,并发给有乡镇村委核定的土地凭证,落实校办农林场的土地使用权。际头小学于 1979 年开垦茶园。1985—1988 年收获干茶 5000 公斤,收入 3.6 万元。并扩大生产,套种坪山名柚 800 株。是年,际头小学被评为全国勤工俭学先进单位。校长康天金亦被评为省级劳动模范。1988 年,全县中小学开展“一校一地”“一生一果”活动,共植林果 1300 亩,勤工俭学收益 19.8 万元,生均 9 元。华安一中教学仪器厂取得国家教委的生产许可证,产品 32 种,年产值 28.5 万元。华安城关职业中学试验食用菌栽培获得成功,年产 1.7 万瓶。1990 年,全县中小学勤工俭学收入(含校办工厂)创收 32 万元,生均 15.79 元。学生既学到劳动技术知识,练就了本领,克服了轻视体力劳动与体力劳动者的思想,增强热爱劳动与劳动人民的感情,又为学校创造经济效益,改善办学条件,促进教育事业发展做出了贡献。华安县被评为省“农村中小学实现校校有劳动实验基地”先进单位。

三、师资建设

党的十一届三中全会以后，华安县大力弘扬尊师重教社会风气。有219位教师、教育工作者的冤假错案得以平反昭雪。至1990年，全县有88人被评为省、全国优秀教师、先进教育工作者。有54位教师分别当上市、县、省人大代表。三代以上连续从教的家族被编入《世代教师》。1983年，高车学区井仔口小学校长王绍碧被树为全县教师的楷模。他坚持山区教育30多年，为普及农村教育，培育人才，含辛茹苦，默默奉献，做出了突出的成绩，使井仔口小学成为全省农村教育的一面红旗。王绍碧先后被评为全国“五讲四美，为人师表”活动优秀教师，全国优秀教师，获得省“五一”劳动奖章荣誉称号，当选县人大常委、省人大代表。华安县委、县政府发专文，号召全县干部职工学习王绍碧热爱教育、甘于奉献的精神。

20世纪80年代初，由外县、市来华安任教的老师相继调回原籍。面对教师缺乏的现实，县里采取措施，于1983—1986年间，从莆田等地聘请了27名退休教师到华安一中、南海中学任教。同时动员本县考生积极报考师范院校。对青年教师采取大胆使用，加强指导，让他们在教育、教学实践中锻炼成长，以解决师资队伍青黄不接的问题。

1980—1990年连续11年，全县利用寒暑假期对中小学政工干部、入党积极分子进行培训，结合形势组织学习，部署新学年工作和人事调配；对新教师进行岗前培训、教育，激励他们学先进，树新风、教书育人，做合格教师。全县教师队伍的整体素质不断提高。

四、教学研究

20世纪80年代，全县教研活动的主要形式有：(1)建立、健全全县、学区、完小三级教研网络，制订计划，开展正常教研活动。(2)每学年举行一次全县性教学研究活动。实验小学成为全县教研活动的中心,还分别在仙都、丰山、高安、华丰、新圩、沙建等学区举行教研活动,充分挖掘各校教学特色,丰富教学研究内容,取得良好效果。(3)开展多种形式评教活动。一是为了推广某种经验,特安排全县示范性观摩教学课。二是开展同教材不同教者在不同班级施教的评优课活动。要求教者大胆改革创新,有自己独特的施教方案。三是开展群众性的教学汇报课。以完小为单位,每学期每位教师向全校教师开一节自定内容、自选时间的教学汇报课,以促进教研风气的形成,达到互相学习、取长补短、共同提高的目的。四是开展教学新秀评选活动。从完小到学区、县,逐级评优。共评出刘剑津(后为省教育厅党工委副书记)等24名青年教师为县级教坛新秀。

自20世纪80年代起,县先后成立语文、数学、外语、物理、化学、政治等学科教学研究会。开展专题讲座与经验交流,撰写、评选教学论文。通过"请进来与派出去"等途径,组织部分教学骨干教师到龙岩、漳平、厦门、莆田、福清、三明、漳州、长泰、南靖、东山等县、市参观学习,促进全县教学研究活动向纵深发展,有力提高师资业务水平。自2003年秋季起,全县初中、小学起始阶段开始实施"新课程",推动课程教学改革,加快普及高中阶段教育步伐。

五、德育工作

华安县重视学校德育工作,寓思想教育于一切教学活动之中。1979年,贯彻《中国少年先锋队工作条例》,切实加强少先队组织建设。1980年,县教育局发出《关于加强学生思想政治教育意见》文件,强调抓好校风、校纪,健全学校各项规章制度。1981年3月,各校响应全国总工会、共青团中央等9个单位联合发出的倡议,开展"文明礼貌月"活动,加强社会主义精神文明建设。贯彻部颁《中学生守则》《小学生守则》,加强学校法制纪律、思想品德教育。1982年3月,广泛开展"五讲四美三热爱"活动,即讲文明、讲礼貌、讲卫生、讲秩序、讲道德;心灵美、语言美、行为美、环境美;热爱祖国、热爱社会主义、热爱中国共产党。开展"学雷锋、树新风、创三好"活动。贯彻县委《关于加强教育工作若干问题的决定》精神，加强学生劳动与思想教育。贯彻教育部、团中央颁发的评选“三好学生”试行方案。1983年，开展关于国旗、国歌、国徽和中国版图的爱国主义教育，建立升降国旗制度。在“学雷锋、创三好”活动中，结合学习张海迪和我县为扑灭山火而英勇牺牲的杨梅英烈士事迹，召开“三好学生、优秀干部”表彰会，恢复、健全学校、家庭、社会共教共管制度。华安一中和华安实小获得省级文明单位称号。1984年12月，全县教育系统贯彻邓小平“教育要面向现代化，面向世界，面向未来”的指示和全国少代会精神，开展“创建文明班级、文明中队、文明学校活动”。实验小学五年4班中队被团中央、全国少工委授予“快乐中队”称号。1986年，各中学广泛开展理想、前途和法制教育。1987年全县各小学广泛开展“坚持四项基本原则”“反对资产阶级自由化”教育活动，强化少先队组织建设。通过互查，实现“五有”(有组织、有辅导员、有阵地、有制度、有活动)。暑期举办“快乐的小主人”夏令营活动。良村学区大燕小学四年级中队获“全国各族儿童勤巧小队友谊赛”最佳奖。高山族学生黄江凤到北京参加全国少年儿童夏令营活动，受到国家领导人邓颖超和乌兰夫的接见。草坂小学四年级甲班中队荣获省少先队“小主人在行动”活动最佳杯奖和全国少先队“以共产主义教育为中心的创造性活动”征文竞赛三等奖。1988年，开展以“小学生日常行为规范”为中心的教育与训练。通过少先队组织，开展形式多样的实践活动。县实小少先队大队被评为国家级百名“红旗大队”之一，荣获全国少工委奖励。华丰学区绵良小学“我们办起了队室”的活动项目，获省少先队活动奖章、全国红领巾小建设竞赛优秀奖。

1989年为贯彻《中共中央关于加强中小学德育工作的通知》，县成立德育工作领导小组，各校开展“学雷锋、学赖宁、学十佳”活动。建立德育基地，优化育人环境。县先后举办两期中小学生观看“革命传统教育影片”电影月活动和观后感征文竞赛及德育论文评奖。1990年，县委、县政府召开有16个单位领导参加的全县中小学德育工作会议。华安一中、绵良小学等10个单位于会上分别介绍了所在学校德育工作的先进经验。会议总结部署德育工作,表彰16个德育工作先进单位和26名德育优秀工作者。成立了县德育工作研讨会,提出了24条育人环境建设要求。

同年,县委、县政府召开为抢救落水儿童而牺牲的原五中学生杨春凤烈士命名与事迹报告会。教育局举办"学雷锋、学赖宁、学杨春凤"事迹演讲会,开展以"雷锋精神与当代学生"为主题的读书读报征文活动和纪念鸦片战争150周年、"迎亚运、庆国庆"系列爱国主义教育活动。各小学普遍设立图书角,有39所中小学建立图书馆(室)。全县中小学共有图书166937册。6月,省教委为全县98所完小图书角各赠送丛书一套,为少年儿童的成长提供健康、有益的精神食粮。读书读报,蔚然成风。

六、职业教育

1980年,华安县成立工农教育委员会,掀起群众性扫盲热潮,农村扫盲教育、业余教育开始新的转折,把学文化和学技术结合起来。1981年9月《人民日报》登载华安民校开展实用技术培训,普及科技,为农民致富与发展生产服务,深受农民欢迎的报道,引来南京雨花台区和栖霞区成人教育代表团参观。1984—1985年,全县职工教育着重搞好初中文化与初级技术的"双补"工作。此后,农村技术教育出现"乡乡举办培训班,村村呈现科学热"的新局面。职业教育采取多渠道、多形式联合办学,实行广播电视、函授与自学教育等类的成人大中专教育并逐步向高层次发展,成为教育体制中的一个重要组织部分,为各部门提高职工队伍素质,培育专业人才做出贡献。

1981年,新办城关职业中专,并逐步使之成为地方性强、具有独特办学模式的学校并有部分专业跨县招生。至1990年全县职业高中与普通高中在校比例已从1978年职高的空白上升为41∶59,改变了我县中等教育单一化的办学模式。

2007年,我县职业教育取得新突破,实招新生645人,完成率居全市前列。

2011年，华安职专与省内两所高校联办9个班级的大专班，为各行各业培养专门人才，对地方经济建设与社会发展起到积极作用。

七、教学成绩

1979年后，小学恢复学区建制。学校工作转到以教学为中心。1984—1985年，在邓小平“教育要面向现代化，面向世界，面向未来”和中共中央《关于教育体制改革的决定》精神指引下，华安县各级党政领导和社会各界群众戮力同心，为普及初等教育做了大量卓有成效的工作。各乡镇认真抓好“四率”达标，健全教学常规管理，致力校风、教风、学风建设，教学秩序井然。推广好的经验，教学质量获得较大提高。1985年，全县小学入学率96.9%，巩固率99.5%，毕业率98%，普及率93%。普及初等教育工作达到省颁“四率”标准，获省奖励。1987年，认真贯彻《义务教育法》，全县初考平均成绩名列全市第一名。

1991年，中考录取中专98人，中技34人。1992年，小学毕业会考及格率和优生率分别达到86.21%和48%，比上一年提高28.11%和12.11%。中考录取中专160人，比上年增加55人，创历史最高纪录；总分上500分的有45人，比上年增加23人；合格率由去年的71%提高到89.85%，综合比由去年的66.67%提高到87.18%。

1993年以来，认真贯彻中共中央《中国教育改革和发展纲要》文件，狠抓“教育两基”工作。至1997年，全县基本实现九年义务教育，基本扫除青壮年文盲，“教育两基”工作顺利通过市、省、国家的达标验收。

2001年，我县全面推进素质教育，加快中小学信息技术基础设施建设步伐。2004年12月，我县“两基”顺利通过省市跟踪核查。小学入学率达99.5%，小学按时毕业率达95%，初中入学率103%，一批学校成了“示范校”“名牌校”，走出一条山区小县办大教育的金光大道。

中等教育成绩斐然,不但在办学规模上有很大的发展,办学质量也有很大的提高。1981 年,华安一中被列为全省 87 所重点中学之一。全县 4 所完中、2 所九年制学校进行调整,保留一中、南海中学、五中为完全中学。1990 年,又调整为 10 所,生数 4675 人。全县中学在培养合格劳动者和为上一级学校输送合格新生事业中做出了显著的成绩,受到上级教育主管部门的肯定和表彰。1987 年,华安县考上大学本科线 39 名,比上年增 1.3 倍;上重点线 19 名,比上年增 1.5 倍。1989 年 9 月,全县高考考生有 40 人被本科院校录取。

1978—1990 的 13 年间,全县各中学共向大专院校输送新生 2312 人(其中大专院校 847 人),高考成绩一年更比一年好。

1991 年是华安教育的丰收年。全县高考考生 333 人,录取本科 63 人,比上年增加 23 人,提高 57.5%;录取专科 56 人,中专 20 人,计 139 人,录取率达 41.7%。

1992 年,高考及高一地理会考成绩又上新台阶。高考上省专科线人数由上年的 57 人上升到 67 人(其中重点大学 23 人、一般大学 27 人、省属专科 17 人),是历年上线人数最多的一年。上省专线人数与实考人数之比由上年的 1∶5.6 提高到 1∶4.8。高一年级地理会考,全县考生 100%及格。1991—1993 年三年间,我县共为大中专院校输送合格新生 903 名。

1999 年全县高考上省专线 147 人,居全市第一。

1994—2000 年,我县高考成绩年年有新突破,万人上线率连续七年居全市第一。

2002 年,我县高中升学率达 42%,高考再创辉煌。往届生和高职高专上线率均居全市第一名。2001—2003 年,华安县连续三年高考上线率名列全市前茅。

2007—2009 年,我县连续三年高考再创辉煌,2007 年,本科上线 363 人,比 2006 年增加 71 人;2008 年,本科上线 477 人,比 2007 年增加 114 人;2009 年,本科上线 459 人,上线率 64.2%。职业教育同样取得好成绩,实招新生 645 人,完成率居全市前列。

2009 年,华安县“双高普九”工作通过省政府验收。2011 年华安县“教育两督”工作通过市政府评估考核。2016 年，华安县通过义务教育均衡发展国家级评估验收。

八、前进中的华安一中

党的十一届三中全会以来，华安一中沐浴着改革开放的春风，在教育教学、校园建设方面取得了骄人的业绩。共培养初、高中毕业生两万多人，为社会、为高一级学校输送了大量优秀人才。1981 年，华安一中被省政府列为省重点中学。1991 年高考，华安一中文科类的政治、历史、数学成绩居全市首位，各科平均分数均超市重点中学；理科类的政治居市第二，生物居市第三。除英语外，各科平均分均超市重点中学。中考总分平均超过市重点中学 12.3%，政治科列全市第一。除英语外，各科平均分均超市重点中学。1992 年，华安高考又获突破性进展，考生方琳同学以优异的成绩夺得全省高考文科状元，为华安人民争光。1996—1999 年，高考上线率稳居全市前茅。进入 21 世纪，华安一中的办学实力和办学水平得到了显著提升。高考成绩不断取得新突破，先后荣获“漳州市高考达标奖”“高考本科上线提高幅度第一名”“高考本科上线率第五名”等大奖。

2001 年，华安一中通过省二级达标校验收。

2002—2006 年，华安一中投资 1400 多万元，建设了教学楼、实验楼、图书馆、学生公寓、餐厅等总建筑面积 14600 平方米，教育教学设施极大改善。2013 年，华安一中通过省一级达标高中验收。

党的十八大以来，华安老区人民众志成城，乘势而上，致力建设教育强县。全县普通中学、职业中专、小学、幼儿园的办学条件百尺竿头、更进一步。校校有新建教学楼、综合楼和学生宿舍楼，班班有多媒体教室；有田径运动场、塑胶跑道和门类齐全的体育器材；中学有专职的电脑、体、音、美和生活管理教师；各乡镇和较大行政村都有一所公办幼儿园；九年制义务教育阶段的学生不仅免交杂费、课本费、簿籍费、住宿费，寄宿生还有营养餐费补助。全县教学单位贯彻党的教育方针和习近平关于教育论述，素质教育花满校园,学生得以全面发展,使人民群众对教育的获得感不断增强。

第八节　老区形成与建设

华安县有光荣的革命历史,在土地革命战争时期,华安是闽西苏区向外发展的重点区域,是中央苏区扩展时期的组成部分。境内山高林密、地势险要,十分有利于开展武装斗争。

在火红的革命斗争年代,华安人民为中国革命付出巨大牺牲,做出了重大的贡献。据不完全统计,华安参加红军、赤卫队、游击队 876 人,被摧残的革命基点村 29 个村,被杀、被抓、被迫逃亡近 1000 人,部分村庄被毁,242 人被评为革命烈士,598 人被认定为“五老”人员。60 个行政村被评为老区村,是全省重点老区县。2013 年 7 月,华安县被中共中央党史研究室确认为“原中央苏区县”。

一、老区系统的形成和建立

1943 年延安整风时,张鼎丞在中央的一次会上指出:“在闽西三年游击战争时期,华安是宽广的游击区域之一。”在革命战争年代,这些游击区域的乡村,当年曾是我们党和苏维埃政权、革命武装的活动和隐蔽、休整的好处所。那里乡村的群众,为支持革命、掩护革命同志付出了巨大牺牲,做出了重要贡献。正如项南所说:“没有老区就没有现在的北京城,没有老区人民的支持我们党就很难有今天的胜利!我们不能忘记老区人民对革命的巨大贡献。”

(一)老区村的划定与确认

20 世纪 50 年代初期,漳州地区根据省委 1952 年 8 月 24 日《会议纪要》首次制定“老区基点村”“老区一般村”“游击基点村”“游击区村”四种类型划分标准。仅认定平和、漳浦、诏安、云霄、南靖、龙溪 6 县有老区基点村等,其他县份(包括华安县)没有被认定老区村。“文革”后,革命老区的工作重新摆上党和政府的工作议程。

1979年6月24日，国家民政部、财政部共同制定并下发了经国务院批准的“老革命根据地划定标准”。1981年，省政府恢复老区办机构，决定对全省老区村作一次调查核定。1983年、1985年省老区办制定了福建省老区乡村的评定标准。根据《1983年核定的漳州市老区乡村基本情况汇总表》，华安无苏区村；老区乡数7个，老区村数34个，户数8021户，人口数45161人；耕地面积46568亩；山地面积382674亩。

21世纪以来，省、市对老区乡村进行两次核定，并由省老区办公布（如表一）。

上表核定华安县仅有老区村19个，明显与20世纪末公布的老区村数不符，也与20世纪末编纂的《华安县志》中《民政》卷记载的不符，即“1985年，县认真落实游击区政策。全县落实游击区1个乡（马坑乡）、34个行政村，人口3.75万人，占全县人口总数的25%”。

2005年1月，华安县老促会成立后，一方面积极向上反映华安老区村的认定问题，另一方面主动组织开展全县调查漏报的老区村。于2006年2月经县政府办公会议通过认定漏报的老区村20个，上报省老区办、老促会。2008年11月，省老区办在《福建省革命老区乡村名册》中，公布华安县老区乡镇4个、老区村39个、人口5万人（如表二）。

2010年7月，华安县政府办公会议再次认定漏报老区村21个，并上报省老区办、市老区办认定公布，至此，全县共有老区村60个，人口9万人。但省老区办通知不再认定老区村。因此，我县在老区村确认方面形成两个层次：即省确认的老区村39个，县确认的老区村60个。

鉴于我县已被省确认为老区县，2013年7月23日又被中央党史研究室确认为原中央苏区县。我县在有关老区政策执行中，如黄仲咸奖学金、科华奖学金以及老区水泥路硬化补助等，按全县6个老区乡镇、60个老区村、9.3万人的范围执行。而省、市按4个老区乡镇、39个老区村、5万人口的范围执行。

表一 2003年10月省老区办核定华安县老区乡村基本情况汇总表

县(市、区)	乡(镇)数			行政村(居)数		人口数(万人)	
	总数	老区乡数	老区分布乡数	总数	老区村(居)数	总数	老区人口数
华安县	9	2	5	97	19	16.05	3.32

乡(镇、街道)	行政村(居)数		老区人口数	老区行政村(居)名称及人口数										
	总数	老区村(居)数												
丰山镇	14	1	3378	村名	玉兰									
				人口	3378									
沙建镇	14	3	6628	村名	上樟	沙建	庭安							
				人口	1331	3336	1961							
新圩镇	11	1	921	村名	玉山									
				人口	921									
华丰镇	21	3	3813	村名	大燕	良埔	芹岭							
				人口	1054	1587	1172							
* 湖林乡	8	5	7013	村名	岛濑	吉土	西陂	大坪	湖林					
				人口	564	2283	1380	670	2116					
* 高安镇	7	5	10202	村名	邦都	平东	西洋	高安	三洋					
				人口	2312	2596	1084	2136	2074					
马坑乡	6	1	1267	村名	文华									
				人口	1267									

说明:老区村数占全乡(镇)村数的50%以上的为老区乡(镇)。该表中的湖林乡、高安镇为老区乡(镇)。

表二　2008年11月省老区办核定华安县老区乡村基本情况汇总表

县（市、区）	乡（镇）数			行政村（居）数		人口数（万人）	
	总数	老区乡数	老区分布乡数	总数	老区村（居）数	总数	老区人口数
华安县	9	4	3	97	39	15.9	5

乡（镇、街道）	行政村（居）数		老区人口数	老区行政村（居）名称及人口数										
	总数	老区村（居）数												
丰山镇	14	3	5710	村名	玉兰	碧溪	玉胜							
				人口	3378	1701	631							
沙建镇	14	7	9950	村名	上樟	沙建	庭安	建美	大坑	岱山	山溪尾			
				人口	1331	3336	1961	784	930	1291	317			
新圩镇	11	4	3599	村名	玉山	华山	官畲	新圩						
				人口	921	463	410	1805						
华丰镇	21	7	6612	村名	大燕	良埔	芹岭	上雪	岩坪	半山	下田			
				人口	1054	1587	1172	373	521	443	1462			
湖林乡	8	8	9026	村名	岛瀨	吉土	西陂	大坪	湖林	前坑	石井	上田		
				人口	564	2283	1380	670	2116	405	768	840		
高安镇	7	7	11745	村名	邦都	平东	西洋	高安	三洋	半岭	坪水			
				人口	2312	2596	1084	2136	2074	873	670			
马坑乡	6	3	3158	村名	文华	下垅	福田							
				人口	1267	1064	827							

华安县各乡镇革命老区村名单

2010 年 10 月

乡镇别	省确认的革命老区村	县确认上报的革命老区村
△丰山镇	玉兰村、碧溪村、玉胜村(3 村)	银塘村、湖坪村、后壁沟村、内角村、红岩村、康山村、下尾村(7 村)
△沙建镇	庭安村、沙建村、上樟村、岱山村、沙溪尾村、大坑村、建美村(7 村)	汰内村、日新村、官古村(3 村)
新圩镇	玉山村、华山村、官畲村、新圩村(4 村)	
△马坑乡	文华村、下垅村、福田村(3 村)	马坑村、和春村、贡鸭山村(3 村)
△高安镇	三洋村、高安村、西洋村、平东村、邦都村、半岭村、坪水村(7 村)	
△湖林乡	西陂村、吉土村、湖林村、大坪村、岛濑村、前坑村、石井村、上田村(8 村)	
华丰镇	良埔村、大燕村、芹岭村、上雪村、岩坪村、半山村、下田村(7 村)	
△仙都镇		大地村、上苑村、送坑村、高村村、仙都村、市后村、中圳村、先锋村(8 村)
(全县)	39 村	21 村

备注:①△为老区乡镇。②2010 年 7 月 28 日县政府召开第六次县长办公会议确认 21 个革命老区村并上报市、省审批。

(二)老区办事机构的成立和变化

据《漳州革命老区史》记载:华安县在"文革"结束后老区工作由民政局负责,没有专门机构。1984 年设老区办,由县人大一位副主任担任主任,机构挂靠在民政局,由民政局长兼老区办主任。2004 年县政府定编老区办为民政局内部股级机构,编制一人。

华安县老区办主任(或负责人)及任职时间一览表

姓名	任职时间	姓名	任职时间	姓名	任职时间
蔡清杨	1981—1988	林本照	1988—1991	张卫国	1992—1995
周海忠	1995—1998	欧阳晓红	1998.2—1998.12	林国强	1999.1—1999.6
黄明国	1999.7—2011.4	郭清良	2011.5—2018.12	邹跃彬	2019.1—至今

21世纪以来，老区办长期缺编。为搞好华安老区工作，由县民政局一位副局长分管老区工作，具体工作由优抚科与县老促会配合做好。2018年底，优抚科撤销后，老区工作大多由县老促会协作做好。

（三）华安县老区建设促进会的成立和变化

华安县老促会于2005年1月13日成立。首任会长刘炳南（原县人大常委会主任），副会长黄万源（原县政府副县长）、黄明国（原民政局局长兼任）。秘书长李世长（原县人大常委会教科文卫委主任）。常务理事15名，理事34名。

根据中组部关于对社团组织进行整顿和调整意见与华安县委的指示，华安县老促会进行两次人事调整。2015年4月，县老促会进行人员调整，刘炳南辞去会长职务，由黄万源任会长，秘书长邹海川。2016年4月县老促会再次进行调整，会长由县政协副主席蔡旺根担任，副会长郭清良（原县民政局局长），秘书长邹海川。为开展好本会工作，2018年底，经县组织部研究同意，借调一位乡镇干部到本会工作。

（四）老区工作成效

近年来，在华安县委、县政府的领导下，在上级老区办、老促会的指导下，县老区办与县老促会共同配合，较好地完成老区各项工作，并取得良好的成效。

其一是贯彻执行党和政府有关老区工作的各项方针、政策，把党中央领导和省各级领导对老区工作的指示、讲话精神，传达贯彻到全县老区乡村。如闽委办[2007]54号《关于进一步加快福建省革命老区发展的意见》、漳委办[2008]7号《关于加快漳州市革命老区和原中央苏区县发展的意见》、2012年9月27日福建省人民代表大会常务委员会第三十一次会议通过的《福建省促进革命老区发展条例》(21条)、中史字[2013]51号《关于原中央苏区范围认定的有关情况》以及21世纪以来，习近平总书记对福建老区苏区亲切关怀，“饮水思源，勿忘老区”“确保老区苏区在全面建成小康社会进程中一个都不掉队”的指示等，通过多形式多渠道开展广泛宣传，让老区干部群众都知道。同时,根据省、市文件精神,结合华安老区发展实际,县民政局、县老区办与县老促会配合,制定《关于进一步支持和促进革命老区加快发展的实施意见》(草案),报送华安县委、县政府以华委[2014]6号出台,有力地推动华安老区乡村加快发展。如2018年,华安县政府采用“以奖代补”办法,拨款180万元,用于老区村(包括自然村)道路建设,提升华安老区“四好公路”质量。

其二是宣传老区,弘扬老区精神。一是宣传华安老区人民在革命战争年代所做出的牺牲和贡献,在社会主义建设进程中,为改变老区落后面貌所做出的努力和成绩;二是宣传党中央领导同志重视老区工作和关怀老区人民的讲话、指示;三是组织力量,整理、编写、出版反映华安红土地上英勇斗争事迹的书籍,如编印出版图文并茂的《福建省华安县革命标志物》,制作声像齐佳的华安老区革命史专题片《红色记忆·北溪丰碑》VCD等等;四是建立理事单位老区通讯员制度,编写宣传稿件、刊登于报纸及《中国老区建设》《红土地》等杂志上,如原县老促会秘书长李世长编写的《新中国成立六十年·华安旧貌焕新颜》一文,选登在《中国老区建设画报》编辑的《共和国从这里走来》一书中;五是长期订阅《中国老区建设》《红土地》等宣传老区杂志100份,分发到县主要领导、理事单位和各老区乡村;六是加大宣传投入,创建“华安老区革命史展馆”及村史馆等7处和为全县革命老区村竖立石牌;七是县老促会、老区办积极配合全国、省、市组织的各类采访团队走进华安老区采访拍摄活动,如省炎黄文化研究会、省作家协会一行30人在华安老区县为期4天的采访,编撰了图文并茂的《走进华安》一书。同时多次配合市老促会组织市老艺协的书法家为华安老区群众书写春联等等,进一步弘扬老区革命精神。

其三是深入老区乡村调研,促进老区热点难点尽快解决。每年,县老促会与县老区办联系华安老区苏区的实际,拟定2至4个专题,开展较为深入的调查研究。如《华安县漏报老区村情况调查》《华安革命遗址现状调查》《华安茶叶生产现状调查》等等。对老区苏区经济发展中急需解决的问题,及时写出调查报告,呈报各有关单位，以期各级领导加以重视和关注并尽快加以解决。如《应给“五老”及其遗孀更多的关怀和照顾——华安县“五老”及其遗孀现状调查》《华安火车站应尽快恢复客运——华安火车站停售客运调查》等文章分别发表在《中国老区建设》杂志上。《华安坪山柚复兴指日可待——华安坪山柚发展现状调查》等文章发表在《红土地》杂志上；《和谐与富美齐抓共建》《搞好土地流转、创新经营模式——华安县农村土地经营模式调查》等被选登在《福建省老促会系统调查材料选编》一书中；《华安县漏报20个老区村的调查报告》上报华安县政府，而后在县政府办公会议研究确认再上报省、市老区办，再由省老区办给予确认公布，促使华安县由原来19个老区村，增加到39个老区村。关于华安坪山柚复兴的调查报告连同启动资金的申请报告，呈报市老促会、老区办，两单位十分重视和关注，立即向市委、市政府反映，后由市政府拨款90万元，作为坪山柚复兴项目的启动资金，对促进坪山柚产业发展起到很好的作用；《华安县革命老区（包括自然村）的水泥路建设的调查报告》，呈报县委、县政府，县政府按支持和促进革命老区发展的《实施意见》，老区村水泥路建设按每公里补助6万元，给予落实拨款，较好地推动华安老区乡村“四好公路”建设。另外，对省、市有关部门及其领导到华安老区县开展调研活动，我们都主动地做好前期准备工作，在调研中积极配合，使调研工作既顺利进行，又取得较好效果，如省老促会副会长吕居永带领省茶叶协会专家一行8人，深入到我县仙都、湖林等茶叶生产重点乡镇开展为期三天的茶产业发展状况的调研活动，提出了指导性的意见和建议，对我县茶产业发展起到推动作用。

其四是促进老区“五通”，改善老区落后面貌。1999年，省委、省政府部署新世纪老区扶贫攻坚计划，要求各地要加强老区“五通”建设。“五通”即通公路、通安全饮用水、通电、通广播电视、通电话。它是事关老区加快经济发展的民生工程。华安地处山区，由于“五不通”束缚了山区经济的加快发展与脱贫奔小康。因此，当上级党委、政府发出加快“五通”建设的号召，华安老区人民一呼百应，全县上下齐心协力，集中精力投入到“五通”建设中。

“五通”关键是通公路。华安老区村大多在偏远分散的村落，要想修通水泥路面临着里程长、施工难、投入多、难度大等问题。但是省、市、县领导与部门决心大，多措并举尽早尽快完成老区村“通公路”建设任务。

从2004年开始，为加快老区“通公路”建设，福建省启动“年万里农村路网工程”，漳州市组织实施了“年千里农村公路网建设工程”。

在这场“通公路”的攻坚战中，首先是一些省、市领导身体力行，为华安老区公路建设做出贡献。省委副书记梁绮萍亲自挂钩华安县新圩镇，副省长曹德淦挂钩华安县湖林乡，原市长何锦龙挂钩华安玉山老区村等偏远老区乡村，他们都急老区群众之所急，率先在地理条件极为恶劣的老区山村修通了水泥路，为各级领导树立了榜样。华安全县有39个老区村，至2006年底，已有28个老区村实现村道硬化，只剩11个村52.8公里未硬化。二是市委、市政府领导高度重视老区道路建设。在第二轮(即2007年)每位市级领导都挂钩老区村建路任务。市委书记刘可清挂钩华安县湖林乡上田村，公路总长13.5公里，路面宽4.5米，总投资450万元，扣除省、市、县三级补助324万元，缺口资金126万元，他专程到省里找有关部门争取修路资金；市长李建国为了完成修建高石村水泥路任务，千方百计从外地两家企业争取到100多万元的修路捐助款；市原组织部部长杨怀榕挂钩湖林乡岛濑村，修建7.2公里水泥路；市原纪委书记江玉平挂钩华丰镇下田村修建5公里水泥路等等。三是在华安县召开的2007年农村公路建设攻坚动员大会上，县委、县政府把实现老区“村村通”列为重中之重来抓，决不拖全市的后腿。采取五套班子领导与市领导对应、挂钩帮扶负责制的措施，由县委书记、县老促会名誉会长陈汉夫挂钩帮扶第一难的湖林乡上田老区村，道路硬化任务13.5公里。由县长、县老促会名誉副会长柯志宏挂钩帮扶第二难的湖林乡岛濑老区村，道路硬化任务7.2公里。县人大主任沈荣藩挂钩帮扶第三难的沙建镇山溪尾老区村，道路硬化任务8.7公里。其他8个老区村也分别由五套班子领导挂钩帮扶。同时各老区乡(镇)、村领导都亲临路建工程现场，既当“指挥员”又当“战斗员”，确保按时按质完成道路硬化任务。四是县老促会、老区办发挥了促进作用。县老促会会长刘炳南身兼华安老区道路硬化督查组组长，组织县老促会、老区办工作人员深入到各老区乡镇检查，督促老区村道路建设进度、质量等情况，提出建议和意见，并及时向县领导汇报。他还向市老促会争取到10万元帮扶湖林乡石井老区村道路硬化。在上下共同努力下，集中力量打好“通路”战役，终于于当年11月底，华安县完成了11个老区村52.8公里水泥路工程建设任务，实现不拖全市后腿的诺言。

至于其他“四通”，华安县早已分别在2006年前完成，因此，2007年华安老区村实现公路“村村通”，同时也实现“五通”。

其五是做好“五老”工作，保障优抚待遇。革命“五老”人员是指老区群众中在革命战争年代参加一些革命工作，新中国成立后又仍然生活在农村的老地下党员、老游击队员、老接头户、老交通员、老苏区乡干部。

华安县“五老”人员变化情况调查表

年份	五老总人数	老地下党员	老交通员	老接头户	老游击队员	老苏区乡干部	备注
1981年前	598	132	31	15	265	155	包括外籍人员
1984年	541	126	27	12	235	141	包括外籍人员
1986年	108	3	5	12	86	2	本县籍人员
1996年至2006年	69	11	1	3	54		本县农村健在人数
2017年	4			1	3		本县农村健在人数
2018年	3			1	2		农村健在人数另有遗孀7名

20世纪80年代，对经县（区）人民政府评定的革命“五老”人员统一颁发《福建省革命“五老”荣誉证书》，将革命“五老”人员列为优待对象，给予定期生活补助和医疗补助（经费由省、市、县财政按7∶2∶1比例负担）。

1.发放定期生活补助

在习近平等历任省领导的关心下，我省完善了革命“五老”人员与重点优抚对象生活补助同步增长机制,革命“五老”人员生活补助标准得到进一步提高,较好地保障了革命“五老”人员的晚年生活。1999 年 7 月 1 日起,我省革命“五老”人员全面实行了定期生活补助制度,每月补助标准为“无依无靠”的 134 元、“有依无靠”的 80 元、“有依有靠”的 50 元。至 2002 年 7 月,标准相应提高到 185 元、115 元、70 元。2003 年至 2018 年间,我省连续 22 次提高革命“五老”人员生活定补,并统一了补助标准,标准为每人每月 1070 元。2019 年定补标准提高到每人每月 1370 元。

2.给予医疗补助

2006 年起,我省建立了重点优抚对象和革命“五老”人员医疗补助制度,革命“五老”人员每年医疗补助 600 元(其中 180 元发给个人作门诊使用)。

3.组织节日慰问

每逢元旦、春节期间,省、市、县各级党委政府都会开展慰问活动,给革命“五老”人员及遗偶送去温暖。

我县认真落实革命“五老”各项优抚政策,按时足额发放生活补助与医疗补助,同时,每年两节期间,由县老促会领导带队逐个登门慰问革命“五老”及遗偶,送上节日祝福和慰问金、慰问品。从 2013 年 2 月起,华安县对遗偶发放每人每月生活补助 150 元,2019 年起提高到每人每月 300 元。对于年老逝世的“五老”或遗偶,由县老促会、老区办送去花圈与“白包”,以示悼念。

其六是发放好奖学金,为华安培养人才。每一笔奖学金对于华安老区苏区培养人才都起到良好的激励和推动作用。从 2002 年起,由省、市老促会建立的,县老促会、老区办组织发放的奖学金有 3 个,一是福建省黄仲咸教育基金会发放的奖学金。它是由印尼爱国侨胞黄仲咸创立的,从 2002 年起在全省老区苏区县(市)发放,奖励在校高中生家庭经济困难的革命“五老”后代,革命老区苏区村中品学兼优的贫困生完成学业。18 年来,我县受到奖励的高中生有 467 人(次),发放奖学金达 31.96 万元。在前 17 年的受奖生中,有 180 名考上大学,其中有 146 名毕业后走上工作岗位,成为国家的建设人才。二是漳州市科华老区育才奖学金。它是由漳州市科华技术有限公司创立的，从2008年在全市各老区苏区县的高中生中发放，每年给我县两个名额，至今共有66人(次)获奖共达6.6万元。它还从2011年开始，凡高中毕业后考上大学的学生“再送上一程”即每人奖励3000元，我县共有18人获奖，共5.4万元。三是陈建平老区育才奖学金。它是由科华公司副董事长黄婉玲女士创立的。因其丈夫原科华公司董事长陈建平因病逝世，她为继承陈建平先生的遗志，于2014年创立陈建平奖学金，专门奖励我市每年考上大学的老区苏区准大学生。从2014年起，每年分配给华安两个名额，每生可获得3000元奖励，至今华安已有12人(次)共3.6万元。

对以上三等奖学金的发放工作，县老促会、县老区办都做到认真负责，精心组织，把发放奖学金的过程作为对学生进行一次再宣传、再教育过程，如在每次发放大会上，由分管副县长介绍黄仲咸、陈建平以及科华公司的事迹和高尚品质，发放宣传材料等等，要求学生学习黄仲咸先生艰苦创业、生活俭朴、慈善为怀、乐于奉献的高尚道德情操，懂得“滴水之恩以涌泉相报”的道理，要求每一位获奖者要刻苦学习，成为建设新时代的栋梁之才。

为使老区苏区的奖学金能够延伸扩大，县老促会、老区办还广泛宣传发动乡镇以及社会各界捐资助学。如仙都人才开发协会、良村奖学会都是在20世纪末创立并助学奖学的，20多年来，分别奖励3000多人(次)和600多人(次)，收到较好的效果。每年秋季，还有县关工委、慈善总会、工青妇组织、各乡镇以及社会团体、企业等都积极主动组织捐资助学活动。如2018年，据不完全统计，全县奖学金总金额达104.3万元，其中资助大学生467人(次)，中学生38人(次)，有效地为华安老区多出人才做出贡献。

其七是修护革命遗址，传承革命精神。华安红色资源十分丰富。据挖掘、调查核实，华安目前有苏区老区革命遗址27处，纪念碑2座，建立展馆(室)7个，还有不少散见的革命文物。革命遗址都分布在边远山区，由于年久失修，多数旧址都急需加以抢修保护。

华安县老促会自成立后的十几年来，与县民政局、老区办和县党史研究室等单位配合，通过多方呼吁宣传，积极推动对破损严重或即将湮灭的重要红色遗址的修复或重建，协调各有关部门筹集修建款项等等。在华安县委、县政府的重视支持下，华安革命遗址修复工作取得可喜的成效。华安县下垅苏维埃政府旧址是华安重要的红色遗址，早先县政府只拨款3万至5万元进行维护，2018年拨款60万元对破漏且前墙即将倒塌的旧址进行重修维护，2019年再次投入500万元，对该遗址进行全面整修，其中包括道路和停车场基础设施建设项目等等，把它修建成华安老区苏区革命传统教育示范基地；华安还先后投入600多万元在毛主席批语之乡——先锋村兴建村史馆，投入400万元修复新圩古渡口，投入100多万元兴建汤晓丹故居，创办汤晓丹纪念馆，投入80多万元修复吴运琳在大地革命活动旧址，投入65万元新建仙都烈士陵园，把全县分散的烈士遗骨迁运集中于此，投入60多万元创办三个华安老区苏区革命史展馆，等等。值得一提的是，各老区乡镇及老区群众对修护革命遗址热情很高，如修复吴运琳革命活动旧址的80万元中，有50多万元是大地村的干部群众集资的。高安老区镇投入130多万元，抢修革命遗址“联春楼”等。这些修缮一新的革命遗址和红色展馆都成为革命传统教育和爱国主义教育基地。遗憾的是不少革命遗址因历经几十年风雨，倒塌损毁严重，如华安和平解放新旧政权交接地——黄枣村启丰楼、平浪在新圩的战斗旧址等，必须花费巨资才能修复。更为严重的是漳龙赤卫团战斗遗址——高车乡际头村坪溪自然村，1943年间，国民党的省保安团纠集100多人，“围剿”漳龙赤卫团的驻地坪溪村，放火烧毁全村房屋，其中有一座两进五大开间的楼房，被烧毁只剩下地基、一副石门柱及一个石臼，时至今日，根本无法修复。

其八是服务老区，促进老区经济发展。关心老区，服务老区，不能让一个老区苏区掉队，这是党中央与全国人民的共同心声。华安和平解放70年来，特别是21世纪以来，有许多中央、省委、省政府领导走进华安老区苏区县，进行视察、调研、指导或挂钩帮扶，为华安的社会发展和经济建设提出许多指导性的指示、意见和建议，做出有力的贡献。据不完全调查核实，从2014年起，我省加大对原中央苏区县和革命老区县资金补助力度。至2019年，我县六年共得到补助资金1.549615亿元。从2014年至2018年，根据中央、省、市出台的加快和促进老区发展政策规定，省、市财政还加大对华安老区、苏区的扶贫奔小康、修护革命遗址、建设乡村道路和发展茶叶、坪山柚等特色产业拨款补助，五年累计970.05万元。其中省级拨款9项资金137万元；市级拨款11项资金833.5万元。另外，县级道路建设配套资金188万元，坪山柚提升复壮配套资金50万元。县老促会、老区办对省、市扶持、扶建项目都与县有关部门配合，认真负责地做好项目前期的调研，写好申请报名。项目落实后做好督查跟踪，后期进行效果评估等工作，更好地发挥每一个项目补助资金成为助推老区经济发展的作用。

另外，2005年5月，中国女排捐资20万元，兴建"中国女排先锋希望小学"；厦门航空港从1997年至2017年的21年间，捐助湖林乡吉土老区村创建"吉翔希望小学"资金共达313万元，其中用于新建和修缮校舍添置教学仪器等达303万元，用于奖学奖教达9.7万多元等项目，县老促会、老区办都主动配合教育局、有关老区乡镇认真做好联系、协调和推动工作。

对漳州市老促会从2006年至2017年先后三次在春节前夕组织市老艺协等单位的书法专家、能手来到华安县城、新圩、沙建开展为老区群众义务书写春联活动，县老促会都事前做好联系和活动安排，努力协助把好事办好。

华安县老促会、华安县老区办认真履行责职，在宣传老区、调查研究、服务老区、促进老区建设等工作取得显著成绩，十多年来，县老促会被省、市老促会多次评为宣传老区、老区工作先进单位。

第四章　迈向新时代　谱写新篇章(2014 年—2018 年)

2012 年 11 月 8 日，中国共产党第十八次全国代表大会在首都北京胜利召开，这标志着华安革命老区人民和全国人民一样，迈入新时代，着手谱写新篇章。中共华安县委、华安县政府坚持以习近平新时代中国特色社会主义思想为指导，深入贯彻落实党的十八大以来习近平总书记的一系列重要讲话精神，立足华安的实际，大力实施“生态立县，工业强县，旅游活县，兴茶富民”的发展战略，带领广大老区人民扎实推进“一个攻坚战和三个建设”，即脱贫攻坚战，小康社会建设，全国生态县建设，社会民生工程建设。从 2013 年至 2017 年党的十九大召开前夕，短短的 5 年间，全县人民继续发扬自力更生、艰苦奋斗的光荣传统，不忘初心，牢记使命，锐意进取，真抓实干，加快建设生产发展、生活富裕、生态优美的新华安，奋力谱写了新时代华安发展的新篇章。

第一节　脱贫攻坚扎实推进

华安是闽南山区小县，据统计，全县人口 16 万，其中农业人口占 14 万人，是典型的山区农业县份。新中国成立以来，华安革命老区经过几十年开发与建设，经济社会有了突飞猛进的发展，但由于历史欠账沉重，加上地方财政收入少，用于改善民生的财力有限，脱贫攻坚步履维艰。与沿海发达县区相比，全县经济社会发展仍处于相对滞后水平，甚至差距较大，历来是福建省经济欠发达县份之一。

据了解，至2013年底，全县还有1个省级、2个市级扶贫开发重点村，4个漳州市直单位挂钩贫困村及16个县级贫困村，拥有贫困人口6968人，贫困人口比例比全市平均水平高出1.6个百分点。除此之外，基层农村中村级债务沉重，村财薄弱，空壳村及低收入村占到全县行政村六成以上，严重制约新形势下农村集体经济发展。尽管如此，几十年来，全县各级党政领导像跑接力棒一样，一届换一届，一任换一任，一以贯之，矢志不移，秉持着“滴水穿石，久久为攻”扶贫攻坚精神，带领老区人民治穷致富奔小康，实现了由过去“输血式”扶贫到现在“造血式”扶贫，由以往一般性扶贫向如今精准扶贫的两大转变，全面实施科学扶贫，切实将精准识别、精准帮扶、精准管理和精准考核等贯穿于扶贫工作的全过程。

一、脱贫攻坚历史过程

早在20世纪70年代初，华安县革命老区扶贫工作就全面展开。当时，县民政部门以“救济扶助”的方式，对全县农村中58户生活特困户进行定期定量困难补助，每年约发放救济款近5万元，主要是通过扶志扶本，帮助他们摆脱贫困。到了80年代初，漳州市确定湖林、马坑、高安3个革命老区乡镇为重点扶贫单位。其中湖林乡的石井村，新圩镇的华山村、官畲村，马坑乡的和春村、草仔山村、福田村，高安镇的坪水村，仙都镇岭埔村被列为重点扶持贫困村，拥有贫困户3700户。全县分别派出扶贫工作队，进驻8个贫困村，由市县先后下拨扶贫资金累计29万元，用于当地发展种、养殖业。如提供贷款13.8万元帮助马坑乡筹建年产2万袋香菇的食用菌工厂，种植烟叶750亩，造林1360亩，栽竹553亩，种果420亩，使当地贫困户人均年增收近百元。县里还拨款5.5万元扶持高安镇少数民族坪水村种植柑橘、饲养獭兔，让全村村民增收3万元。据了解，从20世纪70年代以来，县政府除对农村贫困户发放各种生活物资外，还对贫困村、贫困户实行优惠政策扶持。其中包括减免粮食定购、农业税、国库券负担，返还一些税费，下调贫困户贷款利率，减免义务工负担，及各种公益事业的费用、各种生产技术培训等，甚至对贫困村的学校适龄学童减免15%～20%的学杂费。至1988年底,全县贫困乡村在各级政府的关心扶持下,创办各种经济实体、联合体22个,安排农村劳动力出路上千人,创办农林果场17个,种植水果1586亩,年收入达47万元。通过生产自救,全县贫困户3700户中,脱贫的达2441户,脱贫率达78.3%;扶优485户中,脱贫的达127户,脱贫率26.2%。

党的十一届三中召开以后,华安县扶贫攻坚转为以重点乡村为对象,以增加贫困群众收入为突破口,以建设基础设施和社会公益事业为项目,以改善贫困群众生产生活条件为重点,促进经济与社会协调发展,以实现整体脱贫为目标。在对贫困地区的基础设施建设热心扶持方面,华安县境内有两个畲族老区村,分别是高安镇坪水村和新圩镇官畲村,畲胞人口为1109人。他们都居住在海拔500米以上的深山老林中。由于历史原因,这两个畲族村交通不便,生活居住条件都很简陋,处于贫困地区。改革开放后,县政府加大对少数民族贫困地区的投入。从1980年至1988年,这两个畲族村先后通公路、通邮、通电、通广播电视,学校也进行重建,解决了当地学生入学难问题。至2007年底,全县所有贫困村实现了“村村通”,开通了程控电话,农村电网改造、教育“两基”顺利通过验收。同时,农村饮水条件得到明显改善。据了解,全县23个省、市扶贫开发重点村,累计争取扶贫资金9000多万元,其中政策性配套扶贫资金5596.3万元,扶贫项目84个,帮扶资金3945万元,帮助驻点村解决用电、用水、就学、就医等63个问题。至2012年底,全县贫困人口从12000多人下降到6968人,扶贫攻坚取得阶段性成果。

二、党的十八大以来脱贫攻坚战

2013年党的十八大以来,华安县革命老区的扶贫攻坚战在原来已取得成果的基础上,再接再厉,加大力度,更上一层楼。华安县委、县政府认真贯彻落实习近平总书记提出的实施精准扶贫、精准脱贫等一系列新思想、新思路、新举措,结合华安的实际,坚持精准施策,全力加快了脱贫攻坚的步伐。2013年9月27日,华安县委十二届六次全会通过《华安县关于进一步加强扶贫开发实施意见》，决定对全县扶贫开发重点村和贫困户进行调查摸底、归纳分类、精准帮扶。经调查摸底，按照省、市要求标准，至2012年底，全县确定23个扶贫攻坚重点村，2061户6998人口的扶贫攻坚重点户。县里提出，扶贫攻坚，一个村，一个贫困户，一个也都不能落下，力争通过几年的努力，到2017年底实现全面建设小康社会的目标。从2013年至2018年的5年间，全县采取三大扶贫攻坚措施，积极探索老区精准扶贫新路径，取得显著成效。

首先，加强农村党建扶贫攻坚。

在扶贫攻坚的过程中，华安县始终重视农村党建作用的发挥，把加强党建与扶贫攻坚有机结合起来，做到紧扣精准扶贫抓党建，抓好党建促扶贫。县里通过配备脱贫攻坚的骨干力量，选派干部组成了驻村工作队，对贫困村、贫困户实行精细化帮扶。从2012年以来，全县实行条块结合、纵横交错的双重责任制，由省、市、县三级组织大批机关干部与贫困地区村结对帮扶。如2013年，全县确定23个扶贫开发重点村，其中马坑乡福田村、沙建镇建美村、华丰镇半山村由省挂钩重点扶贫外，剩下20个贫困村由市、县直部门挂钩重点扶贫。全县先后有三批百余名党员干部到挂钩贫困村担任第一书记，建立“干部驻村＋部门挂钩＋项目捆绑”的工作机制，有力地改变了贫困村的落后面貌。全县贫困村实现挂钩扶贫攻坚全覆盖，不遗漏一个死角。省、市、县驻村书记一挂三年，须做到“六有六落实”：有贫困村（户）信息和扶贫情况台账、有扶贫举措、有产业发展项目、有生产扶持资金、有扶贫挂村单位，做到义务教育、基本医疗、救助养老、住房条件、就业培训、增收项目“六落实”。高安镇半岭村由漳州市烟草局挂点扶贫村，又是革命老区村。驻村工作队进村后，抓支部建设，谋划美丽乡村建设，千方百计为民办实事，带领群众脱贫致富。三年共争取20多个项目，资金达500多万元，实现村级道路硬化，村主干道绿化，新建发电站、农贸市场，改变了村容村貌；高车乡前岭村由县委宣传部挂点扶贫。驻村书记进村后帮助村民发展传统的养蜂业。村里成立蜂业公司，产品远销海外。全村

100多户养蜂，年创产值2000多万元，有6家销售大户，11个专业合作社。2016年，全村4户精准扶贫户，人均纯收入达4355元，高于省定脱贫标准。华丰镇绵良村属于县级贫困村，由县森林公安局挂点扶贫。三年来，他们为村里争取到项目资金120万元，用于解决群众饮水困难和村道硬化交通运输困难等问题，还大力发展大棚蔬菜，使村民人均年增收8000元，一举摘掉贫困户的帽子。

其次，发展特色产业脱贫致富。

面对农村贫困户自身发展能力较弱，缺资金、缺项目、缺产业、缺就业岗位的实际情况，华安县充分发挥贫困乡村的资源优势，在资金、技术、信息、政策等方面给予扶持，重点扶持发展水果、茶叶、蔬菜、食用菌、畜禽、水产品、花卉、中药材等八大特色产业。从2013年至2018年的5年间，省、市、县部门单位扶持发展特色产业的资金累计达700多万元，使全县1200多户贫困户受益，增加就业增收渠道。华安县华丰镇把贫困户当成自家的亲戚对待，广泛开展“结穷亲，献爱心，精准扶贫‘一对一’”的帮扶活动。全镇105名镇村干部与43户贫困户“结穷亲，献爱心”，从资金、技术、市场、信息等方面帮助他们发展产业。三年时间，全镇贫困户43户148人，已脱贫29户98人。2013年以来，华安县高安镇因地制宜，因户施策，通过金融扶贫、产业扶贫、结对帮扶、工作队驻村帮扶等措施，结合教育、医疗、住房安全等一揽子扶贫行动，多点发力，多管齐下，加快推进精准扶贫攻坚工作。至2017年底，全镇4个贫困村摘帽，8户精准贫困户脱贫。除此之外，还有沙建镇建美村向上争取扶贫资金90万元，建立鹌鹑养殖集中园区，免费提供村里贫困户使用，同时在技术、产销门路帮助服务。全村有18户贫困户参与养殖鹌鹑，每年增收100多万元。仙都镇招坑村是第四批漳州市重点扶贫村，也是集体村财收入“空壳村”。2016年以来，村里在驻村扶贫工作队帮助下，争取扶贫资金36万元，投建8亩大棚蔬菜实验基地，让贫困户参与管理就业。基地年产西红柿6万元，甜椒3万斤，按市场价计算，仅此一项，全村增收15万元。湖林乡前坑村，是漳州市重点扶贫村，既是贫困村，也是革命老区村。村里发展优质铁观音茶1000

多亩，茶叶加工厂 62 家，年产干毛茶 100 多吨。2018 年村里又发动群众种植茂谷柑 100 多亩，实现增产增收，全村提前一年脱掉贫困村的帽子。

最后，实施造福工程搬迁扶贫。

易地搬迁是突破"一方水土养不活一方人"困境的有效脱贫攻坚途径。华安县 80%的面积是山地、丘陵。在高山、偏远，交通不便，信息闭塞，地质灾害点的自然村长期贫困落后。华安县通过实施扶贫搬迁，把造福工程与小城镇发展、美丽乡村建设、生态保护、灾后重建等工作有机结合起来，注重解决受灾户搬迁后产业发展、就业创业等后续保障服务工作，做到搬得出，稳得住，能脱贫致富。华丰镇上雪老区村 3 个村民小组，一共 222 户，659 人，原来集中居住在良村境内的高山上。经调查发现，全村地质有 5 条断裂带，属于严重地质灾害点。因为如此，村里不少民居因山体移动而造成墙体损害，不宜再居住。2012 年 11 月，上雪村被漳州市委、市政府列为第三批扶贫挂钩重点村，由时任中共漳州市委书记陈冬亲自挂钩驻点，市财政局派干部驻村帮扶。在市、县扶贫工作队帮助下，上雪村实施新村建设总体规划。第一期搬迁 60 户 203 人。第二期搬迁 52 户 187 人。于 2012 年 10 月 5 日告别地灾点，搬进幸福村。至 2015 年底随着三期搬迁顺利进行，上雪村全体村民住进新楼房，极大改善了住房条件和居住环境。新圩镇天宫村小坑自然村也是华安县地质灾害点，有 40 户村民需要搬迁。2013 年，这个村新村建设被列为县重大民生工程项目建设之一。在新村建设中，镇村结合那里生态环境把新村建设与乡村旅游相结合，着力打造以铁观音名茶为特色产业为支撑的新农村示范片，到当年底，总投资 2500 万元的新建住宅及基础设施配套逐步完善。40 户村民分二期全部喜迁新房。据了解，到 2014 年底，全县"造福工程"累计完成投资 1.19 亿元，动工兴建 1139 户(套)，其中有 591 户 2650 人搬进新村，还有 1130 户 5067 人即将告别危房，住入新房，享受党和政府给予革命老区群众的温暖。

第二节　全面加快小康社会建设

改革开放以后,尤其是进入 21 世纪,华安革命老区的建设在历届党政领导和全县人民的共同努力下,奋发图强,在改变山区落后面貌方面,呈现出不少特色和亮点,特别是在小康社会建设过程中取得令人瞩目的成果。但由于老区乡村多数处于偏僻山区,基础设施和资源条件受限,全县的经济社会发展水平总体偏低,乡村振兴尚处起步阶段,存在诸多困难和问题。其主要问题的体现:(1)全县经济总量规模不大;(2)特色产业发展滞后;(3)民生事业存在短板,公共服务保障不足。

党的十八大召开以后,提出实施乡村振兴战略。这是党中央顺应亿万农民对美好生活的向往所做出的重大决策,也是决胜全面建设小康社会的关键。可以说,实施乡镇振兴战略,也给华安革命老区小康社会建设带来了难得的发展机遇。县委、县政府结合华安实际,及时地提出"工业兴县、兴茶富民"的发展战略,大大地加快了全县小康社会建设进程。

一、大力发展壮大特色产业

党的十八大以来,华安县委、县政府坚持稳中求进工作总基调,坚定不移贯彻新发展理念,按照高质量发展的要求,持续实施"生态立县、工业强县、旅游活县、兴茶富民"的发展战略,做好工业发展、乡村建设、生态旅游"三篇文章",念好茶、林、竹"三字经",不断优化产业结构,转换动力。发展壮大特色产业,提升全县经济社会的综合实力。至 2018 年,全县地区生产总值实现 131.49 亿元,年增长 9.5%,经济社会发展呈现持续向好的态势。

在工业发展方面,华安县地处闽南山区腹地,又是传统的农业地区,发展工业生产的基础相当薄弱。从 21 世纪初开始,华安举全县之力在南大门丰山镇创办华安经济开发区。通过"飞地办工业",

全县各乡镇把这里作为投资兴业,项目建设的主战场。经过十多年的艰苦努力,工业开发区实现从无到有、从小到大的突破,实现从山区到城市郊区的区位转换,实现从项目集中到产业集聚的转型升级,成为漳州市北部经济增长极,厦漳泉同城化大都市的前沿地带。近年来,华安经济开发区的工业生产规模不断壮大,形成"一区五园"的格局。"一区"即华安经济开发区,"五园"即新社工业园、前宅工业园、长富工业园、龙翔工业园、九龙工业园。拥有汽配、家具、家居饰品、文化装备、光电、玉石加工、建材等产业集群。华安工业开发区的土地储备和路、水电、通信、污水处理配套建设日趋完善。至2013年,开发区已引进工业项目达158个,总投资达300亿元,其中上10亿元项目10个,投产项目72个,在建项目46个,签约促动工项目40个,全年创产值64.2亿元,实现工业税收2.45亿元。到2018年,全县工业税收上千万元企业达11家,上百万元企业50家,GDP规模工业产值、地方公共财政收入、固定资产投资等9项经济指标增幅高于全市平均水平,入选2016年中国最具投资潜力特色魅力示范县。

在农业产业发展方面,党的十八大以后,华安县在原有基础上争创特色优势,提升农业质效。全县重点围绕念好茶、林、竹"三字经",以仙都、沙建两个国家现代农业示范区为载体,因地制宜发展设施农业、高优农业和休闲观光农业,促进传统农业向现代农业转变。首先是做精做大具有特色的茶产业。华安县茶叶栽培历史悠久。据《龙溪县志》记载,早在唐宋时期,华安境内的仙都、华丰、湖林等地,就已经有产茶,而且制茶工艺十分精湛。从21世纪初开始,华安县大力扶持发展传统的铁观音名茶产业。短短十几年内,全县有8个乡镇,79个行政村,442个自然村发展名茶生产。至2013年,全县茶叶总面积达16.8万亩,人均一亩茶,其中华安铁观音名茶16万亩、年实现农业产值18亿元,涌现出一大批如哈龙峰、二宜楼、佳香源、雅之道、光照人等茶叶生产加工、营销的龙头企业。华安县因此继安溪县之后,成为全国铁观音茶叶生产基地县。2015年,县委、县政府隆重表彰全县铁观音"五个十佳"茶技师,继续鼓励扶持茶园套种、轮作方式,创建国家级和省级茶叶标准园,逐步淘汰大田茶园、低产老茶园,实现茶叶提质增效。同时,县里充分利用电商创业园,推动茶企与电子商务相结合,受表彰的茶企、茶农的示范带动作用,有效推动茶产业转型升级;其次是大力发展林下经济,从 2013 年开始,全县通过改造毛竹低产林,推行竹林混交,扩大华竹、雷竹、麻竹等食用笋竹种植面积,每年新增竹林 1 万多亩。以县竹种园为基础,策划生成竹类大观园,建立竹文化创意中心,推动竹工艺品研发和深加工,把资源优势转化为经济优势;最后是建立现代农业生产基地。从 2013 年起,全县实施 2 万亩高标准农田建设,创造 3 个蔬菜种植标准园,推进食用菌规模化、标准化加工厂化生产,大力推广百香果种植,打造一批果蔬种植专业村,在华丰、沙建、高车、新圩等九龙江北溪沿岸的乡镇,实施坪山柚复兴计划,建立坪山柚标准果园 4000 亩,力争把这项传统名果打造成华安又一富民产业。

二、推进美丽乡村、幸福家园建设

党的十八大召开以后,华安县在全面加快建设小康社会进程中,按照习近平总书记提出的“绿水青山,就是金山银山”的生态理念,以改善人居环境为抓手,着力提升老区乡村生态宜居的环境。从 2013 年起,全县开展农村建设“双百”行动,实施“千村整治,百村示范”工程,扎实抓好富美乡村建设,全县先后分两批重点抓好 9 个市、县级富美村,以及 12 个美丽乡村示范点建设,同时加快推进丰山镇市级小城镇综合改革建设试点,以带动仙都、沙建、高安等县级试点镇建设。其具体措施:一是保护青山绿水和天然清新的田园风光,引导老区群众像对待生命一样爱护生态环境,推进清洁生产,守住耕地红线,保护水源,构建鸡犬相闻的田园风貌,让优良生态成为老区乡村振兴的立足点。二是加大农村垃圾污水治理和村容村貌整治力度,建立乡村环境卫生的长效管理机制,开展经常性清洁家园行动,全县实现农村垃圾收集、转运和处理的规范化管理。同时进一步强化污水管网系统建设,解决农村生活垃圾和污水乱排放问题，把老区村建设成清洁家园、绿色家园和幸福家园。三是完善老区村路网设施建设，着力拓通革命老区村断头路的硬化，从根本上解决老区村区位闭塞、群众出行难的问题，促进边远老区村经济的繁荣和发展。从而推动全县富美乡村、美丽乡村建设涌现许多先进典型。如新圩镇新圩村 9 个自然村 12 个村民小组，不仅点多面广，居住分散，而且山高林密，道路坎坷不平，群众出行很不方便，尤其是仙师湖、铁丁坪这两个自然村位于大山深处，存在问题特别突出。随着山区经济发展，群众日益富裕起来，老区人民要求走出大山，享受高质量生活的愿望十分迫切。他们在镇党委的帮助下，通过安居工程建设，筹建新湖新村，让世世代代长期居住在大山里的几十户村民搬进新村崭新楼房。同时，在各级政府与部门的支持下，新圩村先后筹资 170 多万元，用于解决农村中存在的脏、乱、差问题。该村以千字白、高墘为试点，加大村中的排水沟、沼气池、家禽圈养、村道硬化、无害化公厕的改造工程建设，实现农村的道路硬化、房前屋后绿化、环境美化、污水净化、山村照明亮化的“五化”目标，极大改善村容村貌，使千字白和高墘两个自然村成为漳州市家园整理的先进示范点。新圩村也因此被列为漳州市社会主义新农村建设示范村。“国家级生态乡镇”的高车乡，每年封山育林 3000 多亩，造林植树 1300 亩，森林覆盖率达 73.2%。为了保护生态环境，建设富美乡村，从 2013 年开始，全乡实施垃圾不落地项目。他们把全乡垃圾收集清理，外运集中处理，有效解决了农村生活垃圾乱扔、乱堆、乱放的问题，极大改善了农村人居环境。近几年，乡里加大美丽乡村道路建设，使全乡 41 个自然村 100%通水泥路。宜居宜业的社会主义新农村，更令人向往。群众说，守着绿水青山，造福一方百姓。

三、发展特色旅游产业，脱贫致富奔小康

华安革命老区县具有极为丰富的自然、生态和人文旅游资源，适宜发展旅游业，加快休闲旅游与餐饮、住宿、娱乐等现代服务业的开发。这样既能提高本地区的知名度和美誉度，又能使当地群众增加经济收入，开辟脱贫致富奔小康之路。新圩镇的官畲村，高安镇

的坪水村，这两个村都是华安县少数民族村寨、革命老区村，由于地处深山老林，原来这里交通闭塞，经济落后，是省级的贫困村。近年来，他们在省、市、县的扶助下，加快少数民族特色村建设，使村容村貌发生翻天覆地的变化，因此畲胞也逐步走上小康之路。官畲村有88户455人，居住于470米的高山上。官畲村寨形成已有350年的历史。畲胞自称“山哈”，而史书上称“洞蛮”或“蛮僚”。村落依山而建，因水而居。这里至今仍然保留着本民族文化特色，如语言、服饰、畲歌对唱等民俗文化，被列为省级非物质文化遗产。2014年开始，官畲村邀请专家对畲村进行统一规划，融入民族元素，加快村容村貌改造，包括外墙装修、道路建设、新建碧山宫、风情广场、凤凰台和畲族文化陈列馆等，近年来又开办农家乐和民宿等旅游业务。游客与日俱增，为畲胞创造许多就业机会，生活越来越好。高安镇的坪水村有164户720人，居住于680米的大山里。2015年，坪山村开始规划“改变村庄面貌，发展乡村旅游”的蓝图，2016年启动“桃源秘境，畲乡坪水”乡村旅游示范村项目。在保护得天独厚的自然生态环境的基础上，全村就地取材，统一对房子立面装修，保持400年历史的传统村寨。他们还增加许多民俗活动，如火把节、制作特色美食、畲乡刀轿、畲歌传情表演等。2017年，村里成功引进福建鹿途旅游管理有限公司合作运营全村旅游资源，提高旅游管理接待水平，使生态旅游产业更加兴旺，为畲村打开致富之门。

第三节　创建国家生态县

党的十八大以来，华安县委、县政府把人居环境整治与生态文明建设作为政治责任、立县之本，提出“生态立县，工业强县，旅游活县，兴茶富民”的发展战略，始终贯彻落实创新、协调、绿色、开放、共享的发展理念，以开展“生态环境建设年”活动为契机，将生态文明建设融入全县经济、政治、文化、社会建设各方面和全过程，全力重点打造国家生态县、国家重点生态功能区建设，使华安的山更绿，水更清，天更蓝，生态环境更宜居。经过几年的努力，一个“机制活、产业优、百姓富、生态美”的富美华安，呈现在人们面前。

一、华安生态资源优势

华安位于闽南漳州西北端，九龙江北溪中游。江水穿越华安全境，两岸自然风光旖旎，素有“北溪明珠”之美誉。由于生态环境优美，华安是我国继张家界之后以整个县域命名的国家森林公园，是世界文化遗产地，也是中国铁观音名茶之乡，中国观赏石之乡，是祖国大陆高山族同胞聚居最多的县份。历经上千年的漫长岁月，华安人民已在这片充满生机的大地上繁衍生息，创造出光辉灿烂的人类文明。

走进绿色华安，九龙江北溪两岸山青水秀，茶果飘香。全县森林覆盖率高达 72.72%，大气环境优于国家一级标准，水质达国家一类标准，八山一水一分田，皆如诗如画，是福建省全域生态旅游示范县、全国生态建设示范县。尤其是九龙江北溪穿流而过，在华安境内长达 107 公里，流域面积 1137 平方公里。江流宛转，玉带穿梭，滩多湍急，风光奇秀。明代著名地理学家、旅行家徐霞客曾两次旅行华安，当时称北溪石宝，留下许多赞美诗篇。

走进“三宝”华安，人们会觉得这里物产丰饶，久负盛名，所谓“三宝”，即福建(华安)土楼，已成为世界文化遗产；“华安铁观音”成功注册地理标志证明商标，为中国驰名商标；华安玉(九龙璧)成为十大国石候选石，八闽名石，漳州市石。华安因此荣获“中国观赏石之乡”“中国民间玉雕艺术之乡”的美誉。如今，土楼、茶叶、华安玉“三宝”名扬天下，成为华安走出国门、走向世界的名片。

走进文化华安，散落于九龙江北溪两岸的文物古迹，宛如星光璀璨，熠熠生辉。据查，北溪两岸文化遗存达 400 余处，这都是华安先民的智慧结晶。其中最有代表性、最有影响力的，当属世界文化遗产名录之一，神州第一圆楼、民居瑰宝——大地土楼群，国家重点文物保护单位——道观圣地南山宫，中国首批岩画遗存地——千古之谜仙字潭摩崖石刻，国家重点文物保护单位“海上丝绸之路”、中国世界文化遗产预备名单——华安东溪窑遗址,这些都是中华优秀历史文化在九龙江北溪扎根的杰出代表。

走进非物质文化遗产地的华安,深厚的历史积淀、纯朴敦实的民风民俗、丰富多彩的民间文化,都是华安人民辛勤的智慧、精华的体现。全县国家级非物质文化遗产名录有 2 项,分别为华安土楼营造技艺和高山族拉手舞;省级有 2 项,分别为畲家民歌和华安玉雕;市级有 3 项,分别为华安土楼民俗、红曲酒酿造技艺和华安铁观音传统制作技艺。仙都送坑高山族、新圩官畲和高安坪水特色村寨里,少数民族风情舞蹈表演,展现了华安多民族特色文化。还有九龙江北溪两岸的民间文化、音乐舞蹈、神话传说、风俗礼仪、手工制作等等,也是华安人民在生活劳动中所创造的珍贵文化遗产,为全县生态旅游业发展增光添彩。

二、以创建生态县为抓手,加强生态建设

山清水秀是华安县最宝贵的资源,也是华安最大的后发优势。本着"绿水青山,就是金山银山"的发展理念,华安县把建设全国生态县,作为建设"美丽华安""美丽中国"的重要组成部分。过去,由于种种原因,全县城乡发展存在着不少差异,农村地区基础设施相对落后,公共服务参差不齐,产业发展基础薄弱,打造美丽乡村任重道远。华安县从前几年提出围绕"小县大区位,小县大品牌,小县大文化,小县大生态"的发展思路,按照美化、绿化、亮化、净化"四化""同步"的要求,以山为魂,山水为脉,努力打造山水乐居城市和乡村,到这几年"生态立县,旅游活县"的新高度,全面奏响推进建设美丽华安的进行曲,加大财政投入,改善城乡基础设施。美丽乡村,全县境内富美乡村从串点成线到连线成片,一个个乡村脱胎换骨,旧貌换了新颜。

(一)强化城乡环境整治力度

衡量生态环境好不好,最简单明显的是老百姓生活中,喝进嘴里、吸进肺里、吃进胃里的都是健康、卫生、安全,才算好。以此为标准,华安县深入实施《漳州市"七个五"生态建设行动计划》,加大环

境建设和治理力度。从2015年起,全县以华丰、丰山、沙建三个乡镇为治理重点,以点带面,强化责任追究,科学规划并严守生态红线,坚持“三铁治水”,把养殖污染整治作为“一把手”工程,严格落实环保“一岗双责”和“河长责任制”,经常性开展养殖污染专项清理。从2017年起,彻底拆除并关闭全县禁养区内畜禽养殖场。强化政府生态文明建设职责。全县各级党政部门把生态治理、生态保护、生态规划、生态发展纳入工作考核内容,实现生态文明建设的制度化和规范化,收到明显效果。沙建镇境内的竹溪,全长28公里,流域面积120平方公里,是九龙江北溪7条主要支流之一。前几年,由于养殖户在上游养殖生猪,农村垃圾随意排放、农业过度施肥施药,致使竹溪河水严重污染,水质下降为五类标准。自全县“河长制”工作开展后,沙建镇严格落实责任,组织人员队伍加强巡查,从源头堵住了污染源,同时还实施农村生活垃圾污水收集处理,即由村收集、镇中转、县处理的统筹处理模式,大大提升竹溪水质。如今这里由五类水质提升到三类水质。水变清了,鱼变多了,河道变通畅了,群众对此非常满意。

(二)继续推进美丽乡村建设

早在2015年,华安县就已确立21个市、县美丽乡村建设试点。高速公路在境内开通之后,全县美丽乡村建设示范点又增加了仙都镇先锋村、大地村,新圩镇新圩村、官畲村,沙建镇利水村,马坑乡和春村6个行政村。县里以4个高速互通口建设为起点,打造全域景区建设、加强规划等的落实,确保公路沿线绿化、美化、亮化,成为华安的新亮点。在推进美丽乡村建设方面,重点是看到乡村的短板,在农村道路、乡村公园、农村小学、村级组织办公场所等加大投入力度,提升农村基础配套水平。在管理上抓制度落实,加大保洁工作督查力度,认真推广仙都镇仙都村的经验做法,确保全县91个行政村的生活垃圾及时清扫、及时清运处理。全县落实《关于进一步规范农村村民建房管理实施意见》,把村镇规划建设纳入常态化管理,以规范农村盖房行为。全县不少地方乡村还依托丰富森林资源和传统村落景观,突出打造一批乡村民宿和农家乐项目,打造生态休闲娱乐与特色乡村旅游目的地。2018 年金秋十月,华安县首届金秋丰收节在湖林乡石井村拉开帷幕。千亩梯田稻浪滚滚,吸引漳州、厦门、龙岩上千名游客驻足观看。活动又结合美丽乡村一日游、高山族舞蹈、畲族歌舞表演、茶艺表演,把活动推向高潮,充分展示新时代美丽乡村新面貌的魅力和风采。活动期间,华安铁观音名茶、石井优质米、百香果、柑橘等特色农产品亮相丰收节,让广大游客看丰收美景、观民俗表演、品特色美食,无不乐在其中,流连忘返。沙建镇利水村是市级富美乡村建设示范点,也是省级美丽乡村建设示范村、县级旅游示范村,该村位于九龙江北溪河畔,拥有千亩人工湖,湖光山色,景色宜人。2014 年,省十五届运动会皮划艇比赛活动在此举行。从此,村里充分利用这个区位优势,致力打造宜居宜业宜游的美丽家园。他们先后招商投资 1000 多万元,筹建沿江休闲观光公园,同时还引进 2.46 亿元新建龙翔利水山庄(温泉酒店)建设项目,是一座集旅游、休闲、度假、娱乐为一体的生态旅游胜地。经过几年的努力,利水村富美乡村建设、美丽乡村建设、旅游项目建设,到 2018 年底全部建成投入使用。湖林乡大坪村是县级美丽乡村建设示范点,同时也是生态旅游建设示范村、革命老区村。山村地处深山密林深处,拥有 3 万多亩原始森林,林地覆盖率达 90%,具有生态资源优势。不仅如此,茂密森林里,还有一条数百米长的瀑布,名叫“丹枫”瀑布。瀑布从高山上飞泻而下,气势磅礴,长达数百米。飞溅的浪花似玉如银,在阳光的照耀下,五彩缤纷,绚丽多彩。大坪村自启动美丽乡村建设以后,投资 500 多万元,新建山门、铭心湖、温地公园、游客服务中心、观景台,打造“山墨云林,浪漫大坪”乡村生态旅游胜地。每年吸引游客上千人次,为村里增加收入 10 多万元。

(三)依托生态优势,大力发展旅游产业

从 2016 年起,华安县按照“旅游活县”的总体要求,启动创建省级全域旅游示范县工作,2020 年被列入全省首批全域生态旅游示范县创建名单。重点对八个项目进行集中开发建设,更好地发挥全县生态旅游资源优势。一是“世遗文化”旅游项目。以福建土楼(华安）旅游区创建国家5A级旅游风景区建设为龙头，同时推进漳窑遗址——华安东溪窑及九且溪生态旅游项目开发。二是以一江两岸旅游项目建设为重点，加快推进华特龙水镇项目（总投资36亿元）和万世清森林旅游项目（总投资10亿元）建设。推进沿江沿线生态走廊、利水温泉、三畲尖原生态旅游项目开发。三是以打造现代农业旅游项目为目的，加快光照人有机茶园、沙建台湾高优农业示范区、福田名优花卉木基地、得极庄现代农业基础等农、林业发展项目建设，因地制宜发展观光农业产业。四是从打造特色乡村旅游项目入手，重点建设国家森林公园贡鸭山旅游景区，高山族、畲族特色村寨，闽南小西藏和春村等项目，开展乡村旅游示范村项目建设竞赛，打造了新圩镇官畲村、高安镇坪水村、华丰镇高石村、仙都镇招坑村、沙建镇利水村和湖林乡岛濑村、石井村等一批乡村旅游精品村。依托丰富的森林资源和传统村落景观，发展一批“森林之家”“水上人家”乡村民宿和农家乐项目。华安县是祖国大陆高山族同胞聚居最多的县份，有51户135人。仙都镇送坑村是全国唯一的高山族特色村寨项目建设试点村。2013年该村被列入福建省“少数民族文化”“双十一”繁荣发展工程项目之一。八年来，该村在各级政府的帮助下，先后投资2000多万元进行民居改造、道路建设，还新建文化广场、演艺舞台，改善了高山族同胞的生活条件。同时也引来四面八方的游客前来旅游观赏和参与农家乐。

（四）以创建省级文明县城为重点，全面提升山水园林县城建设管理水平

创建省级文明县城，是华安建设国家级生态县的重要组成部分。党的十八大以来，为了加快文明县城建设，华安县以“更高标准，更高起点”的规划，指导县城建设有序进行。县里聘请英国BDP建筑设计事务所对华安县城关总体城市设计及重点地段城市设计，还邀请北京、西安等省内外专家进行评审。按照“田园都市，生态之乡”的发展定位，华安县城着力打造成“山水园林县城”。近几年来，县委、县政府依照“做美一江两岸，拓展城南新区，完善功能配套，提升管理水平”的发展方向，加快县城建设步伐。

首先是加大旧城改造征迁项目建设,从 2015 年 8 月开始,县城旧城改造全面启动,计划投资 10 亿元,拆除征迁面积达 28.5 万平方米,从旧电影院到旧农贸市场,从粮油公司到物资局铁路道口,总面积 6 万多平方米,连片拆除征迁开发,腾出来的空地逐步建成停车场、街头绿地、休闲广场、农贸市场等,让老城区重新焕发了活力,提升城市品位。

其次是加大县城基础设施投入。县里以实施城市基础设施提升工程为重点,加快占地 500 亩真武山山地公园、污水处理厂、垃圾处理场、第二饮用水源、城关至城南连接线(包括隧道),管道燃气配套、九龙江沿岸防洪堤等建设,进一步增强县城综合服务功能和形象品位。同时,加强了交通设施建设,发展城市公共交通,新建公交车站、停车场,实现城乡交通一体化。城区主干道电力、通信等架空落地,环卫绿化、垃圾处理、道路照明、消防设施、无障碍设施等等,日益更新与完善。

最后是以人为本,致力营造舒适的人居环境。几年来,县城房地产开发积极推进,总规划建筑面积 150 万平方米,总投资 5 亿元,其中保障性安居工程,规划面积 9.5 万平方米,投资 3 亿多元。按照“西延南扩”的县城发展布局,城南新区集商住、娱乐、教育、行政办公等为一体的综合性新区已初具规模。华安县努力打造文明、生态、和谐、宜居新县城的愿望,已初步呈现在人们面前。

第四节　推进社会民生工程建设

党的十八大以后,推进社会民生工程建设,是华安县委、县政府带领革命老区人民扎实推动“三大建设”的其中之一。民生问题与百姓生活息息相关,直接体现了改革发展成果“全民共享”。为了满足广大人民群众的愿望,华安县以民为本,从老区人民最关心、最直接、最现实的利益问题入手,集中人力、物力、财力,统筹做好教育、医疗卫生、文化体育、社会保障、农村道路改造等领域的民生工作,不断提高人民生活水平，让革命老区人民得到更多的获得感、幸福感、安全感。

一、面临的新情况新问题

改革开放40年，对华安革命老区而言，是砥砺奋进的40年，也是与时俱进、跨越发展的40年，更是春华秋实、硕果累累的40年。经过40年的改革与发展，华安同全国其他革命老区县一样，在经济、社会、民生等方面都取得了巨大成就，使老区人民充分享受到改革开放的丰硕成果，在生活水平和质量上有了明显提升。但是，如果与沿海发达地区相比，仍然存在一些差距。因此也面临着许多新情况新问题。主要是老区人民日益增长的对美好生活的需求与经济发展相对落后之间的矛盾。一些偏远山区的革命老区村特色产业发展不起来，村集体经济薄弱，使当地公益事业难于发展。其主要表现在：一是农村教育资源匮乏。由于校舍、师资力量不足，全县农村普遍存在幼儿园入园难的问题。此外，由于农村教学点偏少，农村小学生只能到城镇中心校就读。因此，家长随行到那里租房陪读照料生活，这给本来不富裕的家庭增加不少经济负担。二是群众就医看病难。随着乡村医生队伍人员逐年减少，当年“赤脚医生”年龄老化严重，卫生室（所）空白村不断增加，偏远山区的群众就医看病难的问题仍然没有根本解决。还有村卫生室（所），由于医疗水平有限、设备简陋、药品不齐等因素的制约，当地群众看病就医还是有难处。实行新型农村合作医疗以后，只有乡镇卫生院一级住院才能医保报销，这也给家住偏远老区基点村的孤寡留守老人带来不少难处。三是由于重视程度不足，广大乡村文化体育设施严重欠缺，使群众性文化体育活动难以开展。四是农村基础设施相对老旧，民生社会事业短板日益显现，公共服务保障不足，如道路建设，虽然在本世纪初，老区行政村全部完成水泥路硬化任务，但一些老区基点自然村村道、断头路还未实现水泥路硬化，严重影响老区村的经济发展。

二、推进社会民生工程建设的重大举措

投入是推进社会民生工程建设的最基本也是最重要的环节。改革开放以来,尤其是党的十八大以后,随着地方财力的不断增强,华安县革命老区加大民生相关领域支出,使全县社会事业发展进入“快车道”。

(一)教育事业步入全面发展“黄金期”

党的十八大以后,华安县坚持科学规划,突显均衡、优质、特色、创新、发展,以实现三年义务教育均衡发展为目标,加大投入着力改善全县办学条件,从 2013 年起用 5 年时间,打造华安县域民生教育工程。

在建设投资方面,据统计,从 2013 年至 2018 年,全县累计投资 1.8 亿元,新建校舍 39 幢,建筑面积 71411 平方米,其中包括中小学及幼儿园新建校舍项目 23 个,建筑面积 52211 平方米,新建 7 座乡镇公办中心幼儿园,以实现公办中心幼儿园覆盖全县各乡镇,切实解决了农村幼儿入园难的问题。投资新建校舍中,还包括总资 2000 万元的沙建中心小学及幼儿园,总投资 153 万元的高车公办幼儿园,总投资 157 万元的仙都镇公办幼儿园改建工程项目,总投资 129 万元的大地小学,投资 462 万元的新圩中心小学,投资 1194 万元的城南小学及幼儿园建设工程,投资 951 万元的华丰中学教学楼,投资 800 万元的文教片区道路建设,投资 169 万元的湖林中心幼儿园建设项目。与此同时,县里还投资 2209 万元,按标准配齐教学仪器设备,购置图书资料,更换教学陈旧设备等,进一步提升学校办学条件,夯实教育均衡发展基础。如今,华安一中、华丰中学、华安第二实验小学、华安第二实验幼儿园等,共同使用的华安县体育运动场及青少年校外体育活动中心、县图书馆的华安文教综合体已初具规模,为所在中小学校教学提供活动场地。

在教师队伍建设方面,华安县为吸引优秀人才扎根山区教育事业,出台了一系列可行的政策和措施,调动广大教师工作的积极性,首先是创新职务聘任,从 2014 年元月起,凡在华安农村学校任教累

计25年以上的，而且仍在当地学校任教的教师，已取得中级、高级专业技术职务任职资格，可直接聘任，不占核准岗位数。全县教育系统在聘的中级、高级专业技术职务的，而且5年内退休的教师，同意其不占单位核准岗位数，继续聘任并享受相应工资待遇；全县教育系统一年内退休的，而且已取得中级、高级以上专业技术任职资格的在职教师，不占核准岗位数，可直接聘任。仅此一项，县财政每年需增加支出上百万元，全县250名教师享受此待遇。其次是优化教师队伍，通过选拔，全县建设一支德才兼备的后备干部队伍，有70名后备干部建档管理，拟培养选拔校级领导骨干。最后是"双后"互动交流。在全县教育系统中开展以支教交流和城乡交流为主的教师岗位交流活动。通过名师团的送课，课堂互动交流，教师之间相互取长补短，共同提高处理教材、备课教研、驾驭课堂等教育活动，进一步加强和完善城乡学校、优质校和薄弱校的帮扶共建工作，提高农村学校教师队伍素质和整体办学水平。

通过采取一系列措施，全县城乡教育质量稳定提升。荣获2012—2013年度漳州市初中、高中教育教学质量达标县。华安一中被确认为"福建省一级达标高中"学校；华丰中学、华安二中、华安五中分别获得初中教育教学质量先进校和达标校；全县14名教学教育工作者荣获省、市先进个人称号；华安一中高考本科上线率，每年高出全省平均水平的10.5个百分点。

（二）卫生事业改造升级惠民生

改革开放40年来，华安县革命老区医疗卫生事业取得了长足发展，医疗卫生机构经历了从少到多、从小到大、从弱到强的发展过程，城乡医疗卫生服务体系日益完善，公共卫生服务能力明显提升，医药卫生体制改革持续深入，"健康华安"建设步入跨越发展的"快车道"。

党的十八大以后，华安医疗卫生事业发展又上了新台阶。为了尽快改变山区医疗卫生事业基础设施相对落后的局面，全县投资1亿多元用于卫生事业改造升级，造福民生。

在县城医疗卫生事业改造方面，华安县投资1.5亿元实施城关医疗卫生综合体整体连片开发建设,其中包括县医院、县中医院、妇幼保健院(原妇幼所)、疾病预防控制中心和卫生监督所迁建工程项目,总建筑面积达 12348 平方米。至 2014 年,这些卫生工程建设项目全部竣工,交付使用。其中,县妇幼保健院实现整体搬迁,成为全市一流的县级妇幼保健院。

在农村医疗卫生院改造升级方面,从 2013 年起,华安县把乡镇卫生院基本建设列为民办实事之一,将建设资金每年纳入地方财政预算,逐年增加安排,分期分批落实。农村基层医疗机构建设项目,总投资 2075 万元,总建筑面积 5922 平方米。这其中包括仙都中心卫生院业务用房及辅助设备添置,湖林乡卫生院迁建工程,沙建中心卫生院业务用房和辅助设备添置,高车、马坑卫生院公共卫生服务中心建设。全县乡镇卫生院全部配备了用于农村常见病检查和治疗的 B 超、心电图、X 光机等基本医疗设备,使乡镇卫生机构基础设施得到明显增强。在村级卫生室建设中,华安县因地制宜,按照每村至少 1 个卫生所(室),2000 人以上 2 名乡村医生的要求,对全县 94 所村卫生所(室)进行改造升级,实行乡村卫生服务一体化管理,极大方便了当地群众就医看病。仙都中心卫生院,原来是当地旅居印尼华侨捐资筹建的华侨医院,始建 20 上世纪 50 年代末。经历几十年的风雨沧桑,楼房老旧、设备落后。2013 年,县里投资 700 万元用于该院业务用房建设、环境整治、医疗设备添置等项目。经过改造升级,院容院貌焕然一新,为侨乡、茶乡人民群众交了一份满意答卷。

(三)文体舞台迸发新活力

党的十八大以后,为了满足广大人民群众日益增长的文化健身需求,华安县坚持以人为本的发展观念,精心组织,科学谋划,加快全县城乡文体基础设施建设,使县、乡、村三级文体活动场所网络初具规模。2013 年以来,县里前后投资 5.473 亿元用于馆、场建设,完善公共服务配套体系,其中有投资 2.2 亿元的华安玉文化产业园区,投资 2850 万元的华安玉特色文化街区,投资 5220 万元的华安县文教中心区,投资 600 万元的县体育运动场,投资 780 万元的利水千亩平湖水上比赛项目场所，投资580万元的青少年校外体育活动中心室内运动馆，投资300万元的9个乡镇综合文化站建设，投资900万元的91个行政村的“农家书屋”和文体活动公园，投资500万元的县公共图书馆改造工程等，2017年11月，投资2亿多元的“五馆一中心”正式开工建设，使全县文体基础建设实现了历史性新突破。

几分耕耘，几分收获。华安县终于迎来文化体育事业百花竞放的春天。近5年来，全县群众性文化体育活动丰富多彩，高潮不断。由县政府为主导，社会各界力量积极参与，以节假日和赛事为载体，丰富多彩的文体活动几乎是月月有活动，节节有比赛。据不完全统计，全县举办各种群众性文体活动达700余场(次)，参加民众达6万多人次。文艺创作取得历史性突破。全县共300多人次的美术、书法、舞蹈、音乐等作品，在全国、省、市比赛中获奖，不少文学作品在市级以上刊物发表。全县竞技体育活动也硕果累累，被评为全省全民健身活动先进县。2014年，华安县举重运动员汤王杰、拳击运动员马嘉维等人，在国家和省级比赛中，分别获得了4个全国冠军、1个省级冠军。全县城乡有电线电视信号实现数字网络全覆盖。有线电视用户达21000户，光缆干线长达984公里，偏远山区群众能够收看到中央、省、市、县级20多套电视节目。华安县旅游产业主动融入全国“海丝旅游”和“清新福建，花样漳州”等大旅游项目建设，围绕华安世遗土楼、华安玉文化旅游区、原生态高山避暑养生三大特色，开展全域景区建设，开辟了4条旅游线路，每年接待国内外游客达近百万人次。

(四)社会保障制度不断完善

党的十八大以来，经过不断努力和完善，全县基本形成以养老、医疗、失业、工伤、生育保险和城乡最低生活保障制度为主要内容的社会保障体系框架，社会保障覆盖面不断扩大，社会保障水平不断提升。自全县实施农村居民最低生活保障制度后，全县城乡低保人员做到应保尽保，不遗漏一人，目前已全面实现城乡低保标准一体化。其中对“五老”人员优抚工作也是走在全市前列。全县对革命

“五老”人员及遗孀实行定期生活补助,而且定补金随经济发展水平逐年提高,标准高于省平均水平。2017年10月起,全县发放革命“五老”人员,每人每月由原来970元提高到1070元,对遗孀生活补助标准由每月150元调整为每月300元。还实行高龄生活补贴和特困人员生活补助制度、春节慰问制度、临时困难补助制度,帮助他们解决实际困难,确保他们安度晚年,把党和政府的温暖送到心坎上。

(五)老区苏区道路更加畅通便捷

华安是漳州市的山区县,“要致富,先修路”,在各级政府与部门的领导和支持下,对老区道路建设落实“适当倾斜”和“八个优先”的政策。早在2007年,全县老区村的道路建设就实现“村村通”,但仍存在路弯、狭窄和水泥路面厚度不够、毁坏严重等问题。随着经济与社会发展,老区自然村道路也面临着急需硬化改造的问题。为进一步建设“四好公路”,以适应老区经济发展,县政府与交通部门对原有的村道进行改弯取直、拓宽加厚和延伸拓展到老区自然村等的新建和改建维修建设。近年来,漳州市在市老区办与老促会的建议下,在全市连续两轮采取“以奖代补”的办法,对老区村道路建设给予拨款补助。据查,从2014年至2019年间,按每公里补助5万元标准计算,华安老区乡村水泥路新建和修建水泥路达148.41公里,补助资金达742.05万元。华安县按每公里补助6万元标准,下拨配套补助资金,仅2017年就下拨近180万元。加快老区道路建设,惠及全县老区村及其老区自然村,促进华安山区人流、物流更加畅通便捷,为改变山区面貌,加快农村经济繁荣发展、农民增收致富奔小康做出新的贡献。

(六)养老服务水平日益提升

从2014年起,华安县根据省、市关于加快养老保业发展的实施意见,结合本县实际情况,全面建成以居家服务为基础,社区服务为依托,机构服务为补充,医养结合,功能完善,覆盖全县城乡的养老服务体系,使养老服务水平日益提升。一是逐步完善城乡养老服务设施。从2016年起,随着地方财力不断增强,全县每年新建一批养老服务设备。至2019年底，全县农村幸福院(园)达58所，养老服务照料中心3所，社区居家养老服务站4座。全县革命老区村农村幸福院建设的覆盖率达100%。其中岛濑、上苑、送坑、前坑、高石、银和、绵良村先后荣获省五星级农村幸福院称号。二是养老服务机构不断完善，针对我县养老机构不够完善、专业人员偏少、服务水平不高等问题，华安县采取公建民营的运营管理模式，补齐老区养老服务的短板。2018年7月，我县通过社会公开投标方式，成功引进厦门龙人伍心家园养老院，将1家县社会福利中心和8家乡镇敬老院交由他们运营。这是漳州市首家创新捆绑式运营管理模式。新的运营管理方式实施后，县社会福利中心经过全面升级改造，总面积达4000平方米，床位增加到162张，做到设备齐全、功能完善、服务内容丰富。如今入院老人照料分为自理、半助、半护三类，致力于打造"养护康医学"五位一体的新型养老服务中心。2019年，县"龙人伍心家园"养老院、仙都镇"龙人伍心家园"敬老院分别荣获省五星级养老机构称号。

第五节　回顾历史　展望未来　创造更加辉煌的明天

回首往事，我们心潮澎湃，感慨万千。从1928年置县治开始到2017年中国共产党十九大胜利召开，跨越了漫长的时空，华安革命老区人民走过了90年的光辉历程。90年砥砺奋进，90年披荆斩棘，90年沧桑巨变。在中国共产党的领导下，华安老区人民为了中国革命的胜利，为了新中国社会主义建设，为了新时期改革开放事业，前赴后继，奋斗不息，做出了巨大努力和贡献，用血汗谱写了一曲曲动人的乐章。

为有牺牲多壮志，敢教日月换新天。在火红的革命斗争年代，华安人民为了推翻国民党的反动统治，建立新中国，抛头颅、撒热血，付出巨大牺牲，做出了卓越贡献。据不完全统计，全县参加红军、赤卫队、游击队876人，被国民党反动派摧毁的革命基点村29

个,被残杀、关押,被迫流亡的上千人,其中解放后评为革命烈士 242 人,定为“五老”人员 598 人,有 60 个行政村被认定为革命老区村,占全县行政村总数的 2/3。血染红旗高高飘扬在九龙江北溪两岸,华安因此成为当之无愧的全国革命老区县之一。

红土地上铸辉煌,天翻地覆慨而慷。新中国成立以后,面对贫困山区的落后面貌,面对百废待兴的重重困难,华安人民在历届县委、县政府的领导下,万众一心,排除万难,艰苦创业,在一穷二白的土地上重建家园。几十年来,华安人民用辛勤汗水和聪明智慧,谱写了社会主义革命和建设的一首首壮丽之歌。尤其是改革开放以来,华安人民坚持以经济建设为中心,励精图治,攻坚克难,开拓进取,取得经济社会建设的一个个辉煌成就,华安从半封闭单一农业经济模式走向工农业全面开放发展,脱贫致富,人民生活从温饱不足发展到总体小康社会。如今的华安,综合实力大幅提升,产业结构优化升级,基础设施日臻完善,社会事业持续进步,民生福祉显著增强,城乡面貌日新月异,生态建设成效突出,九龙江北溪两岸到处生机盎然。华安老区人民将以更加坚定的步伐迈向全面小康社会。

雄关漫道真如铁,而今迈步从头越。新中国成立以后,华安经过 70 年的建设和发展,虽然取得翻天覆地的变化,但与沿海经济发达地区相比,还有一定差距。一是全县经济总量小,占漳州市经济总量的比重还不大;二是基础设施有待加强,尤其是农业生产基础设施相对滞后,导致综合生产能力低;三是农村社会事业建设投入不足,卫生、教育、文化等发展不平衡,与群众日益增长的需求还有较大差距;四是县乡财政和部分群众生产还有困难,地方财政收入偏低,还要靠国家转移支付支持;乡村两级负担较重,少部分贫困村、贫困户尚未稳定脱贫;五是自然灾害频发,抵御灾害能力弱。华安是山区县,小的自然灾害年年不断,大的自然灾害每隔几年一次,使山区人民遭受不少经济损失。

回首往事,我们豪情满怀;展望未来,我们信心百倍。“十三五”时期(2016—2020 年)是实现中华民族伟大复兴,实现“两个一百年”的中国梦的关键时期,也是华安老区人民打赢脱贫攻坚战,决胜全面小康社会的关键时期。在县委、县政府的领导下，全县干部群众要始终坚持以习近平新时期中国特色社会主义思想和党的十九大精神为指导，不忘初心，牢记使命，解放思想，深化改革，开拓创新，围绕统筹推进“五位一体”总体布局，协调推进“四个全面”战略方针，凝心聚力继续扎实做好工业发展、城市建设、生态旅游“三篇文章”，持续念好茶、林、竹“三字经”，坚决打好“三大攻坚战”，实现全县经济社会稳中有进，生态优势做大做强，民生福祉不断增强，社会保持和谐稳定，为加快建设生产发展、生活富裕、生态优美的新华安而努力奋斗。

附录一　人物名录

一、红土骄子(按姓氏笔画排序)

王良(1905—1932)

原名王化赅,重庆市綦江县人,1927年初加入中国共产党。同年9月参加湘赣边秋收起义,并随队上井冈山。1928年4月,任红四军连长,取得了黄洋界保卫战的胜利。1929年1月,任红四军第一纵队支队长,奉命率部转战赣南,挺进闽西,先后参加了伏击大柏地、解放汀州、三克龙岩、攻克上杭等战斗,为闽西苏区的创建做出了很大的贡献。1930年6月后历任红四军第一纵队司令员、十师师长、十一师师长。同年12月,王良率师同萧克、张赤男所率的红十二师,一齐全歼敌十八师直属队和两个旅,俘敌9000余人,并活捉敌前线总指挥张辉瓒,取得了第一次反"围剿"首战的胜利。1932年3月,任红四军军长。接着,一、五军团改称东路军,向闽西出击,红四军为东征漳州主力部队。4月10日拂晓,王良率部收复闽西重镇龙岩城,随即长驱直入,进逼漳州城外之要隘天宝山下。4月19日拂晓,向天宝山之敌发起总攻,在红军的左右夹击下,天宝山守敌全线崩溃。下午3时,红四军攻下天宝镇。20日,红四军同兄弟部队攻取了漳州城。这次战役,消灭了福建省国民党军阀张贞第四十九师主力4个团、俘敌1600余人,缴获各种枪炮2300余件,飞机两架。不久,王良奉令率部返回赣南根据地。6月13日在武平境内遇到顽匪阻击，王良得悉后，亲往观察敌情，不幸遭顽匪暗枪射击，中弹牺牲，时年 27 岁。

王辉球(1911—2003)

江西省万安县人，1928 年 3 月加入中国共产主义青年团，同时参加工农革命军。1930 年春转为中共党员。曾任红四军军部司号员、红十二军连党代表、第一〇二团机枪连政委等职。在漳州战役中，他参加攻打华安十二岭战斗，身受重伤。伤愈后，被送到瑞金红军学校学习，结业后任红一军团特务连政委。1933 年起任红一军团红三军九师政治部代理秘书长，第二师司令部协理员、宣传队队长，第四团俱乐部主任。1934 年 10 月后参加了中央红军长征、抗日战争。新中国成立后，历任第五兵团兼贵州军区政治部主任、副政委，军委空军政治部主任、副政委兼政治部主任、政委，沈阳军区政委、顾问。1955 年被授予中国人民解放军中将军衔。

毛泽东(1893—1976)

湖南省湘潭县人。1920 年在湖南创建共产组织。1921 年 7 月出席中共一大，后任中共湘区委员会书记，当选为第三届中央执委。1924 年国共合作后，曾任国民党中央宣传部代理部长，主办第六届农民运动讲习所。国共合作破裂后，在 1927 年中共中央八七会议上，被选为中央政治局候补委员。9 月，到湖南、江西边界领导湘赣边秋收起义。接着率起义部队上井冈山，发动土地革命，创立第一个工农革命根据地。1928 年同朱德领导的起义部队会师，成立工农革命军(不久改称红军)第四军，任党代表、前委书记。1929 年初夏，率红四军主力第二次入闽，开辟中央及闽西革命根据地。12 月，主持召开著名的古田会议。1930 年 8 月，任红一方面军总政委。1931 年后先后任中共苏区中央局代理书记、中华苏维埃共和国临时中央政府主席、中央军委副主席。1932 年 4 月，率领中央红军东路军“开辟闽南、进占漳州”，并作出“公开宣传、秘密组织”和“创造小红军，建立小苏区”等重要指示，使华安苏区成为中央苏区扩展时期的组成部分。1933 年被补选为中共中央政治局委员。1934 年 10 月，参加中央红军长征。长征途中，在遵义会议上被选为中央政治局常委。1943 年 3 月，被选为中共中央政治局主席。1945 年，主持召开中共七大，毛泽东思想被确定为中国共产党指导思想。1955 年，肯定《华安县龙峰乡先锋农业生产合作社是怎样进行整社工作的》经验做法，把题目修改为《一个整社的好经验》并加按语，该文先后收入《中国农村的社会主义高潮》和《毛泽东选集》第五卷。新中国成立后，历任中华人民共和国中央人民政府主席、中共中央主席、中央军委主席等职。

方方(1904—1971)

广东普宁人，1926 年加入中国共产党。1927 年 10 月，任潮安县委宣传部长兼任赤卫军第三团党代表。1929 年，任东江特委宣传委员、普宁县委书记。1930 年，调闽西苏区工作，先后担任闽粤赣边区省委职工委员会书记、汀连县委书记、杭武县委书记、上杭中心县委书记兼杭永岩游击纵队政委。1933 年，任福建省委宣传部长，不久，任福建省委代理书记。1934 年 4 月，任红军独九团政委兼军政委员会主席，率领独九团活跃在漳龙公路沿线和杭岩永、岩南漳华各地，开展游击战争。1935 年 4 月，任闽西南军政委员会政治部主任。抗日战争时期任闽粤赣边区省委书记、中共南方工作委员会书记。新中国成立后，任广东省人民政府副主席、省土改委员会主任。1955 年调任中央统战部副部长、中华人民共和国华侨委党组书记、全国侨联副主席。

邓子恢(1896—1972)

原名绍箕，龙岩新罗区人，闽西革命根据地的主要创始人之一。1926 年加入中国共产党，历任闽西特委书记、闽西苏维埃政府主席，红十二军、红二十一军政委等职。1930 年 7 月，以中共福建省委农村巡视员名义，派往闽中、闽东、闽南等地开展白区工作。1931 年 11 月，当选为中华苏维埃共和国临时中央政府财政部长，并兼任代理土地部长。1934年,中央红军长征后,留在闽西领导闽西南三年游击战争。1935年4月,回到闽西,组建闽西南军政委员会,先后任宣传、财政兼民运部长,副主席兼财政部长。9月,指派瑞金工农红军学校第四期学员、原红四军汀漳龙联合赤卫队负责人邹天水回华安加强游击战争的领导力量。1938年3月,率部北上抗日,任新四军政治部副主任、新四军江北指挥部政治部主任。新中国成立后,历任中南局第二书记、中南军区第二政委,中南行政委员会副主席,国家计委副主任,中共中央农村工作部部长,国务院副总理,全国政协副主席等职。

邓毅刚(1904—1932)

湖南省汝城县人。1926年加入中国共产党。1927年参加"八一"南昌起义,后上井冈山,历任红四军连长、特务营长、第一纵队参谋长、龙岩县赤卫军大队长。1930年后历任闽西红军独立一团团长、红九军军长和红十二军军长,率部转战于龙岩、漳平、南靖、华安等县,开辟新苏区,进一步巩固和扩大了闽西根据地,成为闽西苏区著名的红军将领。同年6月后历任红二十一军参谋长兼四纵队纵队长,红三十五军军长,红独立三师师长。1932年2月指挥部队攻打瑞金九堡时,壮烈牺牲,时年28岁。

平浪(1918—1991)

四川省大竹县人。早年参加抗日救亡活动。1938年1月赴延安参加革命,3月进延安抗大学习,6月加入中国共产党。1940年任太行区青委会革救总会干训班政治指导员、党支部书记,三地委青委组织部长兼儿童部长,六地委分区武委会委员兼青抗先总队副队长,沙河县救联会主席兼二区区委书记,辉县救联会主席、县合作社社长等职。1949年2月,参加中国人民解放军长江支队随军南下福建。1949年8月入闽,9月进入福建漳州,任龙溪专署教育科科长,10月任华安县工委书记兼县长。1952年6月,任龙溪农校校长兼漳州市中学党总支书记。1953年,参加华东党校学习后留省工作。历任省委党校党委委员、高干自修班副主任、哲学教研室主任。1963年，历任厦门市委常委、宣传部长，龙溪地区革委会宣传组组长，地委党校校长兼书记，地直机关党委会书记，地区科委主任等职。1982年8月，任龙溪地委常委、专署顾问。1985年7月离休。

卢叨(1915—1993)

原名卢在祥，广东省潮安县人。1933年参加潮澄澳县委领导的游击队，同年底加入中国共产党。1935年秋，随部队转移到闽南乌山。1937年7月后历任云和诏区委书记、县委书记，汕头中心县委军事部长、闽南特委副特派员、特派员。解放战争期间，历任闽南地委书记兼任闽粤赣边纵队闽南支队政委(后为八支队政委)，领导闽南地区开展游击战争，直到闽南全境解放。新中国成立后，历任龙溪地委书记，省委宣传部部长，省委党校党委书记、校长，省人大法制委主任，省委党史委副主任，省政协副主席。

卢炎(1913—1950)

海南省乐会县人。1932年加入共产党。1934年由中共厦门市委派入闽南游击区。1938年2月，在闽南坚持游击斗争，曾任平和县文山区委委员、区委书记、县委组织部部长、县委副书记。1940年8月，与陈天才等人在平和、南靖交界处袭击国民党便衣队，反击顽固派对抗日基点的进攻。1944年，任中共平和县委副特派员，同年10月，任闽南政保队队长。1945年秋，任王涛支队第四大队大队长，率队在云霄、平和、诏安一带发动群众，恢复革命基点，坚持反顽自卫。1949年5月，中共闽南地委决定派遣闽粤赣边区纵队第8支队(闽南支队)部分武装力量攻打华安，身为副政委的卢炎，与支队长李仲先、副支队长吴杨带领部队500多人，从南靖荆都出发，当天打下华安归德(今高安)乡公所、振凤楼粮仓，后又攻打下樟、汰内等地，在华安十天打了八仗，消灭黄雨定残匪数十名，打击了反动势力，扩大了解放军的影响，增强了人民群众对革命胜利的信心。

卢亚来(1929—2014)

出生于惠安县崇武镇清江村一个传统的渔耕世家。

卢亚来从小勤学苦练。1948 年在泉州国立海疆学校商业科国际贸易系读书时,积极参加中共地下党组织活动。1949 年 6 月,正式加入中共闽西南党组织,并任中共及团支部书记。8 月,参加闽粤赣地区纵队八支队四团惠安工作队兼任队长,参加解放崇武城。解放后,在惠安县一、二、四区和崇武支前办工作。1952 年 9 月,在华安县先后历任农会委员,党校训练班副主任,农业局长,沙建公社党委书记,华安县副县长、县委常委。1955 年,下派仙都四区任龙峰工作组组长,进驻先锋村农业生产合作社。在主持开展整社工作中,从思想整顿入手,运用当地农业合作社出现的事实,引导农民进行“四对比、五算账”工作方法,顺利地完成了整社任务。他把整社工作经验整理上报。1955 年 12 月 27 日毛主席看到《华安县龙峰乡先锋农业生产合作社是怎样进行整社工作的》这篇文章后,十分高兴,当即决定把它收入《中国农村的社会主义高潮》一书中,并亲自写下《一个整社的好经验》的按语,该按语全文编入《毛泽东选集》第五卷 245 页。

从 1956 年 10 月至 1968 年 9 月,历任华安县副县长。从 1972 年至 1983 年 9 月,调任龙溪专署林业局局长。退休后于 1999 年聘任为漳州市老促会会长至 2004 年初。

伍洪祥(1914—2005)

龙岩上杭县人,1930 年加入中国共产主义青年团,1932 年转为中共党员。历任少共上杭中心县委书记、少共福建省委宣传部部长。中央红军主力长征后,在闽粤赣边区的龙岩、南靖、华安、漳平、永定等地,组织领导红军游击队开展艰苦卓绝的游击斗争。历任红八团政治处主任、政委、军政委主席,闽西南军政委委员、闽西南第三作战区政治部主任、政委,闽西南抗日讨蒋军第三分区政委兼政治部主任,第二纵队政治部主任。抗日战争时期,任中共梅县中心县委书记、闽粤赣边省委军事部长兼青年部长。解放战争时期，任新四军第八纵队副政委、解放军四纵一师三旅政委、十二师政委，二十三军六十九师政委。新中国成立后，历任共青团福建省委书记、龙岩地委书记、省委书记处书记、省委书记兼省军区政委、省委书记兼副省长、省政协主席等。

刘忠(1906—2002)

曾用名刘永灿，龙岩上杭县人，1929 年参加中国工农红军，同年加入中国共产党。土地革命战争时期，历任红十二军第二纵队一O 三团排长、红四军第十二师三十六团政委，第十一师三十三团政委，第二师五团政委，红一军团政治部组织科科长，军团司令部侦察科科长。1932 年 4 月漳州战役期间，三十三团作为师的先头部队由政委刘忠和副团长陈冬生率领，克服河水暴涨的困难，抢先渡过东溪，掩护全师前进，并受命担任从正面配合十师的部队攻占大尖山东侧的敌人阵地，而后直插漳州城郊的天宝，为红军东路军顺利攻占漳州做出了突出贡献。1934 年 10 月后参加中央红军长征、抗日战争。新中国成立后，任西康军区、川西军区司令员，解放军军事学院副教育长，解放军军政大学副校长。1955 年被授予中国人民解放军中将军衔。

刘亚楼(1910—1965)

原名刘振东，龙岩武平县人，1929 年 8 月加入中国共产党，同年底参加红军。历任红十二军第三纵队第一营连长、营长兼政委，红四军第十二师第三十五团政委，红二师政委。参加了漳州战役、中央苏区历次反“围剿”。1934 年 10 月后参加中央红军长征、抗日战争。1939 年 1 月，进入苏联伏龙芝军事学院学习，参加苏联卫国战争，被授予少校军衔。1946 年学成归国的刘亚楼出任东北民主联军参谋长兼航空学校校长。1948 年 1 月，任东北军区参谋长兼任东北野战军第一参谋长，同年 12 月任天津前线指挥部总指挥。1949 年，任解放军空军司令(中国第一任空军司令)。1959 年，任国防部副部长兼任国防部第五研究院院长、国防科委副主任等职。1955 年被授予中国人民解放军上将军衔。

汤晓丹(1910—2012)

生于华安县仙都镇云山村。在上海电影制片厂工作。原第一创作室主任兼导演,原上海市政协委员、全国文联委员、中国影协理事、上海影协名誉副主席,曾三次被评为上海市劳动模范,两次被评为全国先进工作者。1928 年,在厦门集美农林专科学校读书,因参加学生爱国运动被开除。1929 年到上海参加“左联”,从事地下党办的画刊社工作。1931 年进入上海天一影片公司担任布景设计工作。翌年升任导演,先后导演了《白金龙》《飞絮》《飘零》等影片。1934 至 1943 年在香港当导演,先后编导了《最后关头》《上海火线后》《小广东》《民族的吼声》等宣传团结抗日的影片,为他赢得“金牌导演”的美誉。1944 年至 1946 年在重庆、上海参加抗日救亡活动并参加编导工作。在重庆他导演了《敢死警备队》《原野》等影片。在上海,他拍摄了《天堂春梦》《更生凤记》《失去的爱情》等影片。新中国成立后,他导演了几十部军事题材的大型影片,如《红日》《渡江侦察记》《南昌起义》等。他不是军人出身,却出色地导演了许多经典或现代的战争影片,因此被誉为“金牌导演”、“银幕将军”和“中国战争电影之父”。1990 年 10 月,“汤晓丹艺术活动研讨会”在上海开幕,在漳州闭幕,他带着夫人回故乡华安云山探亲。

2004 年 9 月,在第 24 届金鸡奖会上,他获评终身成就奖,是该奖项的第一人。2011 年 12 月,他荣获首届“中华艺文奖终身成就奖”。2012 年 1 月 21 日汤晓丹病逝,走完了 102 岁的人生旅程。

李三婴(1898—1932)

漳平市永福李庄人。1927 年春,和李宗继等在李庄组织乡村农民协会,开展农民运动。1929 年秋,组织李庄农民暴动。1930 年 3 月,任李庄乡苏维埃政府主席、赤卫队政治指导员,同时相继领导发动近邻的华安县马坑、下垅、福田等地组织农会,开展抗税抗捐抗租斗争。1930 年 10 月，赤卫队遭国民党军队和地方民团围剿打击，带领李庄赤卫队到和春、马坑一带开展活动，后跟随红十二军部队行动。1931 年 3 月，化装为打短工的农民，和部分队员以卖菜籽、茶油为掩护，在华安、漳州、南靖等地，秘密寻找党组织。1932 年 1 月，在华安县沙建村往上樟村途中遭遇地方民团埋伏，被杀牺牲，时年 34 岁。

李元昌(1912—1936)

南靖县和溪镇坂场村人。1931 年秋加入中国共产党。1932 年 4 月，中央红军东路军攻占漳州期间，他先后担任村苏维埃政府主席和南(靖)华(安)区苏维埃政府副主席，积极组织赤卫队和村苏干部为红军带路、送情报、送粮送草，发动群众参军参战，领导土地革命斗争。红军回师中央苏区后，在白色恐怖日益严重的情况下，寄居在龙岩莒州村，继续与党组织保持联系，就地建立赤卫队，并担任队长。1933 年秋，带领赤卫队攻占高安联春楼(火阁杞楼)。1934 年，红八团挺进闽西南敌后，开辟游击根据地，他返回家乡，担任和溪赤卫队队长，积极配合红八团进行革命活动。1936 年 4 月，担任龙(岩)南(靖)漳(平)县游击队第一大队财粮委员，在前往迎富村筹款途中，遭叛徒杀害。新中国成立后追认为革命烈士。

李友理(约 1904—1932)

华安县下垅村人，1929 年加入中国共产党。1930 年 2 月，任华安县下垅村苏维埃政府主席。当年 3 月在下垅举行暴动，没收当地地主豪绅的财物。1932 年 10 月，驻南靖和溪反动民团纠合下垅被打倒的土豪劣绅向下垅苏维埃政府和赤卫队反扑。由于白匪的围剿和叛徒的出卖，该组织遭到破坏，李友理等人被抓捕。在南靖和溪圩场，李有理惨遭开膛剖腹而壮烈牺牲，下垅苏维埃政府的革命活动遭到严重破坏。

李仲先(1921—2006)

广东梅县人。1945年参加革命,同年7月加入中国共产党。历任王涛支队第四大队战士、班长、钟骞支队中队长。1946年底,在支队长陈文平指挥下,率武装工作人员20多人在乌山雷公陂设置地雷阵炸死炸伤闽省保安团兵,击退敌人1个中队的进攻,保卫了地委机关的安全。1947年8月,任闽南支队支队长。1948年1月,在云霄水晶坪伏歼闽省保二总队1个中队后,与副支队长王汉杰率闽南支队第一连挺进粤东出击外线。同年秋,率部征战漳浦、南靖、平和边界地区,粉碎国民党福建省当局的军事围攻。1949年5月,带领八支队一团、二团的5个连队在高安、下樟、沙建、汰内、南坪、天宝大山等地与敌周旋,攻下高安乡公所和粮仓,把粮食分发群众,10天打了8仗。同年秋,全支队发展到3700人枪。新中国成立后,历任龙溪军分区副参谋长、参谋长,福建省第六军分区副司令,福州军分区十兵团军训处副处长,三明军分区副司令。

李清(1914—1949)

华安县新圩镇玉山村人。孩童时在本村祠堂读私塾,少年在家种田,农闲到周边的安溪或本县的沙建、丰山一带打工。1947年初,为扩大革命力量,安溪龙涓的地下党组织派人到近邻的华安县新圩花山(今华山村)、白叶(今玉山村)开展地下革命宣传活动,李清等暗中参加地下游击队,担任地下联络员。当年7月,李清在本村组织"抗征队"和农民武装赤卫队,担任队长,共有40多人。1949年2月,当地国民党民团纠集50多名团兵"围剿"玉山村,以"共匪"为罪名,抓捕李清一家(包括妻子和一双子女),并被抄家灭族。1984年4月,李清被认定为地下游击队员。

杨成武(1914—2004)

龙岩长汀县人。1929年参加中国工农红军,1930年加入中国共产党。土地革命战争时期,历任红四军第十二师教导大队政委、第十一师第三十二团政委。1932 年 4 月，作为主力部队，率部亲临华安、南靖一线参加漳州战役。漳州战役后，历任红一军团第二师四团政委，第一师政委、师长兼政委。1934 年 10 月后参加中央红军长征、抗日战争。新中国成立后，历任华北军区参谋长，京津卫戍区副司令员，志愿军第二十兵团司令员，华北军区参谋长、副司令员兼参谋长，北京军区司令员，防空军司令员，副总参谋长、第一副总参谋长、代总参谋长，中央军委副秘书长，副总参谋长兼福州军区司令员。是第一、二、三届国防委员会委员，第六届全国政协副主席，中共第八届候补中央委员，第十一、十二届中央委员。1955 年被授予中国人民解放军上将军衔。

杨裕德(1909—1996)

华安县丰山镇内角村人。1927 年到上海暨南大学高中师范科读书，受进步思想影响加入青年团，后转为共产党员。1929 年 4 月，回丰山开展地下革命活动，在家乡组织农会、举办夜校，在浦林组建游击队，把家中武器献给游击队使用。1930 年 5 月，带领农会、游击队队员参加乌石暴动。暴动失败后，被迫漂泊南洋巴厘岛。1932 年回漳州夏文小学任教，曾组织一次全市性“力争教费委员会”的罢教斗争和参加方毅组织的芗潮剧社革命活动。1935 年，因敌人搜捕再次出走南洋。1936 年，回漳州崇正中学任教。1937 年，到丰山小学当校长，其间鼓励农民减租减税，阻止便衣特务的敲诈勒索等活动。1948 年 10 月，被国民党逮捕，遭酷刑后双眼失明。

杨骚(1900—1957)

字古锡，号维铨，华安县丰山镇人，出生在漳州南市。杨骚自幼随养父(堂叔)杨鸿盘读私塾，尔后就读于汀漳龙道师范附小、汀漳龙道师范预科。1918 年从省立第八中学毕业，东渡日本留学。1921 年考取东京高等师范学校。1925 年夏天到新加坡教书。1927 年初冬回上海从事专业写作。杨骚爱好文学，长于诗歌、戏曲创作，是中国左翼作家联盟成员，中国诗歌会发起人之一。

“七七事变”后，杨骚回福州同郁达夫等人组织了“福州文化界救亡协会”，在《小民报》上辟《救亡周刊》和《救亡文艺》专刊。1938年底辗转到重庆，参加“中华全国文艺界抗敌协会”。1939年6月，参加文协组织的“作家战地访问团”到前线访问了半年。1941年1月“皖南事变”后，他在组织的安排下，离开重庆前往新加坡，主编闽侨总会的机关刊物《民潮》，开展抗日宣传，揭露“皖南事变”真相。《民潮》被迫停刊后，他又在星岛参加“星华文化界战时工作团”，一直坚持到新加坡陷落前夕，才撤到苏门答腊。抗战胜利后，他复出新加坡，在东岭中学教书，协助同仁编辑《大战与南侨》一书。

1950年9月，杨骚到印尼雅加达“生活报社”工作，后任总编辑兼副社长。他写下了大量的社论、时评、杂谈，宣传祖国的建设成就，文章多署名“北溪”和“丰山”。

1952年9月，杨骚回国工作，任广州作家协会副主席、中国作家协会广东分会常务理事。1953年2月，曾回到福建闽南一带侨乡体验生活。1957年1月病逝，安葬在广州银河公墓。

杨骚一生出版了22本书，其中有叙情诗集《受难者的短曲》《春的感伤》《半年》；长篇叙事诗《乡曲》；剧本集《迷雏》《他的天使》；诗歌集《记忆之都》；评论、随笔集《急就篇》；译著有原苏联长篇小说《铁流》《十月》《赤恋》《异样的恋》，美国长篇小说《没钱的犹太人》，日本长篇小说《痴人之爱》及《世界革命妇女列传》《洗衣老板与诗人》《心》等等。给我国现代文学留下一笔宝贵的遗产。

吴扬(1916—1995)

又名吴紫清，泉州南安市人。少时去菲律宾做工。1930年参加当地总工会进步活动，1937年加入菲律宾共产党，1947年回国参加解放战争，转为中共党员。回国后被分配到闽粤赣边区纵队闽南支队，任副支队长，参加指挥和建设武装队伍。1949年5月，带领八支队一团、二团的5个连队在华安的高安、下樟、沙建、汰内和南靖的南坪等地与敌周旋，攻下高安乡公所和粮仓，把粮食分发群众，10天打了8仗。1949年6月，任闽粤赣边纵队闽西南联合司令部参谋长兼第八支队副支队长，曾率部配合兄弟部队解放龙岩和漳州等地。新中国成立后，历任省军区警备六团、公安八十团副团长，龙溪地区剿匪副总指挥、省政协办公室副主任、省侨委副处长、省侨办副主任等职。

吴运琳(1901—1989)

又名黄德琳，海南万宁人。1927 年加入中国共产党，曾在家乡搞农运。1929 年秋出走新加坡。1931 年 9 月，在新加坡参加马来西亚共产党，任大坡小贩地下工会主席。1932 年 8 月，在参加反帝大同盟纪念日活动时被逮捕、拘禁。1934 年 6 月，回国后经组织分配到闽西游击队工作，担任闽粤边特委交通总站站长。1935 年 7 月，任特委经济委员会副主任，为粉碎敌人对苏区的“围剿”，奉特委之命向外围开辟新区，先后领导建立梁山、后洞等游击根据地，并在游击区内建立 16 个党支部和赤卫队。1937 年春，调任平和文峰区委书记。红军北上抗日后，留在平和县坚持革命斗争。1942 年“南委事件”后隐蔽于华安白区，在仙都大地村组织小学教师、农民等进步青年秘密开展革命工作，把革命力量渗透到安溪境内，与安溪党组织取得联系，一直坚持到华安解放。新中国成立后，任华安县第一区区长，1954 年调任漳浦县副县长，1968 年离休。

邱织云(1909—1935)

曾用名邱天锦，龙岩上杭县人。1929 年 5 月参加中国工农红军，1930 年加入中国共产党。历任红四军第二纵队政治部宣传科干事、红一军团政治部宣传科长，参加中央红军东路军漳州战役。1934 年 4 月，调任红八团政委兼军政委主席，与团长邱金声率部挺进龙岩、漳平、南靖、华安、永定等县开展游击战争。中央红军长征后，在闽西南坚持游击战争。曾任闽西南军政委委员，闽西南第三军分区政委、第三作战分区政委。1935 年 9 月，在华安与敌人战斗中英勇牺牲。

邱金声(1912—1939)

龙岩新罗区人。1927年在家乡参加邓子恢组织的秘密农会，1930年参加中国工农红军，1931年加入中国共产党。在红十二军历任战士、班长、排长、连长、营长、团长。1934年春，调任红八团团长，率部挺进龙岩、漳平、南靖、华安、永定等县开展游击战争。中央红军长征后，在闽西南坚持游击战争。曾任闽西南军政委委员、第三作战分区司令员、闽西南红军抗日支队第5支队支队长。抗日战争期间，任新四军第二支队第三团副团长，与团长黄火星一起率部开赴皖南抗日前线，建立抗日根据地。1939年2月26日，因积劳成疾在皖南太平县逝世，时年27岁。

邹天水(1905—1997)

华安县高安人。1929年在龙岩参加工农红军，不久转入红四军第四纵队。1930年加入中国共产党。在四纵部队期间，当过四纵司令员胡少海的警卫员。1932年4月，任连长，参加漳州战役。1932年10月，到瑞金工农红军学校学习。1933年，任红四军汀漳龙联合赤卫队大队部负责人，后在坎市战斗中负伤，在龙岩大池村郭生宝家中养伤。1935年秋，回华安高安组织漳龙赤卫团，任队长，配合红八团开展活动。1937年2月，带领漳龙赤卫团在高石直仑下楼伏击高安反动民团，击毙包括伪区长等反动民团13人。1949年秋，被反共救国军逮捕。新中国成立后，和邹天保献出保存十多年的十多件革命文物，包括“红四军汀漳龙联合赤卫队”的旗帜、印章等。由于历史原因，造成邹天水脱离党组织，1997年恢复党籍。

邹天保(1902—1987)

华安县高安人。1929年夏在龙岩参加工农红军，不久转入红四军第四纵队。在四纵部队期间，当过四纵司令员胡少海的警卫员。1932年，随部参加漳州战役。1935年秋，邓子恢派他和邹天水回华安秘密组织漳龙赤卫队。1948年，动员护送了六位青年参加闽南支队。1949年秋，被反共救国军逮捕。新中国成立后，和邹天水献出保存十多年的十多件革命文物，包括“红四军汀漳龙联合赤卫队”的旗帜、印章等。

张克瑶(1921—1987)

河南省辉县市人。1945年8月参加革命工作，1946年6月加入中国共产党。1946年任辉县方山区秘书，杨吕川区建设协理员，副区长。1949年任辉县十区区长，2月参加中国人民解放军长江支队随军南下福建。8月入闽，9月进入福建漳州，任龙溪县五区区委书记，10月任华安县县委委员、高安区区委书记兼区长、仙都区委书记。1952年10月，历任县委宣传部副部长、部长、常委、县委副书记。1960年2月，任龙溪专署农业局局长。1961年6月，任龙溪地区漳州市市委副书记。1966年4月，任龙溪专署农业局局长。1969年8月，任云霄县革委会副主任。1972年7月，任长泰县委副书记、革委会副主任。1975年12月，任龙溪地区农机局局长。1977年11月，任东山县委书记。1982年4月，任龙溪地区建委副主任。1984年2月离休。

张振礼(1925—1988)

龙溪诏安人。1941年10月参加革命。1945年10月加入中国共产党。曾任闽南游击队交通员、情报员。后加入靖和浦武工队，任队长。1947年任闽南支队连长，率部在南靖、平和、华安等地山区开展游击战，先后经历70多次战斗。1949年6月，任闽粤赣边纵队第二十一团团长。新中国成立后，历任福建省军区警备六团二营营长、省第六军分区独立营营长、平和县副县长、南靖县革委会副主任、南靖县政协副主席。

张鼎丞(1898—1981)

龙岩永定县人，闽西革命根据地的主要创始人之一。1927年加入中国共产党。1928年6月，领导永定县农民武装暴动。先后任闽西特委组织部长、军委书记、红四军四纵队党代表、闽西苏维埃政府主席、福建省苏维埃政府主席，中华苏维埃共和国临时中央政府土地部长。中央红军长征后，留在闽西领导闽西南三年游击战争，任闽西南军政委员会主席，领导华安等地积极开展武装反抗国民党的斗争。1938年初率部北上抗日。新中国成立后，历任福建省委书记兼省人民政府主席、福州军区政委、华东局第四书记、华东军政委员会副主席、中央组织部第一副部长，最高人民检察院检察长，第四、第五届全国人大常委会副委员长。

陈志科(1892—不详)

漳平永福西山人。原永福苏维埃政府区委委员、主席。1929年10月，以小商贩为掩护到马坑、下垅、福田等地秘密开展革命活动，发展党员。1930年6月，永福总区撤退到龙车随红十二军到龙岩后无音讯。1962年8月，追认为烈士。

陈朝攀(1909—1937)

龙岩漳平人，1928年加入中国共产党。1929年，任龙岩蕉坑区委委员。1930年，任南福区委副书记、南福区苏主席，参与创建了(龙)岩南(靖)漳(平)边革命根据地。1932年，中央红军东路军攻占漳州期间，创建了南平、南华等区乡苏维埃政权，为华安苏区的创建做出了突出贡献。1934年，中央红军长征后，在闽西南坚持三年游击战争。曾任岩南漳县军政委副主席兼闽西南抗日讨蒋军岩南漳游击大队长。1937年4月，率领岩南漳妇女游击队在漳平四旺村遭国民党反动军队伏击，壮烈牺牲，时年28岁。

郑缓(1912—1977)

龙海市颜厝镇塔美村人。1929年参加地下革命活动，成为地下交通员、赤卫队员。1932年随邓子恢、王占春、冯翼飞领导的游击队转战闽南地区的龙海、华安、漳浦、南靖等县。1933年回南乡坚持地下斗争。后因叛徒出卖,交通站遭受严重破坏,一起参加革命的丈夫杨水根被敌人枪杀,郑缓改名换姓,流落他乡。1944 年到丰山一家杂货铺当女佣,后和当地农民结婚。

项南(1918—1997)

原名项德崇,福建省连城县人。早年随父亲项与年从事闽浙赣边区革命根据地开辟工作,1929 年在连城文坊苏区任少年先锋队队长,1937 年春途经新圩古渡口。1938 年加入中国共产党。抗战爆发后,为抗日救国,几经辗转,于 1941 年春到达盐城新四军军部。1941 年 9 月,任建阳县政府首任财经科科长。1942 年 2 月,先后任阜东县县委秘书、县委宣传部部长。解放战争时期,任盐阜五分区、十一分区财经处处长。1949 年 2 月,赴皖中开辟新区。新中国成立后,先后任安徽省青年团书记、华东局青年团书记、团中央书记、中共福建省委第一书记、省军区第一政委。党的第九届、十届、十一届、十二届中央委员会委员,中共中央顾问委员会委员。

胡少海(1898—1930)

湖南省宜章县人,1928 年加入中国共产党。同年参加湘南暴动,任宜章县农民自卫队总指挥,后任中国工农革命军独立第一师第三团团长、第三师师长。率部上井冈山后,任红四军二十九团团长。1929 年 3 月,任红四军第二纵队司令员。9 月,任红四军第四纵队司令员。1930 年 5 月,任闽西红二十军军长。6 月,任闽西红二十一军军长。8 月 5 日,在指挥部队攻占漳平永福圩战斗中不幸牺牲。

聂荣臻(1899—1992)

四川省江津县人。1923 年加入中国共产党。1925 年 8 月后历任黄埔军校政治部秘书兼政治教官,中共广东区委军委成员、军委特派员,湖北省委军委书记。1927 年 7 月中旬任中共前敌军委书记,参加南昌起义后任起义军第十军党代表。同年 12 月,参与领导广州起义。1928年，任广东省委军委书记。1930年初任顺直省委组织部部长，同年5月后在中共中央特科和中央军委工作。1931年12月到中央苏区，先后任红军总政治部副主任、第一军团政委。1932年4月，任红军东路军政委，参与指挥漳州战役，深入华安、南靖指挥作战，消灭了军阀张贞第四十九师大部。1934年10月后参加中央红军长征、抗日战争。解放战争时期，任华北军区司令员、华北局第二书记、中央军委副总参谋长、平津卫戍区司令、北平（今北京）市长等职。新中国成立后，历任北京市市长、中央军委秘书长、解放军代总参谋长、人民革命军事委员会副主席、国务院副总理兼国家科委主任、国防部国防科学技术委员会主任、中央军委副主席。1955年9月，被授予中国人民解放军元帅军衔。是第一至三届国防委员会副主席、第四至五届全国人大常委会副委员长，中共第十一、十二届中央政治局委员。

黄水萍（1911—1984）

华安县高安人。1930年搬家到南靖金山，1932年4月在南靖龙山圩报名参加红军，历任战士、班长。1933年在东西营陂战斗中右肩中弹，负伤休克，送后方医院治疗。伤愈后返回部队。1934年10月，随部队参加长征，进入贵州后，因受伤身体虚弱掉队、被俘。1935年初被遣送到汀州释放，后回乡务农。

黄清旺（1915—2000）

原籍广东，龙岩新罗区人。1930年参加大岭下暴动，成为游击队队员。1932年加入中国共产党。中央红军长征后，坚持了闽西南三年游击战争。1935年从闽西南教导队分配到永定四支队当班长，参加攻打上杭城战斗。1938年1月，闽西南、闽粤边、闽赣边的红军游击队改编为新四军第二支队。不久，黄清旺与第二支队六连开赴安徽云岭抗日前线，历任警卫营班长、教导总队机炮连排长。1941年“皖南事变”中，时任三团特务连连长的黄清旺临危受命，在距离很远的地方，用重机枪点射，打死了不少敌人，其中一名还是国民党的中将，因而受到支队政委黄火星的高度赞扬。“皖南事变”后，历任营长、股长、团参谋长、副团长、空军某基地场站站长、空军某基地副主任、空军第十三军后勤部副部长（正师职待遇）等职。

游维新（1909—1949）

又名游汀兰，龙岩永定县湖坑乡太联村人。1928 年参加卢肇西领导的陈东暴动。1930 年带领卢肇西的游击队解放大溪，曾任大溪赤卫队中队长、大队长。后由于肃“社会民主党”运动离开永定，以贩卖草药为掩护，到广东汕头寻找党组织。1938 年到华安县仙都开展活动，后转移到良村的良埔定居，以开中药铺为掩护开展活动，多次到永定上杭、龙岩、长泰、安溪等地和党组织联系，秘密发展党员。1944 年在良村秘密成立闽西工农红军华安纵队，任队长。1949 年农历五月，由于内奸告密，被华安国民党民团逮捕、活埋。1985 年 4 月，被认定为老游击队员。

童小鹏（1914—2007）

龙岩长汀县人，1930 年参加中国工农红军，同年加入中国共产党。曾任第四军、第一军团政治部秘书。1932 年 4 月参加漳州战役，任战地摄影记者。1934 年 10 月后参加中央红军长征、抗日战争。新中国成立后，历任中共中央统战部副秘书长、秘书长，国务院总理办公室主任，国务院副秘书长，中共中央办公厅副主任、统战部副部长、中央党史资料征委会副主任。

谭震林（1902—1983）

湖南省攸县人，1925 年参加革命，1926 年加入中国共产党。1927 年秋上井冈山，历任茶陵县委书记、县苏维埃政府主席，湘赣特委代理书记、书记，红四军第二纵队党代表，第四纵队政治部主任、司令员、政委。1931 年初，受红四军前委委派往闽西指导军事、政治训练，历任红十二军政委、福建军区司令员。中央红军长征后，留在闽西参与领导闽西南三年游击战争，任闽西南军政委副主席兼军事部长。分别制定了对敌斗争和“联蒋抗日”等重要方针，指挥华安等县开展游击战争。1938年初率部北上抗日。1949年5月后历任浙江省委书记、省人民政府主席、省军区政委、华东局第三书记、华东军政委副主席、中共中央副秘书长兼中央书记处第二办公室主任、中央书记处书记，在中共八届五中全会上当选为中央政治局委员，后任国务院副总理，并兼任国务院农林办主任、国家计委副主任等职。是第四、五届全国人大常委会副委员长，中共第八至十一届中央委员，中顾委副主任。

魏金水(1906—1992)

龙岩新罗区人，1929年7月参加红军，10月加入中国共产党。土地革命战争时期，历任龙岩赤卫军部队部副官、红十二军第一〇〇团团部副官，西陂区苏维埃政府主席，龙岩独立第三团一连政委、团政委，红十九军一七〇团政委，福建军区第二分区政治部主任。1934年4月，调任红八团副政委兼政治部主任，与团长邱金声、政委邱织云一起率领红八团挺进龙岩、漳平、南靖、华安、永定等县开展游击战争。中央红军长征后，在闽西南坚持三年游击战争。曾任闽西南军政委委员、龙岩县军政委、岩南漳军政委主席。抗日战争时期，任龙岩县委书记、闽西南抗日义勇军政治部主任、闽粤赣省委组织部部长、闽西南特委书记。解放战争时期，任闽粤赣工委书记、闽粤赣边区党委书记兼人民解放军闽粤赣边区纵队政委。新中国成立后，历任福建省委委员兼农委书记、农协主任，省委常委兼龙岩地委第二书记、龙岩县委书记、省委第二副书记兼省监委书记，省委副书记兼省监委书记、副省长，省委书记处书记、省长，省政协副主席，中顾委委员。

二、烈士名录

收入本名录的革命烈士共73人,其中华安县籍54人,原籍外地的19人,具体如下:

(华安县籍烈士)

烈士姓名	性别	出生年月	籍贯	入伍时间	牺牲时间	简历与事迹
林担水(林打水)	男	1923年2月	丰山镇龙径村	1941年8月	1947年7月25日	19岁时被国民党政府抓丁,1949年被中国人民解放军解放。编入二野二纵队六旅18团为战士,后参加共产党,1947年7月25日在北平洋山战斗中牺牲。
陈上士	男	1923年	湖林乡吉土村	1949年8月	1949年10月8日	闽赣边区纵队8支队4团5营警卫连战士,1949年10月8日在解放华安珍山乡战斗中牺牲。
陈登寿	男	1915年8月	湖林乡吉土村	1949年6月	1949年10月9日	闽赣边区纵队8支队4团5营警卫连战士。1949年10月9日在解放华安珍山战斗中为抢救战友遭匪捕捉,受严刑拷打,第二天牺牲。
陈渊业	男	1920年9月	湖林乡吉土村	1949年6月	1949年10月11日	闽赣边区纵队8支队4团5营警卫连班长。1949年10月8日在解放华安珍山乡战斗中负伤,三天后牺牲。
陈明兴	男	1925年10月	湖林乡上田村	1949年10月	1949年11月	入伍后当华安县大队战士。1949年11月,因押子弹往新圩被匪所捕,活埋于黄枣村对面。

续表

烈士姓名	性别	出生年月	籍贯	入伍时间	牺牲时间	简历与事迹
吕　兴	男	1925年1月	沙建镇上樟村	1948年	1950年	1949年入伍，1950年当志愿军，编入39军116师346团3营7连。1950年牺牲于朝鲜战场。
陈泉水	男	1929年6月	湖林乡湖林村	1949年11月	1950年2月	入伍后当华安县大队战士。1950年2月，在际头剿匪时，被匪活埋牺牲。
蔡铁锤	男	1927年4月	沙建镇汰内村		1950年2月14日	参加华安县汰内乡民兵。1950年2月14日，在西坑站岗时发现土匪，往乡政府报告途中，被匪枪杀。
林树木	男	1928年2月	仙都镇先锋村	1950年1月	1950年2月15日	入伍后当华安县县大队战士，1950年2月15日，在华安际头村口，被匪伏击活埋牺牲。
林元美（林文如）	男	1927年6月	仙都镇中圳村	1949年11月	1950年3月	入伍后当华安县大队战士，1950年3月，在高安乡收公粮时被土匪打死。
林德木	男	1929年7月	仙都镇先锋村	1950年2月	1950年3月23日	入伍后当华安县第四区区干队战士。1950年3月23日，在华安县石井大队工作中被匪杀害。
黄金枝	男	1924年1月	丰山镇芹坂村	1950年2月	1950年4月	入伍后当华安县第三区区干队战士。1950年4月，在华安县下樟三丁溪追击土匪战斗中牺牲。
郭清海	男	1929年7月	沙建镇沙建村	1950年2月	1950年4月	入伍后当华安县第三区区干队战士，1950年4月，在华安县下樟三丁溪追击土匪战斗中牺牲。
张玉成	男	1920年11月	仙都镇送坑村	1950年4月	1950年5月9日	入伍后任华安县第四区区干部。1950年5月9日，在华安县石井大队工作时被匪杀害。

续表

烈士姓名	性别	出生年月	籍贯	入伍时间	牺牲时间	简历与事迹
林春生	男	1927年12月	仙都镇招山村		1950年5月9日	招山村民兵副队长。晚上在招山溪墘民兵楼值班时，被匪枪杀牺牲。
黄任贵	男	1917年6月	仙都公社芹岭村		1950年5月14日	芹岭村民兵队长。5月14日被土匪包围，抓到大垵山活埋牺牲。
陈满堂	男	1925年5月	湖林乡石井村	1948年7月	1950年5月24日	二野17军50师政工队分队副，1950年5月24日在贵州镇远县蕉溪乡剿匪中牺牲。
黄清松	男	1928年8月	仙都公社上雪村	1950年3月	1950年8月8日	入伍后任县公安战士。1950年8月8日，奉命护船，船到沙坑口被土匪杀害牺牲。
邹津修	男	1928年4月	马坑乡和春村	1949年11月	1950年7月19日	华安县公安局干部。1950年7月19日，奉命从漳州押船到华安，到新圩沙坑口时，被匪杀害。
杨文鱼	男	1928年1月	华丰镇罗溪村	1950年2月	1950年8月8日	入伍后当华安县公安队战士。1950年8月8日，奉命执行护船任务，船到鹅山脚时被匪杀害牺牲。
李太平	男	1929年3月	华丰镇半岭亭村	1950年6月	1950年8月8日	入伍后当华安县公安队战士。1950年8月8日，奉命执行护船任务，船到新圩沙坑口时被匪杀害牺牲。
陈配天	男	1915年6月	湖林乡石井村	1949年4月	1950年8月8日	华安公安队战士。1950年8月8日，奉命从新圩护船去漳州，船至新圩沙坑口时被土匪狙击牺牲。

续表

烈士姓名	性别	出生年月	籍贯	入伍时间	牺牲时间	简历与事迹
汤长深	男	1922年2月	仙都镇云山村	1948年10月	1950年11月27日	入伍后曾当志愿军第378团6连战士。1950年11月27日，抗美援朝中，在朝鲜孟山郡花里战斗中牺牲。
郭水泉	男	1917年	高车乡际头村		1951年1月14日	际头村民兵。1951年1月14日晚，在站岗时，因发现土匪下山。往县大队报告，途中被匪杀害。
林欧洲	男	1923年6月	仙都镇先锋村	1948年10月	1951年1月19日	志愿军50军148师442团1营2连战士。1951年1月19日，在朝鲜汉江南岸明逸里高德地区88.3高地与敌激战失踪。1983年10月，追认为烈士。
邹子汉	男	1920年	新圩镇绵治村	1947年2月	1951年2月14日	初中文化程度，共产党员。于1947年被国民党政府抓兵，翌年被解放。1950年2月，参加中国人民解放军119师357团2营4连当战士。1951年2月14日，在朝鲜砥平里战斗中牺牲。
郑国顺	男	1922年10月	沙建镇沙建村	1949年12月	1951年3月	参军后当县大队班长。1951年3月，在华安上坪甲子尖剿匪中牺牲。
李国芳	男	1923年3月	华丰镇草坂村	1950年3月	1951年3月	入伍后任华安县大队副班长。1951年3月，在华安上坪甲子尖剿匪中牺牲。
汤金水	男	1929年5月	仙都镇云山村	1949年12月	1951年3月	入伍后，当华安县县大队一连通讯员。1951年3月，在华安县上坪甲指尖剿匪中为抢救伤员而牺牲。
陈泉州	男	1917年	新圩镇下路村		1951年3月	在华安县新圩雨伞尖剿匪中牺牲。

续表

烈士姓名	性别	出生年月	籍贯	入伍时间	牺牲时间	简历与事迹
林水沉	男	1924年4月	沙建镇上樟村		1951年4月	在华安汰内后坑山剿匪中牺牲。
蔡日生	男	1926年6月	沙建镇汰内村		1951年4月	汰内村民兵。1951年4月在华安汰内后坑山剿匪中牺牲。
郑文德	男	1927年4月	沙建镇沙建村		1951年4月	沙建村民兵。1951年,在华安汰内后坑山剿匪中牺牲。
郑添发	男	1930年5月	沙建镇沙建村		1951年4月	沙建村民兵。在华安汰内后坑山剿匪中牺牲。
林　吐	男	1904年8月	沙建镇日新村		1951年4月	日新村农民。在华安汰内后坑山剿匪中牺牲。
谢全兴	男	1919年11月	沙建镇日新村		1951年4月	日新村民兵。在华安汰内后坑山剿匪中牺牲。
陈维清	男	1923年3月	沙建镇日新村		1951年4月	日新村村长、民兵。1951年4月,在华安汰内后坑山剿匪中牺牲。
蔡　姓	男	1920年1月	汰内良种场西坑		1951年4月	华安县汰内乡民兵。1951年4月,在华安汰内后坑山剿匪中牺牲。
郑福财	男	1929年6月	沙建镇沙建村	1950年2月	1951年6月	入伍后当华安县第三区区干队战士。1951年6月,集体到华安锦良砍柴,跌入河里,因公殉职。
李美洲(李一诚)	男	1932年6月	华丰镇大同居委会	1950年2月	1951年7月19日	高中肄业,入伍后求学于31军卫生学校,同年编入31军土改大队二中队为队员。1951年7月19日,因他人枪支走火中弹牺牲。荣立四等功一次。

续表

烈士姓名	性别	出生年月	籍贯	入伍时间	牺牲时间	简历与事迹
汤祥迈	男	1917年7月	仙都镇云山村		1951年8月18日	云山村民兵班长。1951年8月18日晚，为捕捉匪首汤祖林在本村站岗放哨，遭匪枪杀牺牲。
林春水	男	1927年8月	丰山镇龙径村	1951年2月	1952年2月27日	参军时为31军91师272团3营机枪连战士，翌年升为班长。1952年2月27日，在漳浦赤湖与国民党军作战负伤，后在漳州医院牺牲。
黄木兴	男	1927年	新圩镇新圩村	1951年2月	1953年7月14日	入伍后，当公安80团1营2连副班长，共青团员。1953年7月14日，在东山战斗中牺牲，生前荣立三等功一次。
邹二字	男	1927年9月	高安镇高安村	1950年9月	1953年7月16日	在公安80团2营6连当战士。1953年7月16日，在东山战斗中牺牲。
林开春	男	1934年5月	丰山镇龙径村	1955年3月	1959年6月11日	县民警队战士，在九龙江抗洪时为抢救国家木材被洪水冲走牺牲。后被追认为共产党员。
曾海田	男	1937年11月	湖林乡上田村	1959年3月	1963年10月12日	守备89团1营3连班长，中共党员。1963年10月12日，在东山县国防工程施工中牺牲，生前荣立三等功二次。
李贵林	男	1945年6月	华丰镇华丰村	1964年9月	1965年11月16日	工程兵23大队雷达站测手战士。1965年11月16日，在援越抗美对空作战中牺牲。

续表

烈士姓名	性别	出生年月	籍贯	入伍时间	牺牲时间	简历与事迹
邹志毅	男	1940年11月	沙建镇庭安村	1961年7月	1970年5月26日	入伍后当兰字389部队一中队组长，共产党员。在青海执行战略任务中牺牲，生前曾荣立二等功一次。
黄水金	男	1915年4月	仙都公社下田大队	1945年12月	1975年7月28日	中共党员，原下田大队党支部书记。1975年7月28日，因参战致残，伤口复发病故。1976年2月2日，追认为烈士。生前曾荣立一等功二次、二等功一次。
杨山水	男	1953年11月	华丰镇草坂村	1973年1月	1975年8月11日	入伍后当江西省崇义县中队战士、共青团员。1975年8月11日，在一七五医院住院时参加救火负伤牺牲。
阙火土	男	1953年7月	高安镇三洋村	1974年12月	1979年2月17日	中共党员。1974年12月参军，在33746部队41分队当战士。1979年2月17日对越自卫反击战中，在越南长条山2号高地牺牲，生前曾荣立二等功二次。
林培新	男	1967年11月	华丰镇大同居委会	1986年11月	1987年4月6日	建阳军分区警卫战士。1987年4月6日，在执行任务时，被刑事犯罪分子杀害牺牲。
杨梅英	女	1956年5月	华丰镇靖河路	1975年12月	1983年1月24日	新圩卫生院助产员。1983年1月24日，在扑灭新圩后垅山火灾时奋不顾身，被烈火吞没牺牲。
杨春凤	女	1971年3月	沙建镇上樟村		1989年9月1日	在上樟龙坑水湾河为抢救3名落水牧童献出生命。

(外县市籍烈士)

烈士姓名	性别	出生年月	籍贯	入伍时间	牺牲时间	简历与事迹
张翼梓	男	1908年11月	福州市	1949年11月	1950年3月	入伍后任华安县卫生院临时负责人、医生。1950年3月,奉命去高安区公所看病,在返回到际头时,被土匪杀害牺牲。
江开万	男		永安县古汀乡	1947年3月	1950年3月	任华安县大队司务长。1950年4月,在下樟三丁溪追击土匪偷牛战斗中牺牲。
庄凤岐	男	1931年	南靖县奎洋乡	1949年11月	1950年5月9日	入伍后任华安四区干部。1950年5月9日发生"云山事变",在岭埔村被土匪杀害牺牲。
杨　信	男	1928年	漳州芗城区	1949年1月	1950年5月9日	任华安四区干部。1950年5月9日发生"云山事变",在岭埔村被土匪杀害牺牲。
李世琛	男	1927年	山东海阳县	1947年1月	1950年5月9日	任华安四区干部。1950年5月9日发生"云山事变",在石井土楼被土匪杀害牺牲。
杨世金	男	1930年	山东省	1950年	1950年5月9日	解放军某部7连战士。1950年5月9日,在仙都剿匪中牺牲。
陈文波	男	1930年	龙海县东园乡	1949年11月	1950年7月19日	华安县民政干部。1950年7月19日,乘汽船从漳州返回华安途中在沙坑口被土匪杀害牺牲。
常伍元	男	1925年	河北磁县观音台公社	1948年10月	1950年8月8日	华安县公安局股长。1950年8月8日,执行护船任务,船行至沙坑口,遇敌激战牺牲。

续表

烈士姓名	性别	出生年月	籍贯	入伍时间	牺牲时间	简历与事迹
金绍保	男	1923 年	安徽合肥县	1949 年 5 月	1950 年 8 月 25 日	272 团 8 连战士。1950 年 8 月 25 日，在仙都村牺牲。
张书君	男	1926 年 1 月	山东乳山县	1947 年 2 月	1950 年 10 月 14 日	272 团 3 营军需员。1950 年 10 月 14 日，在沙建村渡河牺牲。
刘立桂	男	1927 年 2 月	江苏涟水县	1949 年 2 月	1951 年 2 月	任 272 团排长。1951 年 2 月，剿匪乘船被土匪击沉牺牲。
李正生	男	1906 年 1 月	湖林邵阳县	1949 年 5 月	1951 年 2 月 11 日	272 团 8 连战士。1951 年 2 月 11 日，在华安县三区白坑后虎形山剿匪牺牲。
周余常	男	1930 年 3 月	四川长寿县	1950 年 2 月	1956 年 2 月 3 日	任 8503 部队 1 支队 5 连班长。1956 年 2 月 3 日，抢修鹰厦铁路牺牲。
张俊成	男		甘肃甘岩县		1956 年 2 月 3 日	8505 部队 1 支队 5 连战士。1956 年 2 月 3 日，在抢修鹰厦铁路中牺牲。
陈　恶	男	1933 年 7 月	东山县城关镇桥雅街		1956 年 3 月 20 日	参加东山县华安二区民工大队。1956 年 3 月 20 日，群众在绵良渡河翻船，他舍已救人光荣牺牲。
杨本清	男	1930 年 7 月	陕西石泉县		1956 年 5 月 26 日	任 8505 部队 1 支队 5 连班长。1956 年 5 月 26 日，修建铁路牺牲。
游孔金	男	1930 年	建瓯县第六区	1950 年	1950 年	8503 部队 4 支队 6 连战士，在仙都送坑过河被大水冲走牺牲。

续表

烈士姓名	性别	出生年月	籍贯	入伍时间	牺牲时间	简历与事迹
林秋水	男	1920 年 7 月	泉州市永春县	1943 年 1 月	1947 年 5 月 18 日	永春县外山公社人，曾任闽中游击队排长。1947 年 5 月 18 日，在南安石水缸遇敌交战牺牲。1983 年 12 月 23 日，被永春县人民政府评为烈士。
林春木	男	1926 年 4 月	福建省龙岩市	1945 年 12 月	1947 年 6 月	1945 年参加龙岩邱锦才游击队，任战士。1947 年调任交通员。1947 年 6 月，因送信在永安溪口过河时被洪水冲走牺牲。1979 年 10 月 30 日，被华安县追认为烈士。

附录二　老区红色遗存

一、革命遗址

华安县下坻苏维埃政府旧址

1929 年 8 月，永福乡苏维埃政府派人到华安县马坑乡开展地下革命活动。1930 年 2 月，在马坑乡下坻村德英堂成立华安县下坻苏维埃政府和建立赤卫队，主席由李有理担任，赤卫队长由李水金担任。苏维埃政府成立后，积极开展革命活动，得到周边乡村的响应，也惊动了反动当局。1932 年 10 月，由于白匪“围剿”和叛徒出卖，致使下坻苏维埃政府的革命活动受到严重挫折。

维修前下坻苏维埃政府旧址(侧面)

维修前下坻苏维埃维政府旧址(正面)

维修一新的华安县下垅苏维埃政府旧址

南华区苏维埃政府的战斗和活动遗址

1932年4月，在华安迎富和南靖坂场一带边境成立南华区苏维埃政府和建立赤卫队。区苏维埃副主席李元昌带领赤卫队到华安归德(今高安)、马坑一带开展地下革命活动。马坑乡文华村的龙龟堂、桥头厝是他们组织农会、创办夜校等的活动地点。1933年秋，李元昌再次带领赤卫队队员100多人，攻下华安归德国民政府的仓库联春楼(土名：火阁杞楼)，把没收的谷子、布匹等分发给贫苦农民。1935年4月，南华区苏维埃政府还在迎富乡创办一所苏维埃小学。

文华村桥头厝

文华村龙龟堂

高安镇联春楼(火阁杞楼)

老红军战士邹天保、邹天水珍藏革命文物的“红军洞”

1936 年 6 月，邹天保、邹天水把从闽西带回的“红军第四军汀漳龙联合赤卫队大队部”军旗一面、“红军第四军汀漳龙联合赤卫队之印”一枚等一批文物，分别隐藏于高安镇平东村大片头和坪斗仔坂底坑的两处石洞中。新中国成立后，他们主动把洞中的革命文物全部献给国家。军旗和印章现珍藏在北京中国革命博物馆。人们把他们隐藏革命文物的石洞誉为“红军洞”。

游客参观“红军洞”

坪斗坂底坑红军洞

大片头红军洞

漳龙赤卫团活动遗址

南靖县金仙亭(鹅仙洞)

1936年6月,邹天水、邹天保受命回华安组织红四军汀漳龙赤卫团,其活动地点有:高安镇平东村的南山庙、邦都村的万圣公墓、南靖县的金仙亭(鹅山洞)等。

高安镇平东村南山庙

高安镇邦都村万圣公墓

漳龙赤卫团在高石直仑的战斗遗址

1937 年 2 月，有一天，漳龙赤卫团获得可靠消息，归德区（即高安）区长邹月东带 10 多个乡兵准备到华丰办事，当晚在高石直仑三间楼歇脚。此人在高安为非作歹，还杀害 3 个漳龙赤卫团队员。漳龙赤卫团想趁机消灭他。当晚，邹天水、邹天保带领 20 多位队员，直奔高石直仑三间楼，突袭反动民团。在激烈战斗中，先后击毙包括伪区长邹月东在内的反动民团 13 人，有力地打击当地的反动势力，大长了漳龙赤卫团的士气和威风。

华丰镇高石村直仑三间楼遗址

漳龙赤卫团在坪溪的战斗遗址

1936年6月，邹天水、邹天保从龙岩回华安成立漳龙赤卫团，对外称“打猎队”，人员100多人，活动于华安、南靖一带。1943年，国民党的省保安团纠集兵马100多人，围剿漳龙赤卫团驻地坪溪村，对小村庄进行烧杀掳掠，无情摧残。其中有一座两进五大开间的两层楼房，被烧得只剩下地基、一副石门柱及一个石臼。

漳龙赤卫团战斗遗址

绿水青山中的坪溪茶园

华安农民运动先驱杨裕德故居

杨裕德的故居

1929年3月，杨裕德在丰山组织农会、举办夜校、组建游击队。1930年端午节，他率领300多名农会会员和游击队员参加乌石暴动。1932年，组织一次漳州全市性的“力争校费委员会”的罢课活动。1936年，他鼓动农民减租减税，阻止反动当局敲诈勒索等活动。

地下女交通员郑缓在玉兰的旧居

郑缓的故居

郑缓祖籍龙海市塔尾村。1929年，她家成为南乡一个地下党的交通站。1931年，邓子恢到闽南领导革命斗争时，经常在她家召开秘密会议，她为他们放哨、看风，参加送信和联络活动。1932年4月，她与丈夫由地下交通员转为游击队员，跟随王占春领导的游击队在闽南山区打击白匪。1944年，她与游击队失去联系，流落华安，与丰山镇玉兰村一农民结婚。1964年5月，时任国务院副总理邓子恢写信给她，还送来慰问品，以示关怀。

中国左翼作家联盟成员杨骚的革命活动

杨骚祖籍华安县丰山镇湖坪村。他爱好文学，擅长诗歌、戏曲创作。他是中国左翼作家联盟最早的成员，中国诗歌会发起人之一。1952年9月，他担任广州作家协会副主席、中国作家协会广州分会常务理事。一生出版了22本书并发表了大量各类文章。1957年1月15日，他患脑血栓在广州逝世。

革命作家杨骚

杨骚的手稿

位于广州银河公墓的杨骚之墓

红军东路军漳州战役·五峰山（华安）战场

五峰山是漳州天宝大山的主峰之一，横跨华安、南靖、芗城两县一区，主峰位于沙建镇官古村境内。1932 年 4 月，毛泽东提出“必须直下漳（州）泉（州）”的建议被中央接受，他以中华苏维埃共和国临时中央政府主席的身份统帅中国工农红军东路军发起漳州战役。4 月 19 日清晨，在红四军十一师和红三十一团配合下，开始向杨梅岭、十二岭、风霜岭一线敌军阵地猛烈进攻。经过 4 小时战斗，红军终于夺得天宝大山，并一鼓作气占领漳州城。红军东路军威震四方，战果辉煌。

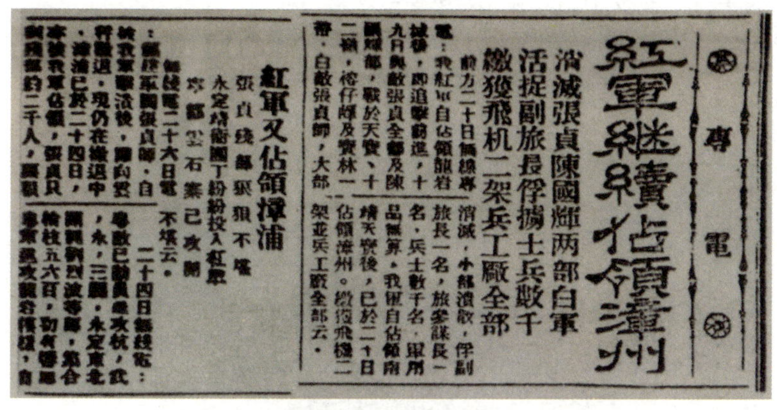

專電

紅軍繼續佔領漳州

消滅張貞陳國輝兩部白軍

活捉副旅長俘擄士兵數千

繳獲飛机二架兵工廠全部

前方二十日無線專電：我紅軍自佔領龍岩城後，即追擊前進，十九日與敵張貞全部及陳國輝部，戰於天寶、十二嶺，榕仔嶺及寶林一帶，白敵張貞部，大部消滅，小部潰散，俘副旅長一名，旅參謀長一名，兵士數千名，軍用品無算，我軍自佔領南靖天寶後，已於二十日佔領漳州。繳獲飛機二架並兵工廠全部云。

紅軍又佔領漳浦

張貞殘部狼狽不堪

永定靖衛團丁紛紛投入紅軍

《红色中华》报道红军东路军攻占漳州的消息

华安县境内的五峰山侧面近景

罗瑞卿之子罗剑将军登上五峰山顶缅怀漳州战役的革命先烈

华安和平解放新旧政权交接地——黄枣村

1949年11月16日，由地方干部和部队组成的华安和平解放接管工作队在第6军分区副政委卢炎、政治处主任袁志年带领下奔赴华安。18日下午1时，抵达国民党华安政府县址黄枣村，先后在顶楼（启丰楼）等地举行和平解放华安接管仪式，即卢炎副政委、平浪县长接受国民党华安县长黄光羲的起义投诚礼仪，接受他们交出的国民党军政人员花名册、文件档案、武器装备等，最后，平浪县长庄严宣布华安和平解放，人民新政权建立。

黄枣村启丰楼侧面

黄枣村启丰楼正面大门

平浪在新圩的战斗遗址

1949年12月26日午时许，华安首任县长平浪赴漳开会后，乘坐帆船到华安新圩时，在街头一家客栈遭受200多名匪徒的包围。他带领指挥6名干部与战士沉着应战，多次击退敌人进攻。下午五时半，得到同船回来的龙溪军管会管理员和8名战士的支援，打死匪徒3名，打伤数名。他趁天黑带领战士沿着山沟突围，连夜赶回县府所在地仙都。1950年3月，省委、省政府发出通令，表彰平浪同志“勇敢有谋，忠于职守”。

战斗遗址侧面

战斗遗址正面(长安路40号)

游击队联络员李清在新圩玉山等地的活动遗址

1947年初，李清暗中参加安溪地下游击队，担任地下联络员。当年7月，李清在本村组织“抗征队”，实为游击队。对抗当地反动势力前往玉山抓丁、派款、征粮。先后有林武、林昌等40多人参加“抗征队”。在华安、安溪、长泰等开展地下革命活动。1949年2月，黄雨定组织民团50多名团兵“围剿”玉山村，以“共匪”为罪名，抓捕3名地下游击队员和李清一家(包括其妻子及一双子女)。严刑拷打后，他们被全部枪杀。

玉山村全景

“抗征队”后代林其土的房子

玉山全村长期共用的三连水池

老游击队员游维新的故居

游维新系龙岩永定太联村人。1928年参加陈东暴动，曾任赤卫队中队长、大队长等职。1938年辗转到良村的良埔村定居，以开中药铺为掩护，开展地下革命活动。1944年，他在良村组织成立闽西工农红军地下纵队，有队员40多人。1948年10月，他带领游击队员营救陈立新、邹连丁等人。由于内奸告密，他于1949年农历五月初三被捕后，被杀害活埋在新圩埔仔尾。

老游击队员游维新故居

地下党领导人吴运琳的旧居

吴运琳出生于海南万宁县新寨村。1927年入党，曾任乡党支部委员、农会主席和赤卫队长等职。1934年6月，他分配到闽南游击区工作，任闽粤边特委交通总站站长、特委经委副主任、平和文峰区委书记。1942年“南委”事件发生后，隐蔽于华安大地村，组织当地进步青年，秘密开展革命活动。新中国成立后任华安县一区区长。1954年调任漳浦县副县长。

吴运琳在华安县大地村的旧居

大地中心小学、大地玄天阁是游击队秘密开展地下革命活动的地点

游击队员李溪水、李海水的故居

1943 年 4 月，仙都上苑小学教师李溪水、村民李海水参加吴运琳组织的地下游击队活动，到安溪龙涓、官桥等地送信与联络，在上苑村组织农会、创办夜校。他们还不顾个人安危，写信到省国民政府状告黄雨定欺压百姓的罪行。1943 年 10 月 26 日，黄雨定亲自带领 200 多名乡兵剿洗侨乡上苑村，以"通共"罪名，抓捕两李。第二天，他们被解押到洋圩埔，受严刑拷打。黄雨定还下令全村壮丁每人必须砍两李一刀，而后支解尸身，悬首示众。

李溪水故居——新发堂

李海水故居——朝阳堂

李溪水、李海水革命活动场所——修葺一新的青阳堂

游击队员刘新民、刘金祥的故居

1943 年 4 月，华安县大地小学教师刘新民、刘金祥参加吴运琳组织的地下游击队，担任游击队联络员。年底，他们被派往安溪祥华(原名：多卿)山区开展地下革命活动。1949 年 5 月 10 日，安溪县解放后，刘金祥被任命为多卿乡党支部书记，刘新民被县长谢高明任命为多卿乡政府乡长。三年后，他们仍回大地小学任教。

刘新民故居(位于大地村大明 88-1 号)

刘金祥故居(位于大地村大明 133 号)

中国著名电影导演汤晓丹的故居

汤晓丹1910年出生于华安县仙都镇云山村。在上海电影制片厂工作。原第一创作室主任兼导演，原上海市政协委员、全国文联委员、中国影协理事、上海影协名誉副主席，曾三次被评为上海市劳动模范，两次被评为全国先进工作者。新中国成立后，他导演了几十部军事题材的大型影片，因此被誉为“银幕将军”和“中国战争电影之父”。1990年10月，“汤晓丹艺术活动研讨会”在上海开幕，在漳州闭幕，他带着夫人回故乡华安云山探亲。

新建的汤晓丹故居

1990年10月，汤晓丹与夫人蓝为洁回故乡寻根拜祖

闽粤赣边区纵队在高安、下樟的战斗遗址

1949 年 5 月，闽粤赣边区纵队（即闽南支队）在李仲先、吴扬、卢炎带领下，攻打华安归德乡（今高安镇），当天打下乡公所和一个粮仓，后又转战攻打沙建的下樟、汰内等地。在华安十天打了八仗，消灭黄雨定残匪数十名。

高安（归德）乡公所战斗遗址

振凤楼粮仓战斗遗址

沙建下樟粮仓战斗遗址

闽粤赣边区纵队在湖林玉屏盂的战斗遗址

1949 年 9 月，闽粤赣边区纵队第八支队四团五营警卫连连长陈志光带领 49 名战士从漳平出发，其中 12 名是工作人员，准备解放华安后，开展地方工作。部队经过珍山（即湖林）岛濑，驻在大坪。当晚，部队很快攻下珍山反动民团大队陈万物据守的后格尾土楼（即湖林玉屏盂）。部队在当地住了十多天，向湖林和周边群众宣传革命必胜道理。

湖林玉屏盂峰战斗遗址

闽粤赣边区纵队在吉土村的活动遗址

湖林乡吉土村的“五桂堂”“蟹山堂”是闽粤赣边区纵队革命活动遗址，解放战争时期，闽粤赣边区纵队第八支队警卫连连长陈志光多次带队到吉土村，以两祠堂为阵地，开展地下革命活动，宣传革命道理，组织地下游击队，全乡有37人参加地下游击队，其中吉土村有陈水波、陈彩芹、陈江流等24人。为夺取湖林乡玉屏盂战斗胜利做出贡献。

毛主席按语之乡——华安县仙都镇先锋村

1955年，华安县开展整社运动，先锋乡农业合作社首创“四对比、五算账”宣传教育方法。驻村干部卢亚来把这一典型材料进行总结，并逐级上报到中央。同年12月27日，毛泽东主席为这份总结进行修改并写下按语。2013年12月，先锋村创办了村史陈列馆。2014年元旦，省委书记尤权参观考察了村史馆。该馆成为“漳州市爱国主义教育基地”“华安县青少年教育基地”等。

竖立在村头的毛主席语录牌

平息“云山暴乱”的战斗遗址

1950年5月9日，在匪首黄雨定的授意和策划下，煽动仙都招山、下林、云山、岭埔和湖林乡石井村的民兵、干部中一些不纯分子或思想动摇的人，发起反革命叛乱。暴徒共杀害区乡干部、民兵、群众等13人，制造了震惊全国的“云山暴乱”。中共华安县工委、县政府组织县独立营、区中队、公安战士等300多名为主力，并召集各村民兵，共近千名的兵力，以云山、岭埔和石井为重点，从三方面围歼叛匪。至6月初，匪徒被我军一举歼灭，平息了历时一个月的“云山事变”。

“云山事变”第一枪
（位于仙都镇招山村桥头厝三层“枪楼”）

围剿匪徒战斗遗址
（位于湖林乡石井村石土楼66号）

围剿匪徒战斗遗址（位于仙都镇云山村36号宗美楼）

二、革命文物

“红军第四军汀漳龙联合赤卫队大队部”旗帜、印章，现收藏于中国革命博物馆。

汀漳龙联合赤卫队参加漳州战役时使用的步枪，现珍藏于毛主席率红军攻克漳州纪念馆。

华安县下垅苏维埃政府赤卫队使用的大刀、头盔和鸟铳，收藏在华安县博物馆。

老红军邹天保的后代捐献的碗、碟和锡壶（龙岩和兴造），收藏在华安县博物馆。

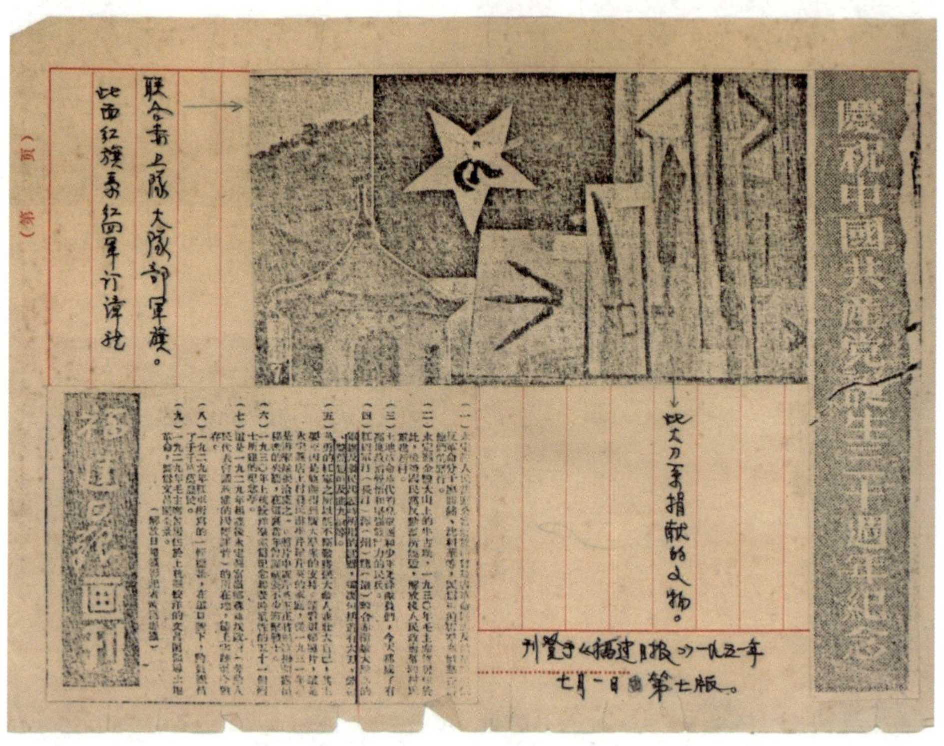

老红军邹天保、邹天水捐献的红四军汀漳龙联合赤卫队大队部旗帜和大刀、长矛头等文物。刊登于《福建日报》1951 年 7 月 1 日第七版《福建日报画刊》(报纸复印件)。

汀漳龙联合赤卫队队员邹阿梅捐献革命文物 2 件的奖状

汀漳龙联合赤卫队队员邹赤狗捐出革命文物 13 件的奖状

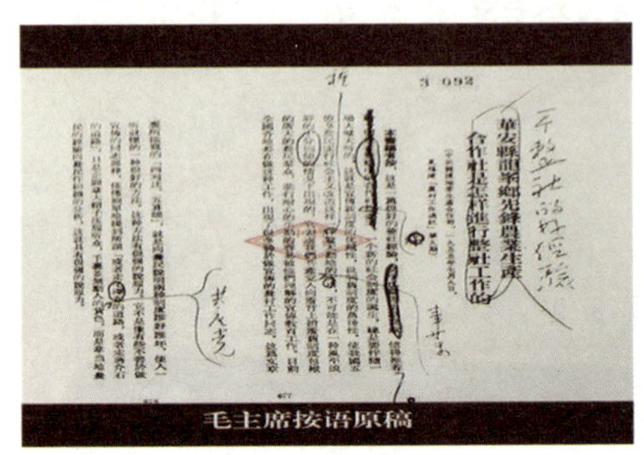

毛主席按语原稿

毛主席《一个整社的好经验》小册子封面

一个整社的好经验

这是一篇很好的整社经验，值得推荐。一个新的社会制度的诞生，总是要伴随一场大喊大叫的，这就是宣传新制度的优越性，批判旧制度的落后性。使我国五亿多农民实行社会主义改造这样一种惊天动地的事业，不可能是在一种风平浪静的情况下出现的，它要求我们共产党人向着背上背着旧制度包袱的广大的农民群众，进行耐心的生动的容易被他们理解的宣传教育工作。目前全国各地都在做这种工作，出现了很多善于做宣传的农村工作同志。这篇文章里所描写的「四对比、五算账」，就是向农民说明两种制度谁好谁坏、使人一听就懂的一种很好的方法。这种方法有很强的说服力。它不是象有些不善于做宣传的同志那样 仅仅简单地提到所谓「或者走共产党的道路，或者走蒋介石的道路」，只是企图拿大帽子压服听众，手里并无动人的货色，而是拿当地农民的经验向农民作细致的分析，这就具有很强的说服力。

《一个整社的好经验》全文

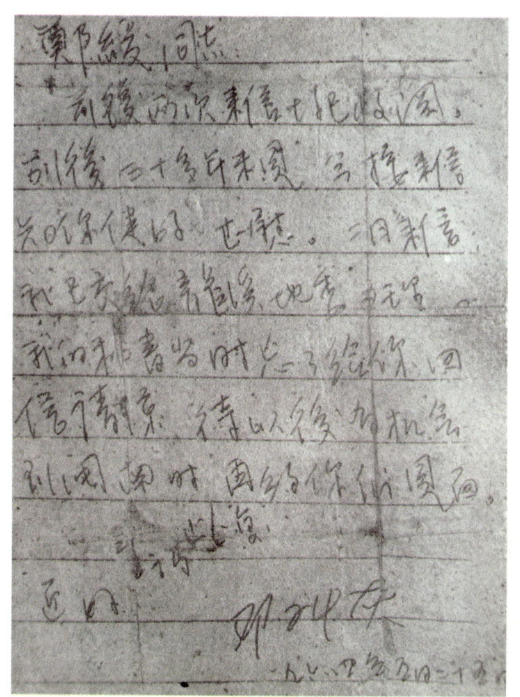
郑缓同志：

……

此致

敬礼

邓子恢

一九六四年五月二十五日

这是邓子恢同志 1964 年 5 月 25 日写给丰山公社玉兰大队郑缓同志的亲笔信(复印件,原件由其家属保存)。

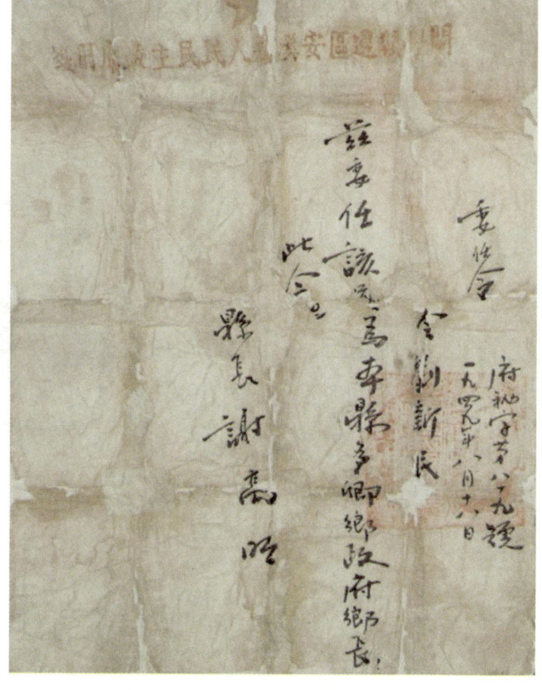
委任令　府秘字第八十九号

一九四九年八月十八日

令刘新民

兹委任该员为本县多卿乡政府乡长，此令。

县长　谢高明

安溪县于 **1949** 年 **5** 月 **10** 日解放,大地小学教员、地下游击队员刘新民于 **1949** 年 **8** 月 **18** 日被安溪县首任县长谢高明委任为多卿乡政府乡长的《委任令》(复印件,原件由其家属保存)。

三、纪念碑·展馆·形势图

两座革命纪念碑

华安县于1991年8月在草坂贼寨山上建造一座"华安革命纪念碑"。主碑正面由彭冲题字"华安革命纪念碑",背面雕刻着林担水等71位革命烈士英名。现为华安县青少年爱国主义革命传统教育基地和党史教育基地。

1991年8月竣工的华安革命纪念碑

1976年10月,仙都公社为纪念1950年5月在"云山事变"中被叛匪杀害的庄凤岐、杨信、李世琛、张玉成、杨世金等5位烈士,在公社的后头山上修建一座"革命烈士纪念碑"。2014年春,迁建到仙都镇市后村寨仔山,更名为华安仙都烈士陵园,把全县18个散葬的烈士墓搬迁集中于此。现为华安县爱国主义革命传统教育基地。

学校师生到仙都烈士陵园开展纪念活动

三个“苏区老区革命史图片展馆”

从 2015 年 2 月至 2020 年春，中共华安县委党史研究室、华安县老区办、华安县老促会先后在仙都镇大地村、华安县第三中学、华安县下坑苏维埃政府旧址建立“华安县苏区老区革命史图片展馆”。三个展馆共同展示了在革命战争年代，华安苏区老区这片红土地的儿女们在中国共产党领导下，为了民族的解放事业，前赴后继，浴血奋斗，开展了长期而艰苦卓绝的革命斗争，留下了令人难以忘怀的红色印记。展馆成为我们开展爱国主义教育和革命传统教育的基地。

大地展馆全景

大地展馆门面

大地展馆版面

仙都镇先锋村村史陈列馆

在上级党委、政府的领导支持下，2013 年 12 月先锋村创办了村史陈列馆，该馆收集保存了村级档案资料 300 多卷，并收集了从 1949 年至今的各种资料、图片、照片以及实物 1500 多件，这些材料几乎汇总了新中国各时期农村生产生活以及各种活动的相关资料和各种档案记录。2014 年元旦，中共福建省委书记尤权参观考察先锋村村史馆。如今，它已成为华安党员干部、群众及师生“不忘初心、牢记使命”、奋斗新时代的主题教育基地，也是漳州市爱国主义教育基地。

华安县先锋村村史陈列馆全景

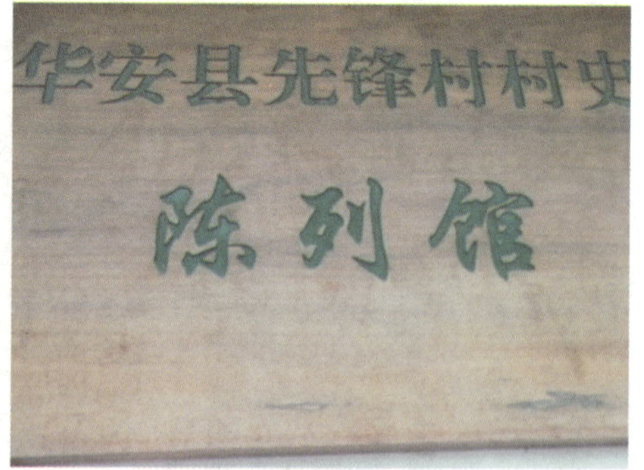

漳州老区采风团到先锋村村史陈列馆采风

汤晓丹纪念馆

为纪念和颂扬我国电影艺术家汤晓丹一生从影成就及其“艺术之家”，2014 年 6 月，县、镇党委政府和云山村委会在汤晓丹原旧厝地扩征至 20 亩地，建成“汤晓丹故居”（又称：汤氏艺文居），现成为“汤晓丹纪念馆”。馆中展出汤晓丹“艺术之家”——影片剪接师蓝为洁、画家汤沐黎、指挥家汤沐海。其中还展出汤晓丹弟弟汤禧承的从医生涯。

汤晓丹纪念馆

汤晓丹纪念馆版面

高安麒麟山庄老红军展馆

2016 年 10 月，高安镇党委、政府在平东村大片头自然村筹建麒麟休闲山庄的同时，建成老红军革命图片展馆，该馆展示当地老红军邹天保、邹天水分别于 1929 年、1930 年到龙岩参加中国工农红军，攻打永福、漳州等战斗的历程及 1936 年 6 月受命回华安组织漳龙赤卫团继续开展革命斗争的事迹。其间，他们冒着生命危险，把“红军第四军汀漳龙联合赤卫队大队部”军旗及其印章等一批革命文物隐藏于石洞中达 15 年之久，后于 1951 年把革命文物捐献给国家。人们把珍藏革命文物的两个山洞称为“红军洞”。

麒麟山庄展馆版面

新圩古渡口文史馆

2013年10月，新圩镇党委、政府在原新圩古渡口航运站新建“新圩古渡口文史馆”。该馆展示了项南1937年途经新圩古渡口，投身革命，为革命和国家建设奋斗一生的经历。同时，也展示“银幕将军”汤晓丹1929年从新圩古渡口走上电影艺术殿堂的人生旅程。

新圩古渡文史馆门面

修葺一新的新圩古渡口

两张形势图

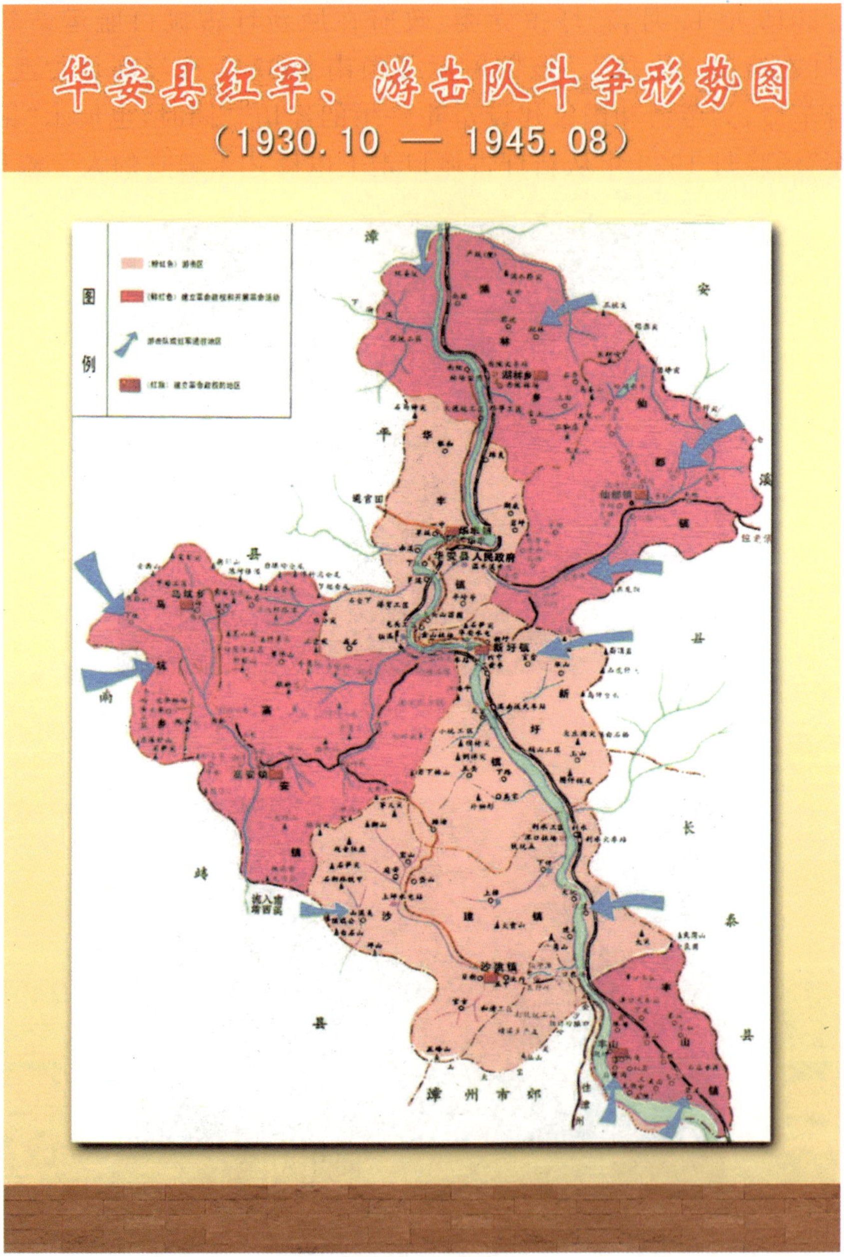

华安县红军、游击队斗争形势图

（1930.10 — 1945.08）

1985 年 12 月编制

华安县红军、游击队活动形势图
（1930 — 1949）
图例
游击队活动的村庄
建立苏维埃政府
老区乡镇
漳
平
县
安
溪
县
长
泰
县
南
靖
县
漳州市郊
湖林乡
仙都镇
华丰镇
华安县人民政府
马坑乡
新圩镇
高安镇
沙建镇
丰山镇

1985 年 12 月编制

附录三　峥嵘岁月

大事记
（1928 年—2018 年）

1928 年

4 月，王占春、李金发等在漳州南乡、北乡秘密组织农会，开展武装斗争。华安管辖的丰山一带融入漳州北乡的农民武装斗争。

5 月 12 日，华安正式置县。

1929 年

春，在中共闽西临时特委直接领导下，永福相继成立永福总区苏与东河区、南河区、北河区等各区苏维埃政府和赤卫队。永福总区苏先后派人深入华安西北部一带，秘密联络当地农民。

4 月，杨裕德回到丰山，秘密组织农会，开展革命活动。

6 月，杨裕德、王牛屎、郑华、高渭南等人在浦林组织游击队。队长王牛屎、政委郑华、秘书杨裕德，队员 30 多人。队伍成立后在浦南、丰山一带打击土豪劣绅。

10 月底，永福总区苏指派陈志科、洪锡麟以小商贩做掩护，到马坑乡下坑村秘密宣传革命道理，发动群众、发展党员，组织革命活动。同一时期，东河区苏指派苏维埃政府主席陈元兴等人到华安赤溪、银河等村庄开展革命活动。

冬，杨裕德在丰山组织农会，举办夜校，发动抗粮、免捐、打土豪、斗地主斗争，队伍很快发展到300多人。不久，成立以杨裕德为队长的丰山赤卫队。

1930年

2月，福建省委在《中共福建省代表大会给中央的报告》中要求：闽西赤色区域应该向外扩大，一方面向东江的大埔、饶平，一方面向漳平永福、华安等地发展，以便与漳州联结起来。同时中共下垅支部在下垅村成立，支部书记李友理。

2月15日，成立华安县下垅苏维埃政府和赤卫队，主席李友理，文书和宣传员李朝通，赤卫队长李水金，财政员李庆林，隶属永福南河区。赤卫队派人到永福，向永福总区区委委员、组织科长吕士茂领取苏维埃政府的旗帜、印章。

3月底，永福总区派洪锡麟到马坑下垅周边进一步发动群众。

4月，华安县赤溪、马坑、福田等地的同志到永福，向永福总区区委会委员、组织科长吕士茂领取苏维埃政府的旗帜和印章。

4—5月，红十二军第一〇〇团在团长邓毅刚率领下，由闽西向外扩展到南靖、平和、龙溪、华封(华安)一带，发动群众，建立苏维埃政权，开辟革命根据地。其间，在闽西红军的帮助下，下垅党支部和苏维埃政府组织50多名赤卫队员举行暴动，没收下垅地主豪绅的耕牛、谷物及其他财物，分给贫苦农民。成立了文华、福田、迎新、迎富等乡村苏维埃政府。

5月，在漳州县委和王占春的领导下，漳州成立北乡农民武装暴动指挥部。

5月29日，杨裕德率领丰山赤卫队和农会会员300多人，携带枪支，以参加划龙舟为名渡过北溪，赶到乌石亭参加乌石暴动。

12月13日，漳州正式成立闽南游击队第一支队(简称一支队)。支队长王占春，政委李金发，陶铸代表特委随军行动。丰山赤卫队正式编入并随一支队在中共漳州中心县委领导下，活跃在南北乡、龙溪、南靖边界地区。

是年，为加强对中央苏区和各革命根据地的联系，根据毛泽东的指示，闽西特委派蔡义昌组建“闽西工农通讯社”，建立起多条由闽西通往中央苏区、白区和大城市的地下交通线。其中有条交通线：从闽南的厦门、漳州经华安、永福、龙岩十八乡、上杭、永定、连城、长汀到红都瑞金，是中央苏区一条重要的秘密交通线。

1931 年

3 月，永福李庄乡苏维埃政府主席李三婴以打短工为掩护，在马坑、高安、沙建一带，向当地农民宣传共产党的主张、苏维埃政府的政策。

秋，邓子恢同志（当时化名老林）到闽南领导革命斗争时，常住在郑缓家里，并与王占春、李金发等在她家召开秘密会议，她为他们放哨、看风。

12 月，漳州县委和一支队先后召开会议，决定放手发动群众，开辟和建立农村革命根据地。一支队兵分三路，其中第三路到北乡、西乡一带进行活动。

1932 年

3 月，邓子恢率领游击队在北乡、南乡一带打土豪、打便衣队，组织农会，创建游击区。

4 月 15 日，中央红军东路军进入南靖、华安，占领南靖的和溪、金山、龙山、马山，华安的官古、南坪至内洞、庙仔尾、内楼一带地区。

17 日，红四军抢渡九龙江支流永丰溪，进抵十二岭、峰苍岭（又称风霜岭）及西南麓的南坪村一带，红军总部的前沿指挥所设在南坪村附近的墓顶山山上。

19 日，毛泽东抵达前沿指挥所指挥战斗。20 日，东路军胜利攻克漳州。

20 日，毛泽东指示要“公开宣传，秘密组织”，“以龙溪为中心，向各县开展武装斗争，创造小红军、建立小苏区”。红四军一部深入到华安南部丰山、浦南一带开展打土豪、筹款、扩军，帮助地方党组织建立各级苏维埃政权。

同月，南靖、华安边界成立南(靖)华(安)区苏维埃政府，副主席李元昌。马坑、高安一带的乡村相继成立了农会、妇女会和赤卫队。

4—5月，漳州南北乡、华安南部一带农村普遍成立农会，组织赤卫队，配合中央红军打土豪、筹款、扩军。

5月上旬，中共厦门中心市委通知同安、泉州、永春、惠安各地党组织：做好准备，配合从华安、安溪方向打过来的红军，开展泉属游击战争。

10日，中共厦门中心市委指示漳州县委：你们拟分两路：一路由华安直入安溪；一路由江东延角尾；我们认为比较侧重安溪这一路。

12日，林彪、聂荣臻在漳州电告中央军委主席朱德、副主席王稼祥：我三、四、十五军最近筹款约八十万元；部队统配结、整顿地点、时间等已安排妥当；计划部队在训练一星期后，如敌情无变化，便分兵占领华丰、永福、白沙、漳平等地。

10月，南靖和溪反动民团纠合当地土豪劣绅围剿下垅苏维埃政府。由于叛徒的出卖，下垅苏维埃政府的革命活动遭受严重挫折，李友理、李朝通等人被捕，其他赤卫队员四处躲避。李友理在南靖和溪乡圩场惨遭剖腹壮烈牺牲。

1933年

9月，南华区苏维埃副主席李元昌率100多名赤卫队员攻打高安联春楼(火阁杞楼)，将没收的谷子和布匹分给贫苦农民。

秋，邹天水带领汀漳龙赤卫队攻打驻守在龙东大土楼的匪首詹方珍。在战斗中，他与邹天保都负伤。

是年，从瑞金工农红军学校第四期毕业的邹天水，被任命为红四军汀漳龙联合赤卫队大队部负责人，在华安、南靖、漳平、龙岩一带活动。

1934 年

4 月，红八团在龙岩、漳平、南靖、华安一带开展游击战争，破坏敌人向中央苏区进攻的交通线，阻击国民党军队。

8 月，红八团、南平区、南华区游击队袭击南靖和溪月森下堀盂民团，击毙民团头目陈仁根。

秋，红八团、红九团和各地游击队在中央军委的领导下，活跃在漳龙公路沿线和杭岩永（上杭、龙岩、永定）、岩南漳华（龙岩、南靖、漳平、华安）各地，出没于宁洋、永安、连城边境山区，开展广泛灵活的游击战争。

1935 年

春，南华区苏维埃政府成功收编华安迎富当地反动势力林开华、陈天云等 100 多人。

4 月 12 日，闽西南军政委员会成立。以红八团为主体的第三作战分区成立，政委邱织云、参谋长王胜，率领红八团团部及一、三、五连活跃于漳龙公路两侧地区。

同月，南华区苏维埃政府在县内迎富村创办苏维埃小学，招收南靖和溪、马坑文华等地的适龄儿童入学。

夏，以红八团为主体的第三军分区配合地方党组织，开辟了以谢家邦、中甲、东坑、肖坑、后田和铁山等地为中心的大块根据地和梅营、南靖、龙宫山、可林游击根据地。其范围东至龙岩，西至金丰、平和、大埔，南至华安、漳平，北至紫金山，方圆 100 多公里。

秋，邓子恢派遣原红四军汀漳龙联合赤卫队负责人邹天水回华安加强游击战争的领导力量。邹天水在高安平东南山庙建立漳龙赤卫团，并任队长，下辖三个中队，队员来自平东、高安、邦都、西洋、坪溪、半岭、南靖和溪、金山等地，共 50 多人。漳龙赤卫团在华安、南靖、漳平永福一带开展灵活的山地游击战，配合红八团开展活动。

9 月，红八团根据闽西南军政委指示，配合红九团行动，集中向漳平、华安（新区）方向开进，执行闽西南军政委员会的决定，完成

“要相机向华安漳州方面出击”的任务。红八团政委邱织云在官田梅营村为掩护部队安全撤退，负重伤光荣牺牲。

初冬，红八团、南平区赤卫队攻打马坑杜塘上楼土豪的炮楼，缴获土枪数支，没收水牛、布匹、粮食等物，烧毁炮楼。

1936年

2月，中共岩南漳县委和军政委员会成立，基层组织机构扩大发展到六个区委和漳平的东河、南河，南靖的和溪，华安的迎富四个工作团，领导农民进行打土豪、抗捐税、反收租的斗争。

3月，中国工农红军抗日讨蒋支队第一、二大队在华安、官田、和溪一带活动，还向东南方向出击，两大队接连摧毁坂场、月水、杜塘、梅营、豪山、关东等六座炮台，消灭敌军153人，缴枪32支，子弹10余箱，抓获土豪30多人，筹款2000多银圆。

4月，红八团一部向华安、漳平、南靖边境地区开辟新区，在漳龙赤卫团的配合下，在华安的高安、仙都和南靖月水一带开展游击战。

5月，红八团机枪排从漳平经华安、南靖边境转移，分散活动，开辟新游击区。

6月，红三支队活跃在漳龙公路线，经常出击漳平、华安、南靖等地。

夏，岩南漳军政委员会分批指派陈文彬、陈学卓、陈文尧、李开榜等人到华安发展地下党组织。

10月，方方、罗忠毅、张鼎丞、邓子恢、谭震林决定将全闽西南部队编为两个纵队。第一纵队司令员罗忠毅，政委温含珍，带领第一、二、三支队深入龙岩、漳平、宁洋、连城、南靖、华安一带活动。

冬，漳龙赤卫团在邦都万圣公墓召开会议，邹天水和邹天保向队员进行政治、军事教育。

是年，闽西南的游击战争得到迅速发展，巩固和发展了漳平、华安等县边区新游击区。

1937 年

年初，漳龙赤卫团在南靖县金山鹅仙洞召开会议，讨论、制定活动计划。

2 月，漳龙赤卫团在华安高石直仑下楼伏击高安反动民团，击毙包括伪区长等反动民团 13 人。

冬，芗潮剧社宣传队派陈郑煊、杨殿钟（中共党员）等到汰内、丰山、玉兰坂、银塘、沙建、上樟、桃源等集镇、乡村宣传抗日救亡。在杨裕德等人的积极配合下，宣传队成功演出《小白龙》弹词纸影戏等节目，受到热烈欢迎。当地群众捐献数万个柚子，送往厦门慰问抗日战士。

12 月，漳龙赤卫团、南靖游击队 100 多人攻打高安炮楼。

1938 年

4 月，漳龙赤卫团负责人邹天水到闽西寻找党组织，准备汇报工作、请示发展党员建立党支部。闽西的同志指示，邹天水应在中共漳州县委的领导下开展工作。随后，邹天水到漳州寻找党组织，因联系人被捕，与组织失去联系。

5 月，厦门青年战时服务团同漳州救亡团体合作，分 9 个工作队，辗转于闽南沿海和内地各县城乡开展抗日救亡运动。

是年，国民党民团到高安抓捕漳龙赤卫团 4 人，其中来自龙岩的联络员胡天伍被活埋。

是年，永定县湖坑人游维新，由于闽西“肃社会民主党”运动被迫离开永定，到广东汕头等地寻找党组织。1938 年到华安仙都，后转移到良村良埔定居，以开中药铺为掩护，秘密开展革命活动。

1939 年

12 月，出席闽西南潮梅特委第六执委扩大会议的漳州中心县委书记何浚回到闽南后，传达中共中央关于精干组织、隐蔽力量的指示，部署闽南党组织的隐蔽应变和蓄力待机的具体工作。

是年，在延安整风时，张鼎丞同志在中央的一次会议上指出，在闽西三年（1936 年至 1939 年）游击战争时期，华安是宽广的游击区域之一。

1940 年

3 月，中共闽西南潮梅特委决定贯彻党中央关于在国民党统治区实行“隐蔽精干、积蓄力量、长期埋伏、以待时机”的十六字方针。漳州中心县委作出相应决策，领导干部分散隐蔽。其间，有张亚挞（化名曾国）、钟远琚（江西瑞金人）、温开招（江西于都人）等人，以修补竹器家具师傅、打铁师傅、打短工等为掩护到华安丰山、沙建、仙都一带隐蔽，秘密开展革命工作。

1941 年

春，闽西、闽南党组织指示漳龙赤卫团要坚持在华安开展革命活动。漳龙赤卫团进行重新整顿，缩编为一个队，对外公开称为打猎队，坚持在坪溪等地借打猎为名进行训练、开展斗争。

1942 年

10 月，漳南工委书记吴运琳隐蔽到仙都大地村。在当地组织进步青年开展革命斗争，把革命力量扩展到安溪境内，得到安溪党组织的支持。

是年，游维新多次回到永定大溪和党组织取得联系，派人到永定、上杭、龙岩、长泰、安溪等地和党组织接头、交换情报并接受任务，发展黄木通、黄水枝等人加入党组织。

1943 年

2 月，国民党保安团 100 多人到际头坪溪自然村围剿漳龙赤卫团。漳龙赤卫团活捉 6 名保安团士兵，成功换回被捕的 11 名群众。

10 月 26 日，黄雨定以“通共”罪名，出兵剿洗侨乡上苑村，抓捕残杀地下游击队员、归侨小学教员李溪水，地下游击队员李海水，下令全村壮丁各带柴刀，每人各砍两李一刀，而后支解尸体，悬首示众。

是年，一架入侵的日本飞机坠毁在华安、漳平交界的涵口附近。

1944 年

春，漳龙赤卫团负责人邹天水到漳州南乡与卢炎取得联系，护送6名青年参加卢炎的队伍。

5月，国民党军事委员会调查统计局（军统局）与美国海军参谋部在华丰镇下坂村下坂岩仔成立“中美合作所第六特种技术训练班”（俗称华安班、腾云班），共有3000多人，其中美籍官兵30余人。主要培训抗日技术骨干。历时一年多，曾有几次抗日行动。

10月，杨裕德带领农会会员到丰山乡政府查账，被国民党三青团认定为共产党造反。杨裕德被团丁踢伤双眼，关押一个月。

是年，闽西工农红军华安纵队在良村成立，队长游维新，队员40多人。

是年，曾任邓子恢的交通员、闽南红军独立团女战士郑缓同志，因部队在漳浦车本战斗失利，交通站被敌人破坏，家人惨遭敌人杀害，在反动派四处搜捕的险恶环境中流落到丰山镇玉兰村。

1945 年

秋，邹天水、邹天保接到闽西特委转达工作方针：“分散发展，积蓄力量，等待时机，要用革命的两手反对反革命的两手；要搞白皮红心，要搞好政治攻势，要求贯彻到全党，长期执行。”

1946 年

10月，张亚挞（平和龙乡人）以烧火炭、补篓筐为掩护，在北乡、丰山一带开展革命活动，组织农会，领导农民进行减租减息斗争。

11月，黄雨定带领反动民团到坪溪围剿漳龙赤卫团。

冬，中共闽南地委决定各地组织工作团分散展开斗争，以巩固基点，发动群众建立游击区。华（安）长（泰）设有一个工作团。

是年，游维新回到永定，在湖坑圩与党组织交通员游煌仁接上关系，游维新得到指示：坚持斗争，积蓄力量，迎接解放。

1947 年

1 月，罗溪、赤溪、福里 3 社 200 多名木排工人联合罢工，要求资方提高工资。经过谈判，工人工资提高 30％，罢工取得胜利。

是年，游维新带领游击纵队砸烂选票箱，破坏当地伪“国代”选举。

1948 年

4 月，高安反动民团到坪溪袭击漳龙赤卫团。

10 月，游维新带领游击纵队成功营救被捕的陈立新、邹连丁等人。

同月，在地下党和校内进步教师指导下，华安初级中学发生学潮，强烈抗议下坂社保长李有土无理殴打学生。全校师生 150 名，在华丰街头示威游行，张贴标语，并在县府、警察局大门前发表演说，要求县长许元培惩办肇事人员。县政府被迫接受条件，终于平息了这次学潮。

11 月，华安反动民团派兵“围剿”良村，游维新、黄木通等人连夜逃离，游击纵队被迫解散。

秋，至 1949 年春，漳龙赤卫团负责人邹天水到广东大埔县、闽西永定县等地向闽粤赣边党组织反映漳龙赤卫团的工作情况，请求指导工作。

1949 年

3 月，安（溪）、漳（平）、华（安）和安（溪）、华（安）、长（泰）两个解放委员会成立。

4 月，闽粤赣边区纵队第八支队二十三团成立，活跃在漳平、南靖、华安边境地区开展武装斗争。

4—8 月，湖林陈己酉、廖克荣等四十几位青年参加闽粤赣边纵队游击队，并参加珍山玉屏盂峰战斗，其中陈成德等 3 人兼任交通员；高安童苏秋等十几位青年、沙建郑丰山等十几位青年及良村、新圩、丰山、高车、仙都、马坑等地数十位青年参加闽粤赣边纵队第八支队 23 团游击队；其中邹培仔（女）、陈清花（女）为地下游击队接头户联络员。仙都大地地下游击队员刘新民、刘金祥到安溪祥华开展地下革命活动。安溪县解放后，刘金祥担任多卿乡党支部书记，刘新民于 8 月 18 日被首任县长谢高明任命为多卿乡乡长。

5 月，闽粤赣边区纵队第八支队的 5 个连队，按地委要求，在支队长李仲先、副支队长吴扬、副政委卢炎带领下，部队从南靖荆都出发，在高安、上樟、下樟、沙建、汰内、南坪、天宝大山等地与敌周旋，攻下归德（高安）乡公所和粮仓，把粮食分发给贫苦农民。然后再攻打上樟、下樟等地。史称“10 天 8 仗”，在华安产生重大影响。

月底，游维新被黄雨定反动民团逮捕并活埋于新圩。反动民团还在游维新住处搜出、并烧毁了闽西工农红军华安纵队旗帜、印章、符号、文件、名单等物品。

7 月 7 日，中共安溪中心县委书记陈华委派刘子熙和陈君实乘船到华安，与华安国民党当局代表谈判起义事项。

9 月，闽粤赣边区纵队第八支队四团五营警卫连长陈志光带领部队从漳平出发，准备解放华安。部队攻下湖林民团大队长陈万物据守的后格尾土楼，向湖林和周边群众宣传革命必胜的道理。

10 月 10 日，中共福建省六地委（后称漳州地委）和中国人民解放军驻漳部队党委决定和平解放华安。由平浪、孔繁智、张树桃、张克瑶组成中共华安县工作委员会，工委书记兼县长平浪、公安局长孔繁智。中旬，漳州军管会政治部主任皇甫琳、第六军分区副政委卢炎及华安县长平浪等在漳州与华安旧政权代表进行谈判，双方就和平接管华安的有关事宜达成协议。

18 日，中共华安工委会在龙溪中学开办“青年干部训练班”。共招收 31 名青年学生，这批学员成为接管华安的地方干部。

11 月 18 日，在中共华安工委的领导下，由第六军分区副政委卢炎同志带领的长江支队南下干部、南下服务团、青干班等 61 名地方干部和中国人民解放军三十一军二七二团政治处主任袁志年同志带领两营战士组成的华安工作队，抵达国民政府临时县城黄枣，先后在顶楼(又名:启丰楼)等地举行和平接管仪式，县长平浪庄严宣布华安和平解放，人民新政权建立。

20—22日，县人民政府决定将原来全县8个乡镇划为4个行政区，任命各区的区委书记、区长，分赴各区接管伪乡政府建立区公所。

22日，县人民政府在仙都召开群众大会，动员全县人民积极投入围剿土匪的斗争。

24日，县工委、县政府驻地由黄枣迁至仙都先锋村土楼——仰昇楼。

12月1日，县公安局收编原闽中八支队的湖林游击队员，成立县公安队。

25日，平浪县长等人赴漳开会返县，船至沙坑口，遭匪袭击。在县长的率领下，战士、干部协力击退匪徒。后改步行到新圩。胡励海匪部又纠集200多名匪徒包围住所，平浪率领身边10多位干部沉着应战。随后押船的干部和战士也赶到现场投入战斗，胜利突围。省委、省政府通报表彰平浪指挥的这次以少胜多的反击战是“勇敢有谋，忠于职守”。

同月，县地方武装大队成立。平浪兼任政委，下辖1个直属连，人员由成立时的20多人，逐步发展成4个区干队，共120多人。

1950年

1月17日，中共福建省六地委华安县委会成立。

3月4日，际头匪首童满天与南靖匪首王鸡公纠集200多名土匪包围二区(归德区、现高安镇)区公所。二区的干部和区干队20多人在区委书记杨文、区长张纪信指挥下，临危不惧，坚守土楼，与土匪战斗了两天两夜，先后击毙土匪3名，打伤1名，取得保卫战的胜利，获得中共漳州地委、漳州专员公署通报表扬。

3月，县委会、县人民政府迁址，由仙都迁至华丰。

4 月 16—18 日，县农代会在县城召开，县长平浪作《目前情况与今后工作》的报告，部署继续发动群众清剿匪霸工作。

18—21 日，召开县第一次各界人民代表大会，出席代表 325 人，平浪同志作《五个月来政府工作情况》的报告。

5 月 9 日，黄雨定发动“云山暴乱”，杀害区乡干部、民兵，积极分子 13 人，妄图在云山建立“反共复兴基地”。

23 日，良村首匪黄金辉占据了良村大墩土楼。村长黄文献、民兵黄妙土等遭土匪捆绑关押。县委闻讯后，立即调动仙都、新圩驻军、民兵 160 多人赶到良村，把楼内的土匪围住。24 日凌晨，在平浪县长指挥下，我方发起攻楼，仅用半小时就攻下土楼。土匪被击毙 1 人，打伤 2 人，活捉 29 人(包括匪首黄金辉)，我无伤亡，并缴获一批武器。这是华安剿匪以来的第一个大胜仗。

8 月 4 日，召开县第二次各界人民代表会议，讨论通过了剿匪、夏粮征收等项决议。

17 日，二七二团两个营进驻华安。建立了华安、长泰剿匪联合指挥部，指挥部设在丰山，采取政治瓦解和军事打击相结合的措施开展剿匪工作。

9 月 7 日，老红军战士邹天水、邹天保献出 10 多件革命文物，其中“红军第四军汀漳龙联合赤卫队大队部”的旗帜、印章收藏于北京中国革命博物馆。

29 日，召开县第三次各界人民代表会议，传达贯彻中共中央《关于纠正镇压反革命活动的右倾偏向的指示》，选举华安县各界人民代表常务委员会。

1951 年

1 月 2 日，县人民武装部成立，石振民任副部长。

3 月中旬，县委派出工作队进驻一区草坂村，开始土改试点。

4 月 20 日，华安匪首黄雨定从甲子尖山洞逃遁后，在凤林乡田寮自然村的山上被当地民兵击毙。其子黄麒麟中弹后被活捉。

同月，县委号召全县军民掀起抗美援朝活动，献钱和物资折价总金额为旧制人民币 4.3 亿元。

5 月,中共华安县纪律检查委员会成立。

下旬,全县土匪基本肃清,共消灭土匪 1084 名,缴获枪支 762 支,缴获物资折旧制人民币 1.012 亿元。

6 月,县农民协会成立。

7 月 1 号,《福建日报》第七版《福建日报画刊》刊登报道老红军邹天保、邹天水捐献的一批革命老物。

7 月,全县 4 个区 73 个村均建立了村人民政权,彻底废除保甲制。县委贯彻地委召开的土改试点总结会议精神,举办土改干部训练班,总结推广草坂土改试点经验,确定下坂、罗溪、华丰、龙峰 4 个村为进一步进行土改试点。全县发放救济粮 14000 斤,救济贫困农民 553 户。

8 月 6 日,县妇女联合委员会成立,副主席秦世英。

25 日,中国共产党福建省六地委华安县委员会,改称中国共产党华安县委员会。

同日,县委举办县、区、村干部 260 多人参加的土改训练班,为全面土改培养干部。

9 月 1 日,华东军大福建分校政治部主任张立光,带领军大学员 400 多人、周淑惠带领漳州民主人士 30 多人到华安县,和 300 多名地方干部组成土改大军,县、区成立土改委员会,土改运动在全县展开。

10 月 20 日,全县土改胜利结束。

1952 年

2 月,县委根据土改后农民迫切要求组织起来进行生产的愿望,抽派干部下乡,指导、帮助农民建立农业生产互助组。至春耕前,全县共建立互助组 325 个。

春,专署民政科发放优抚费,华安烈军属 127 人,发放粮食 10500 斤。

6 月,县成立供销合作总社,郭逢运任县社主任。

8月，县在新圩黄枣举办首次城乡物资交流大会，当晚，首次放映《攻克柏林》《小二黑结婚》等四部有声电影。

12月29日，针对九龙江航运管理混乱的情况，县委制定《九龙江工作方针计划》，建立了水上民主改革委员会，在航运业开展民主改革工作。

1953年

2月，全县召开各种会议、举办培训班等方法宣传婚姻法。

7月11日，全县进行第一次普选，抽调干部354人下乡协助普选工作，并成立两个临时法庭、一个检查组。

18日，《人民日报》刊载老红军邹天保、邹天水捐献革命文物的消息，《福建日报》也再次作出报道。

11月，县第一农业生产合作社——爱国生产合作社，在中圳乡建立，林奇怀任社长。

是年，全县开始实行粮食统购统销政策。

1954年

6月25日，召开县第一届人民代表大会第一次会议，与会代表82人。会议选举张亚挞为县长，卢法书为副县长。

同月，在华丰城关新建一座小型火力发电厂，它是华安县解放后第一次供电照明，装机容量5千瓦。

上半年，全县已建立农业社12个，设有供销社6个，分设15个门市部。

7月10日，四区大深乡131户，划归漳平县管辖。

9月21日，杜进智任县委书记。

10月1日，全县举办农业合作社骨干训练班，393人参加训练，学习党中央和毛主席关于农业合作化的方针政策及指示。

1955年

2月，县委召开三级扩干会，会议以征兵为中心，会上有431名适龄青年自愿报名应征。

同月，全县基本完成对私营商业的社会主义改造。

7月，华丰至新圩公路通车，全程23公里，它是华安第一条长途汽车路。

9月14—21日，县委召开三级扩干会，2035人参加会议。学习贯彻毛泽东主席关于农业合作化问题的指示，进行办社再发动，组织学习办社的具体方针、政策和方法步骤，同时布置镇反等工作。

10月，鹰厦铁路华安段动工。全县动员民工606人参加建设，在新圩罗溪、华丰、绵良、西陂、涵口、利水等地设立物资供应站，负责粮食、木柴等物资供应。

12月27日，毛泽东主席充分肯定华安县仙都区龙锋乡先锋农业合作社的整社经验，并为该社总结文章修改，写下《一个整社的好经验》作为按语，按语先后收入《中国农村的社会主义高潮》《毛泽东选集》第五卷。

1956年

3月，县委把原有的4个行政区并为3个，63个乡并为39个乡和1个直辖镇。

5月5日，制定了《华安县以农业生产合作化为中心的十二年(1956年—1967年)全面规划》草案。

6—10日，召开中共华安县第一次代表大会。会议选举第一届县委会委员17名，书记杜进智，副书记张克瑶、张亚挞、张树桃。

8月，仙都区涵口大小杞的24户，划归漳平县管辖。

9月，全县发动群众1000多人，建设仙(都)新(圩)公路。

12月，鹰厦铁路华安段全线铺轨完成。

1957年

1月，鹰厦铁路在华安境内建成通车。贯穿县境89公里，经过3个区18个乡43个自然村，设立车站6个，停靠站4个。

2月4—13日，县委召开三级干部会议，部署整风整社工作。

6月22日，县委召开机关干部大会，动员开展反右派斗争。

同月，全县建办农业生产合作社，入社农户14670户，占总户数的95.8%，基本实现农业社会主义合作化。

9月3—10日，县委召开四次三级扩干会，组织区、乡干部进行4天的“大放大鸣”，开展“社会主义大辩论”。

同月，经省民政厅批准，原属华安县辖的迎富(216户)、蓬莱(307户)两乡，归属南靖县辖。10月1日，两县办理移接完毕。

11月1日，县委整风领导小组印发《关于下一段反右斗争的工作意见》，在全县开展反右斗争。

23日，县委发出《关于迅速组织全民讨论四十条纲要的意见》。

12月29日，县组织生产“大跃进”。

1958年

2月21日，李玉科任县委书记。

3月12日，县决定撤销全县三个区，实行大乡制，把47个乡并为25个乡。

17日，县直机关、学校、企业、医院的“双反双比”(反保守、反右倾、比先进、比多快好省)运动正式开始。

4月8日，县委发出《关于“三社合一”的实施方案》。“三社合一”即供销社、信用社、农业社合并，并就如何搞好“三社合一”提出具体要求。

同月，县成立第一个国营工厂——华安农械厂。

5月，全县多种形式宣传贯彻“鼓足干劲，力争上游，多快好省建设社会主义的总路线”。

6月1日，县修建金福公路(金山至福田)，全长44公里，次年建成通车。

8月，原华安初级中学改为完全中学，首次招收高一班新生47名。同时，县开办初师班1班35人、初卫班1班48人及县教师进修学校。

9月中旬，全县实现“人民公社化”，把37个乡并为6个公社。

10 月中旬，在“大跃进”浪潮中，全县掀起“大炼钢铁”运动，建起 14 个炼铁厂。

12 月，县云水溪水电站动工兴建，次年建成发电。

1959 年

3 月 20—27 日，县召开五级干部会，决定把全县六个公社中的 42 个管理区(原 88 个高级社)划为 69 个大队，其职权范围也作了相应的改变。与会代表多数拥护“工资制”“供给制”相结合的分配制度。这次会议虽然发现人民公社存在的问题，但没有及时去解决。

5 月 16 日，县委发出《关于召开人民公社社员代表大会若干问题的意见》，要求 5 月底选举出公社管理委员会，把公社管理、组织建设制度健全起来。

6 月 30 日，县委总结了从 1956 年至 1959 年内部肃反斗争情况。根据中央“有反必肃、有错必纠”的方针，运动中立案 5 件专案全部结案，申诉案件 4 人全部处理完毕，甄别定案对象 68 人全部定案。

9 月，全县精减压缩劳力 865 人，回乡生产。

10 月 1 日，县在华丰公社大礼堂举办 10 年社会主义建设成就展览。

11 月 4 日，县委召开的全体(扩大)会议，通过了《坚决贯彻执行省委关于进一步开展增产节约运动决议的决议》。

11 日，县决定建立潭口林场。场辖范围包括原属金山林场的利水林区，共有宜林荒山 5 万亩，现有林 2.26 万亩，毛竹 2000 亩。

1960 年

3 月 29 日，龙溪地委通报了《华安县关于扩大早季粮食种植面积的报告》。扩种主要是采用“单季改双季”的办法。

4 月 1 日，全县农村实行合作医疗制度。

6 月 9 日，华安县下大暴雨，雨量在不到 2 小时内达 300 毫米以上，发生百年未遇的特大水灾。最高洪水位 92.46 米，比警戒水位

84 米超出 8.46 米，受灾损失严重。

8 月，华安造纸厂动工兴建，1963 年落成投产。

1961 年

1 月 2—14 日，县委召开扩大会、四级干部会，全县开始纠正“一平二调”“浮夸风”。

3 月 10 日，高作文任中共华安县委第一书记。

4 月 10—12 日，县召开会议传达《农村人民公社工作条例（草案）》（即 60 条）。

9 月 9—12 日，华安县受台风影响，风、雨、雹三灾袭击，降雨量达 250～335 毫米，洪水泛滥。全县 100 个村庄受淹，倒塌房屋 3663 间，受伤 11 人，死亡 4 人，水稻受淹 45611 亩。

11 月 21—30 日，县召开三级干部会议，会议总结了“大跃进”的失误和经验教训原因，表示要尽快恢复国民经济。会议还纠正在历次“三反”“反右”“整风整社”运动中受到错误处理的干部。

1962 年

1 月 7 日，县委发出《关于体制下放大包干的工作意见》，并报告地委，受到龙溪地委的肯定，在全区推广。

4 月 12 日，华安根据“精兵简政”的政策精神提出县委会撤销工交部、财贸部；政府工作部门由原来 24 个单位合并为 14 个单位，企业机构由原来 60 个精简为 52 个，事业机构由原来 118 个精简为 104 个。

6 月 11 日，县成立“华安县支前委员会”。下设物质供应部、民兵动员部、卫生部、交通运输部和支前办公室。

9 月 21 日，县委甄别办公室总结了《华安县甄别平反工作和当前党员干部违纪情况检查报告》。

同年，县争取侨汇建设家乡。其中：侨院扩建添置 4000 元，南海中学扩建教室 26000 元，铺桥造路 500 元，争取进口化肥 50 吨，辅导投资 42700 元。

1963年

1月19—21日，召开中共华安县第二次代表大会和县委二届一次全会，选举产生县委常委7人，高作文为县委书记。

2月，县召开三级干部会，部署开展社会主义、集体主义、爱国主义教育和开展反对资本主义、封建主义、铺张浪费活动。

同年，县开展厉行增产节约，进行"四清"（清账、清仓、清财物、清工分）和"五反"（反贪污盗窃、反多吃多占、反贪图个人享受、反官僚主义、反本位主义）运动。

1964年

1月10日，县开放粮食交易市场。

11日，高作文调地委工作，王虎接任县委书记。

4月3日，《人民日报》在头版头条刊载了华安县服务春耕生产的一篇通讯：《部门工作为中心工作服务，机关工作为基层生产服务》，并写了短评。

6月，县委宣传部提出《关于在干部群众中开展学习毛主席著作的意见》。

10月，华安县由原6个公社拆为10个公社，丰山从沙建公社分出，高车、马坑从高安公社分出，良村从仙都公社分出。

1965年

春，县开展以"四清"（清理账目、工分、财物、仓库）为内容的社会主义教育运动试点。

4月19日，县委提出《关于学大寨、学音西、学太平，改造自然，建设新华安的规划意见》。

5月25日，县委总结加强备战工作，继续开展"援越抗美"的宣传教育。

11月，县委召开扩大会议，要求各项工作都要以实际行动响应中央"备战、备荒、为人民"的号召。

12月27日，仙都公社先锋大队隆重举办毛主席1955年对先锋农业社《一个整社的好经验》一文批语发表10周年纪念活动，同时举办展览会和报告会。

1966年

2月11—12日，县组织学习焦裕禄先进事迹活动并要求在全县铺开。

春，全县开展学习毛主席著作。

7月20日，“中共华安县委文化大革命领导小组”成立。

10月3日，县举办第一期学习毛主席著作辅导员训练班，公社、大队、生产队和县直基层单位的领导和辅导员1238人参加训练。

秋，县内中小学校停课，各种组织的“红卫兵”开始大串连。

11月2日，县委决定修建上坪至汰口公路，疏通九龙江华安河段。

12日，县委学习毛主席著作办公室成立。

1967年

1月，在所谓“一月风暴”的影响下，县直机关和各公社都相继成立不同名称的“红卫兵”群众组织，“文化大革命”在全县掀起风潮。20日，县广播站被夺权，这是全县第一个被夺权的单位。紧接着县委、县人委被夺权，公社、大队、学校和县直机关先后被夺权，各级党政组织陷于瘫痪状态，领导干部被揪斗、“靠边站”。

2月15日，县夺权派发出大联合《呼吁书》，建议大联合，成立“三位一体”临时权力机构。

3月13日，县人武部成立“中国人民解放军华安县人民武装部工农业生产领导小组”，各公社也相应成立这一机构，负责“抓革命，促生产”。

4月25日，中国人民解放军6718“支左”部队进入华安执行“三支”“两军”(支左、支工、支农、军管、军训)任务。

7月13日，县提出“农业学大寨”，全面推进大寨的劳动管理模式。

10月，经过高车、汰内的华(安)漳(州)公路全线通车。该路全长112公里。

1968年

4月25日，县两大派群众组织“东革联”“井冈山”代表在北京达成协议，同意成立华安县革命委员会。

9月16日，“华安县革命委员会”成立，革委会主任于昌兴(93师副参谋长)，统揽全县党、政、财、文工作，实行“一元化”领导。

10月15—19日，县革委会召开第二次全委扩大会。会议学习贯彻省革委会第二次全委扩大会精神，部署我县“斗、批、改”工作。

1969年

2月5日，6718“支左”部队调回海防前线，6649部队进驻华安接替“三支两军”工作，团长李梦山任县革委会主任。

9月，漳州市首批知识青年到华安县安家落户。至1970年10月底，全县共安置上山下乡知识青年7641人，其中本县籍1125人，漳州、厦门等地6516人。这些青年中绝大部分在农村住了10年，至1979年全部回原籍。

11月13日，全县农村推行合作医疗制度。

1970年

1月9日，县在龙头山建办“五·七”农场，总面积为798亩。

2月27日，王永华任县革委会主任。同日，县革委会成立“一打三反”领导小组。主任王永华，副主任孙桂昌。

9月1日，华(安)良(村)公路动工兴建。

17日，县革委会成立华安县革委会“党的核心小组”，行使县委领导职能。

1971年

1月，成立华安县金山大桥指挥部，动工兴建金山大桥。

6月14—17日，召开中共华安县第三次代表大会。会议选举产生县委委员23人。全会选举县委书记王永华，副书记王国恩、孙学山（注：省委于8月12日批复中没有把王国恩列为副书记）。

10月1日，华安水力发电工程破土动工。

11日，重新启用“中国共产党福建省华安县委员会”印章。

1972年

1月7日，县首次用飞机播种造林，经21天62架次，在8个公社28个大队机播造林356290亩。

4月30日，金山石拱桥竣工，桥主孔跨径99米，全长161米。

11—21日，县委召开三级扩干会，学习中央(72)12号和中央1971年82号文件、中央《关于人民公社分配问题》（即“六十条”）及省委《十六条》的规定等文件精神，掀起“农业学大寨”新高潮。

秋，县内实现队队通有线广播。

11月11—14日，召开县归桥、侨眷代表座谈会。

1973年

3月2日，县决定城关、高安、仙都、丰山等四所中学列为县直单位。

4月13日，省委任命阎观文为华安县委书记、县革委会主任，王治国为县委副书记。

16日，县决定华（安）湖（林）公路动工兴建，成立“华安县华湖公路指挥部”。

1974年

2—7月，县组织三批共400多人的“农业学大寨”参观团，由县领导带队，分赴山西省昔阳县大寨大队参观学习。

4 月，县在汰口农场西坑作业区建成良种繁育场。

7 月 1 日，华安电影院动工兴建。

12 月 9 日，成立华安水电站工程指挥部。

1975 年

2 月中旬，县召开“工业学大庆”经验交流会。

10 月 21—23 日，县在仙都公社召开归侨、侨眷代表座谈会。

10 月 31 日—11 月 7 日，县委召开三级扩大干部会议，传达贯彻全国农业学大寨会议精神。“农业学大寨”群众运动在全县铺开。

10 日，县委出台《关于巩固和发展社会主义集体经济的十二条规定》。

11 月 12 日，县召开计划生育工作会议，要求把计划生育作为全党的一件大事来抓。华安县计划生育工作逐步走上正轨。

1976 年

8 月，华安县支援唐山、丰南抗震救灾物资毛篙竹 6.8 万支，杂竹 1.1 万担，杂木棍 1.7 万支，连日加紧组织调运。

10 月 6 日，中共中央公布粉碎“四人帮”反党集团的消息后，全县人民兴高采烈，举行了大规模的庆祝活动。

1977 年

1 月 5—11 日，县委召开四级干部大会，传达贯彻第二次全国农业学大寨会议精神，总结我县两年来学大寨、建设大寨县情况，提出今后工作的任务要求。

26 日，县在金山石笋尖筹建第一座电视转播台。

8 月 11—18 日，加强对台宣传，县对台办组织对台宣传撰稿工作，被省电台采用 22 篇。

10 月 16—18 日，县委召开各界爱国人士暨台胞台属座谈会。

是年，沙建公社山溪尾大队实行“耕作责任制”(即:分田包产到户)，取得粮食大丰收，比去年增产 43.8%。

1978 年

3 月 9—13 日，召开中共华安县第四次代表大会。会议选举本届县委委员 25 人。全会选举县委书记周力文，副书记施待来、叶福来、黄福周。

春季，沙建、马坑公社有 7 个大队开始试行包产到组、到户的农业生产承包责任制。

11 月 21 日，县成立落实侨改户政策领导小组，对县内的华侨地主、富农户落实政策，摘掉帽子 105 户。

12 月，岭埔水库大坝工程竣工。该工程于 1975 年动工兴建，库容 380 万立方米。

1979 年

1 月中旬，县委成立摘掉右派分子帽子工作领导小组。

2 月 5—14 日，县委召开四级扩大干部会议，传达贯彻党的十一届三中全会和省委工作会议精神。

17—18 日，省委书记廖志高到华安县检查指导工作，地委书记刘秉仁等陪同。

3 月 5—7 日，县召开科学大会，与会 305 人。

4 月 16 日，县组织人员深入普查优抚对象。追认郑国顺、林欧洲、杨梅英等 46 位烈士。

17 日，根据中共中央关于地主、富农分子摘帽问题和地富子女成分问题的决定精神，县革委会为全县 747 个四类分子摘了帽子。

11 月 16 日，县委决定建立领导接待群众来访日制度。每月 16 日，由县委常委、革委会副主任（副县长）、人大主任、政协主席轮流到信访办值班，接待群众来访。

1980 年

1 月 26 日，华（安）湖（林）公路（城关至西陂段）建成通车，总投资 23.5 万元，长 18 公里。

4月1日，省属的华安水电厂建成投产，四个机组投入运行。电厂总投资8390万多元，总装机6万千瓦。其间，水电部钱正英部长两次到华安县对工程进行视察指导。

5月3日，开始修建县内官畲、坪水两个畲族村公路。

上半年，全县搞联产到组的有513个生产队，占全县生产队的60％。

10月1日，温水溪一级水电站建成发电，电站总投资420万元，装机3200千瓦。

10月28日—11月2日，华安县政协第一届委员会第一次全体会议在县城召开。会议选举产生首届政协委员会，主席黄福周。

是年，县委为240人落实政策，其中"文革"中受错误处理的有118人、中右改正的有4人、处理不纯的有94人、起义投诚人员10人、原工商业者10人、右倾错误言论的有4人。

1981年

1月5日，县委抽调县直机关55名副科级以上干部组成完善生产责任制工作队，到农村开展试点工作。

6月22—23日，省委书记李正亭到我县检查"两案"与落实"文革"中的冤假错案工作。

11月4—12日，县委组织一批与林业工作相关人员赴浙江开化县参观学习建办林工商工厂的经验。随后，向上级呈送试办林工商联合公司的报告。

1982年

2月23日，县开展全民文明礼貌月活动。

3月18日，县委调查组编写的《乡规民约十二年——仙都公社中圳大队调查》一文，先后在《中国农民报》和《福建日报》刊登。河北、山东等地先后组团到该大队参观学习。

4月28日，成立华安县第一届运动会筹备会。

5月21—22日，地委办公室、县委办公室联合调查组，写出反映华安县抓好林业生产责任制的《山区经济起飞的一项战略措施》等四篇调查材料，在地委办《工作简报》、中央书记处研究室理论组的《调查研究》和新华社《内部参考》、《福建日报》等刊物先后刊登。

7 月 1 日，县第三次全国人口普查结果：全县 25165 户，140093 人。

12 日，县决定创办福建华安坪山柚园艺场。

8 月 30 日，县委召开县直机关干部职工大会，会议提出开展“四三二”教育活动（四坚持、三兼顾、两反对）的要求。

1983 年

1 月 29 日—2 月 1 日，县委召开三级扩干会，会议传达贯彻中央一号文件和省委农村工作会议精神。县委在会上宣布“十个允许”。

2 月，为完善农村联产承包责任制，县委派出工作队在华丰公社草坂大队、仙都供销社搞体制改革试点。

3 月 20 日，县委发出《关于向杨梅英同志学习的通知》。

7 月 1 日，华安南埯头广播电视转播发射台筹建，当年 10 月开播。

25 日，县委、县政府发出《关于抓紧解决好当前教育工作中几个具体问题的意见》，提出普及初等教育的奋斗目标。

8 月 6 日，华安县成立“五讲、四美、三热爱”活动委员会。

12 月 12 日，县委纪律检查委员会改称县纪律检查委员会。

是年，漳州市核定华安老区乡 7 个、老区村 34 个、8021 户、45161 人，耕地面积 46568 亩，山地面积 382674 亩。

1984 年

1 月 4 日，华安县对 32 位离休老干部颁发荣誉证书。

2 月 16 日，成立华安县地方志编纂委员会，编写第一部社会主义县志。

3 月 6—7 日，省委书记项南到华安县进行工作调研，地委书记刘秉仁等陪同调研。

5月1日，县电影院竣工落成。工程总投资80万元，设1540个座位。

9月6日，全县完成落实侨房“双权”（所有权、使用权）归还工作任务。共落实36户，360间，面积为6887.5m^2。

10月18日，华侨旅行社竣工落成，海外侨胞林金声先生等11人回乡参加落成庆典活动。

12月9—12日，召开中共华安县第五次代表大会。大会选举本届县委委员16人。12日，召开县委五届一次全会，选举县委书记叶正芬，副书记叶福来、王复兴、蔡清溪。

30日，城关自来水厂开始供水，日供水4000吨。

是年，华安县被省政府评为计划生育红旗县。

同年，华安县设立老区办，由县人大一位副主任担任县老根据地建设委员会（简称老建委）主任，机构挂靠民政局，由民政局长兼老建委办公室主任。

1985年

8月6日，县钢铁厂年产600吨的1000千伏安矿热电炉建成投产。钢铁厂产品达到部颁硅75号标准，填补了漳州市工业产品的一项空白。

24日，县委、县政府为高安乡老红军战士邹天水、邹天保等落实政策。至年底，华安县基本完成地下党遗留问题的复查工作，全县地下党问题申诉152件，查后予以排除43件，应复查109件，已复查102件。

9月1日，省防疫站领导到华安考查后，宣布华安县为消灭血吸虫病和基本消灭丝虫病县。

10日，华安县隆重庆祝第一个教师节，并对从事教育30周年以上的200名中、小学教师颁发荣誉证书。

10月21日，国家民族事务委员会秘书长刘光照到华安县调查畲族、高山族的生产、生活情况，帮助解决实际困难。

12月9日，丰山乡邮递员张亚狮被评为1985年度全国邮电系统劳动模范。

10 日，县人民政府确定并公布县级文物保护单位 18 处。

是年，县落实游击区政策。全县游击区 1 个乡（马坑乡）、34 个行政村，人口 3.75 万人，占全县人口总数的 25%，全县有“五老”117 人（包括外县来的），现还健在的有 68 人。

1986 年

3 月 1 日，华丰镇、良村乡、西陂林场和县医院妇科主任医师许素霞等单位和个人被评为全国计划生育先进单位、先进个人。

6 月 24—25 日，县投资 35 万元铺设县城至城关糖厂水泥混凝土路面，分期对漳华线、罗华线两条主干线公路进行拓宽改造。

6 月 6—8 日，县委、县政府召开扶贫工作会议。

7 月 2—5 日，全国冶金系统可编控器应用，计控节能技术双交会在我县召开。

9 月 28 日，丰山大桥竣工通车。

10 月 1 日，湖林乡石井公路通车。

同月，省文物博物馆考古学者在丰山发现一批古代石器。共发现古文化遗址 29 处，明、清古窑址 12 处。

12 月，海军某部 647 艇正式命名为“华安艇”。

是年，漳州市公布“五老”人员，华安“五老”108 人，其中地下党 3 人、交通员 5 人、接头户 12 人、游击队 86 人、苏区干部 2 人。

1987 年

2 月 10 日，华安县台胞联谊会成立。

3 月 9 日，县召开首届台胞、台属代表大会。

4 月 1—4 日，著名考古学家盖山林对仙字潭等八处古石刻壁画进行详细考察鉴定。

5 月 24 日，建阳军分区、华安县政府等单位向烈士林培新家属颁发《烈士证明书》。

8 月 29 日，美籍华人学者黄兴宗博士，在福建省农学院陈家骅教授陪同下，到沙建乡建美村柚子园进行黄猄蚁生物防治害虫考察。

9 月，总投资 128.7 万元，长 1154 米的城关平湖路建设完工。集资 98 万元配套新村路、农林路及巷道铺设水泥混凝土路面和道路绿化。

10 月 14 日，县委、县政府新建两幢办公大楼建成投用，建筑面积 7000 平方米。

12 月 1—4 日，林业部在华安县金山林场召开全国国营林场商品材基地建设总结会。

24—26 日，召开中共华安县第六次代表大会。会议选举产生中共华安县第六届委员会委员 15 名。26 日，举行县委六届一次会议，选举书记：叶正芬，副书记：王复兴、孙孔强。

1988 年

1 月 26 日，国务院批准福建省沿海经济开放区范围由原来的 11 个县（区）增加至 30 个县（区），华安县被列为对外开放县之一。

5 月 10 日，国家计委批准华安县为坪山柚、文旦柚出口创汇基地。

6 月 8 日，由县金山铁厂与华安水电厂合资联营的铁合金厂建成投产。年产硅铁 2000 吨，产值 180 万元。

7 月 3—4 日，省委书记陈光毅到华安县调研；25—26 日，省长王兆国到华安县调研。

8 月，投资 20 万元的丰山中学和由海外侨胞李三才先生等捐资 22 万港元兴建的南苑中学竣工落成，秋季开始招生。

9 月 1—2 日，省委副书记贾庆林到华安县视察。

18—21 日，全国硬质合金现状和发展前景研讨会在华安召开。

10 月 19 日，县庆祝第一个老年节。

11 月 8 日，成立华安县红十字会。

19 日，华安县 1000 门步进制直拨电话开通启用，工程总投资 52.98 万元。

1989 年

3 月 13 日，省计委批准华安县改建新圩至汰口公路，按三级山岭重丘区技术标准改建，长 29.4 公里，计划投资 1473 万元。

10 月 28 日，汤晓丹电影艺术回顾展首映式在城关电影院举行，汤晓丹及夫人兰为洁等参加首映式。

11 月 9 日，“华安景源塑料有限公司”正式投产，是华安县第一家外商独资企业，年产值 150 万元。

12 月 9 日，县第一条铁索桥——下雪铁索桥建成使用，桥长 80 米，宽 1.5 米。

19 日，省政府追认沙建上樟村 18 岁女青年杨春凤为革命烈士。

1990 年

2 月 6 日，县草酸厂生产的工业草酸在北京举办的中国乡镇企业第二届出口商品展销会上被评为“优秀产品”。

3 月，在高安乡东溪发现曾经盛誉海内外的中国宋代古名瓷“漳窑”遗址。

7 月 20 日，中共漳州市委通知：王复兴任中共华安县委书记。

31 日，华丰中学举行落成典礼，秋季按计划招收 250 名新生。

10 月，县二轻竹藤棕制品厂投资 2 万元开发的新产品“空心保健竹凉席”投产，预计年产竹凉席 1000 件，产值 18 万元，利润 5 万元。

11 月，珠江电影制片公司到华安仙都省级文保单位二宜楼录制《神秘的土圆楼世界》的部分内容。

12 月 23—25 日，召开中共华安县第七次代表大会。大会选举第七届县委委员 21 人。25 日，举行中共第七届一次会议，选举县委书记：王复兴，副书记：孙孔强、刘炳南。

同年，仙都籍外出干部倡议成立“仙都人才开发协会”，并筹集捐款 5 万多元，确定每年正月初三为奖学日，奖励考上中专、大学的学生。

1991年

1月1日，岭埔水库水电站建成投产，装机400千瓦。

3月5日，华安县新圩、高车、高安、马坑等4个乡遭受冰雹和暴雨袭击，2.91万人受灾，经济损失634.46万元。国际红十字会向受灾群众捐赠价值1万元的救灾物资。

22日，国务院批准华安县为"八五"期间全国第二批农村初级电气化县。

5月1日，全国人大常委会副委员长彭冲为华安县纪念碑题字：华安革命纪念碑。

9月7日，省计委批准华安县浙溪水电站立项。该电站设计装机1.5万千瓦，总投资约2730万元。

24日，仙都乡侨领林金声带回海外侨亲为仙都人才开发协会捐资7.85万美元。其中林金声家族22位亲人捐资4.75万美元，另外侨胞蒋良诚及夫人谢莉莉等45位侨亲共捐3.1万美元。又收到侨亲捐资2000美元，共有8.05万美元，该协会成为华安奖学金最雄厚的奖学组织。

11月，华安县生产的空心保健竹凉席和第二代产品工艺竹凉席在国家"七五"星火科技计划成果博览会上同获"银质奖"。

1992年

3月5日，县人民政府颁布了《关于贯彻〈福建省计划生育条例〉的实施办法》。

4月，国家农业部部长刘中一为华安坪山柚题词："天下名柚华安坪山柚"。

7月23日，华安县完成"811"工程。即奋战三年，实现全县人均8亩林、1亩果、1亩竹的任务。

10月1日，城关有线电视站开始试播，月底正式开通。

同月，华安县文旦柚在中国首届农业博览会参展被评为"银质奖"。

11月3日，国家林业部、省林业厅与中国林业科学院领导以及来自澳大利亚、巴西、美国、泰国、越南、老挝、菲律宾等80多位中外林业专家、学者在县长孙孔强陪同下，参观考察我县巨桉母种园和黑荆基地。

19日，成立"华安九龙大观园筹建处领导小组"。

20日，华安籍中国左翼作家联盟成员杨骚学术研讨会在漳州举行。

是年，建成华安竹类植物园，面积930亩，拥有竹种32属335种，是全国竹类最齐全的竹种园。

1993年

7月25日，中央电视台《新闻联播》播出：华安县从澳大利亚引进种源，建立全国第一个巨桉种源培育基地。

10月10日，由中国、美国、日本、新加坡、香港等国家和地区的建筑专家和学者组成的文物考察团到仙都镇考察民居建筑"二宜楼"。

11月30日，华安县人民广播电台开播。

12月13日，县竹藤棕制品厂生产的"科竹牌"空心保健竹凉席，在埃及开罗举办的中国星火成果博览会上获得"金字塔奖"。

24—27日，召开中共华安县第八次代表大会。大会选举产生第八届县委委员21人。27日，县委第八届一次全会召开，选出县委书记：刘子维，副书记：邹三分。

1994年

1月1日，县中医院综合门诊大楼举行落成典礼。

2月4日，漳华线新汰段沿江公路举行通车庆典。该路段全长29.4公里，总投资2400多万元，可缩短华安至漳州的路程20公里。

3月6日，国家文物委员会委员单士元、郑孝燮等专家到华安县二宜楼、仙字潭摩崖石刻进行考察。

4月1—8日，县竹藤棕制品厂生产的科竹牌空心保健竹凉席在杭州召开的中国星火国际研讨展示会上夺得金牌。

5月1—2日,时任中共中央统战部副部长、中共党史资料征集委员会副主任童小鹏到华安县视察。

8月,华安县成功争取三个国家级林业项目:世界银行贷款项目"森林资源发展和保护",总投资1330.04万元,总面积3000公顷;国家级星火计划"四季产笋竹两用丰产林基地及加工利用"项目,总投资800万元,面积10万亩;国家级项目漳州市亚热带高优农业示范区内容之一的华安县1万亩肉桂基地。

10月1日,全县乡镇实现电话交换程控化和线路传输数字化。

24日,国家林业部命名华安县为全国首批19个"科技兴林示范县"之一。这是福建省唯一获此殊荣的县份。

是年,华安县建立四家研发九龙璧的玉石加工厂,产品销往台湾、菲律宾等地。

1995年

1月11日,漳华公路潭汰段改建完工通车,投资960万元。

4月21日,县委发出向孔繁森同志学习的通知。

同月,华安县荣获中国特产"坪山柚之乡"称号。

5月1日,湖林乡西陂大桥建成通车,大桥长178米,总投资275万元。

10月29日,高(安)龙(山)公路举行通车剪彩仪式。该公路总投资573.68万元,全长24公里,可缩短高安到漳州的路程20公里。

11月27日,漳华公路新圩华电至潭口段柏油路铺设完工,该路段长36.2公里,总投资近千万元。

12月27日,县广播电视局举行华安有线电视台开播仪式。同日,华丰镇罗溪大桥举行通车典礼。

1996年

1月,原中顾委委员马兴元到华安县参观视察。

同月,华安县顺利通过全国绿化委"百佳县"验收。

2月12日,由香港红十字会捐助的700床救灾丝棉被在华丰镇绵良村举行发放仪式。

4 月 21 日，县重点水电建设工程浙溪水电厂及其配套电网工程城关 110 千伏变电站举行落成剪彩仪式。

8 月 1 日，受 8 号强热带风暴影响，华安县连降大到暴雨，受灾人口达 5.5 万人，死亡 14 人，伤 5 人，直接经济损失 3300 万元。

11 月 29 日，厦门航空港集团公司捐资 55 万元人民币兴建的湖林乡吉土村“吉翔希望小学”举行协议签字仪式和开工典礼。

12 月，县“110”巡逻警察大队挂牌成立。

1997 年

1 月 16 日，市委组织部在高安镇平东村召开恢复老红军邹天水党籍会议，会上宣读了省委组织部关于恢复邹天水同志党籍的批复。

6 月 3—7 日，华安县顺利通过省教育“两基”评估验收。

8 月 22 日，贡鸭山获准建立省级森林公园。

27 日，省委副书记习近平到华安县调研。

31 日，县第二实验小学举行落成典礼。

12 月 18 日，由厦门国际航空港集团有限公司捐献 55 万元新建的湖林乡“吉翔希望小学”吉翔楼举行落成典礼。该楼总投资 89 万元，建筑面积 1397 平方米。

1998 年

2 月 2 日，华安县举行竹类植物园落成典礼。

同月，华安县被国家林业部授予“全国林业工作站建设合格县”。

5 月 21 日，华安县省级生态示范区建设规划试点县通过有关部门和专家论证，并由省环保局向国家环保局申请列入国家级示范区建设试点县。

10 月 1 日，国务院总理办公室原主任、中央统战部原副部长童小鹏到华安县参观视察。

11 月 24—26 日，召开中共华安县第九次代表大会。大会选举产生中共华安县第九届委员会委员 22 名。26 日，县委九届一次会议召开,选举县委书记:林晓峰;副书记:谢毅泰、李永源。

12月1日,华安城关大桥、城关立交匝道、温水溪桥拓宽等工程竣工通车。

6日,国家文物局局长张文彬到仙都二宜楼、仙字潭摩崖石刻等地调研。

是年,福建省原副省长曹德淦挂钩湖林乡湖林老区村(至2000年)。

1999年

3月,在华丰镇银和村发现古老的孑遗植物活化石、国家一级重点保护植物——桫椤植物群落。

4月7日,全国人大常委会原副委员长彭冲到华安县参观视察。

5月,县政府被中央文明办、国家工商管理局评为全国"98年度公益广告"活动先进单位。

6月23日,县召开《华安县志》续修工作会议。

9月21日,县林业科技推广中心承担的"肉桂丰产栽培技术开发"项目,顺利通过国家林业局验收。

11月16日,美国盖蒂文物保护所副所长阿格纽先生、澳大利亚遗产委员会前执行主任莎伦、萨丽雯一行到仙都镇考察国家文物保护单位、民居瑰宝——二宜楼。

2000年

1月3日,首届"中国华安玉(九龙璧)奇石节"在华安开幕。

同日,由中共华安县委宣传部主管、华安县广播电视新闻中心主办的侨刊乡讯——《今日华安》周刊编委会成立。

4日,华安至漳平公路举行通车典礼。

9日,时任全国政协副主席张克辉到华安县调研。

2月24日,县组织华安玉奇石及工艺品赴京参加第十八届全国珠宝首饰展销会暨"国石"候选石精品展销会。华安玉荣登中国"十大国石候选石"金榜。

7月,县林业局被国家林业局评为全国营造林工作先进单位。

11月9—10日，全省计划生育工作现场会在我县召开。省长习近平等省、市、县领导出席会议。

12月，成立华安县医疗保险管理中心。

是年，华安县先后被评为：国家森林公园、全国经济林建设示范县、全国科技工作先进县、全国县级计划生育“三为主”先进单位。

2001年

1月3日，县光荣院、福利院、敬老院举行落成典礼。

3月22日，湖林电力希望小学举行落成典礼。该小学教学楼等由省电力公司捐资兴建，总投资70多万元，建筑面积1425平方米。

5月，华安县被中宣部、司法部授予1996—2000年全国法制宣传教育先进县。

7月2日，中共漳州市委文件通知：谢毅泰任中共华安县委书记。

12月28日，漳华公路华安段（潭口至城关）改建工程举行开工典礼。该路段改造后总长40.909公里，按照二级公路技术标准设计改建，预算总投资29181万元。

下旬，时任全国政协副主席张思卿到华安县调研。

同月，华安县被国务院批准为水电农村电气化县。

2002年

1月12日，总建筑面积近3000平方米的县文化中心大楼举行落成剪彩仪式。

3月，华安县被命名为国家级生态示范区。县环保局被评为国家级生态示范区建设工作优秀组织奖。

4月6日，时任省委书记宋德福、省委副书记黄瑞霖到华安县调研。

6月12日，漳华公路隧道全线开工。漳华公路拓宽改造工程的重点项目红旗山隧道工程，全长2.148公里，高5米，宽10.5米，总投资8043.6万元。

8月，福建省黄仲咸教育基金会委托省老促会，向全省老区山区品学兼优的高中学生发放助学奖学金，安排华安2个名额，每生500元。这是该奖学金首次在华安发放。往后，逐年提高奖学金和增加奖学名额。

是年，华安县获得："1999—2000年度全国科技进步先进县""中国绿色食品之乡""全国残疾人康复工作先进县"等荣誉称号。

2003年

1月，仙都镇获得"第二次全国基本单位普查先进集体"荣誉称号。

9月4日，县妇幼保健所综合大楼落成投用。该大楼总投资170万元，建筑面积2234平方米。

10月30日，由福建、陕西、台湾三地书画家联合组成的海峡两岸三地书画艺术采风团共46人，在华安县开展采风活动。

同月，省老区办核定漳州市老区乡村基本情况，华安老区分布9个乡镇、老区村19个、人口3.32万人。

11月18—20日，召开中共华安县第十次代表大会。大会选举产生新一届县委会委员24人。在县委十届一次全会上，选举县委书记谢毅泰，县委副书记蒋一婷、柯志宏、陈星明、卢民松。

12月21日，华安县在福州举办"2003'华安仙都'铁观音、乌龙茶冬季茶王赛"。

是年，时任福建省委副书记、省纪委书记梁绮萍挂钩新圩镇（至2005年）。

2004年

2月25日，中组部原部长、全国党建研究会原会长张全景到华安县参观视察。

7月1日，由县纪委、县监察局主办的"北溪廉政网"开通运行。

同月，漳州市原市长何锦龙带领市政府工作组挂钩新圩镇玉山老区村（至2006年），投入360万元，修通了玉山至新圩镇长14公里、宽 3.5 米的水泥路，同时修通了华山、官畲两个老区村的水泥路。

9 月 10 日，时任中共中央政治局委员、国务院副总理吴仪到华安县调研。

同月，省、市、县三级政府及部门扶持高安老区镇 60 多万元，新建高安卫生院，面积 1200 平方米。

11 月 28 日，时任全国人大常委会副委员长司马义·艾买提到华安县调研。

12 月 15 日，县政务服务中心揭牌成立。

29 日，中共漳州市委通知：陈汉夫任中共华安县委书记。

同月，华安县顺利通过省级“实验教学普及县”达标验收。

2005 年

1 月 13 日，成立华安县老区建设促进会（简称老促会），会长刘炳南、副会长黄万源。其宗旨是宣传老区、促进和服务老区。

3 月 21 日，召开华安县保持共产党员先进性教育活动动员大会。

5 月 1 日，中国女排到仙都镇向先锋小学捐赠 20 万元，参加“中国女排先锋希望小学”奠基仪式。

2 日，华安县《北溪文艺》创刊首期发行。

20 日，厦门航空港董事长一行到湖林乡吉翔希望小学参加捐资 21 万元新建的学生教工宿舍楼落成典礼。

25 日，华安县与厦门市思明区举行山海协作对口帮扶签字仪式。

7 月 17 日，香港漳州同乡总会捐赠 25 万元建设马坑乡和春村希望小学。

10 月 8 日，总投资 1 亿多元的城东新区建设项目正式开工。

12 月 21 日，时任福建省委副书记、省纪委书记梁绮萍到湖林乡吉土村慰问老区群众。

是年，县老促会、县老区办与水利局等有关部门配合，向省、市有关部门争取到饮水工程补助款24.5万元，解决7个老区村群众的饮水困难。

2006年

1月8日，省老促会副会长吕居永在市、县老促会领导陪同下，到新圩镇玉山村慰问老区群众。

2月8日，经县老促会、县老区办调研核实，全县有20个老区村漏报。第一次县长办公会议研究认定漏报的20个老区村，并上报市、省老促会，老区办给予公布。

12日，由市老促会会长卢亚来带领市老艺协等单位26人到华安城关为老区群众义务书写春联。

6月12日，全国人大民族委员会调研组到华安县调研。

29日，福建土楼申报世遗工作座谈会在华安县召开。

7月17—19日，召开中共华安县第十一次代表大会。大会选举产生新一届县委委员29人。在县委十一届一次全会上选举陈汉夫为县委书记，柯志宏、卢民松为县委副书记。

10月22日，来自安哥拉、巴西、佛得角等葡语国家贸易技术标准研修班的官员到华安县参观考察。

11月15日，《百岁导演汤晓丹》纪录片在华安县开机。县委、县政府授予汤沐海、汤沐黎为“华安县荣誉市民”称号。

是年，漳州市公布“五老”人数，华安有“五老”108人。健在69人，其中老地下党员11人，老游击队员54人，老交通员1人，老接头3人。

2007年

1月8日，省考古研究所所长粟建安带队入驻华安县，初步完成华安东溪窑横式阶梯窑的两处遗址考古工作。

3月18日，中国首次单人无动力帆船环球航海勇士翟墨带着华安玉、华安铁观音茶及二宜楼模型从厦门港起航。此次航海将经过40多个国家和地区。

4月28日，华安县成立土楼“申遗”办公室。

同月，中国女排到仙都镇先锋村参加“中国女排华安县先锋希望小学”大楼落成。

6月6—8日，中国·福建（华安）土楼建筑文化论坛在华安县举行。

7日，华安九龙国际商贸中心暨华安奇石博览园举行奠基仪式。

20日，福建土楼博物馆土楼人家展馆在仙都镇开馆。

9月2日，国际古迹遗址理事会专家狄丽玲博士来华安评估考察福建（华安）土楼。

28日，华安玉（九龙璧）观赏石代表福建展团参加中国观赏石博览会2007走进奥运·北京邀请展。

10月1日，华安县被评为福建省2007年“经济发展十佳县”。

12日，华安县为党的十七大代表——杨爱珠同志赴京参加党代会举行欢送仪式。

26日，县老促会会长刘炳南等到马坑下垅村调研下垅苏维埃政府活动情况，原苏维埃政府主席李友理之孙李永和（85岁）、百岁老人邹顺花等参加调研活动。

11月16日，县城东大桥剪彩通车。

12月16日，中央电视台《乡村大世界》走进华安专场文艺演出，在华仙茶都广场激情上演。

23日，时任省委书记卢展工到华安老区县调研。

29日，时任商业部部长、国务院特区办主任胡平到华安县参观考察。

2008年

1月，成立“中共华安县工业集中区工作委员会”，加强工业集中区非公党建工作。

18日，市老促会副会长陈老钦等到沙建镇、湖林乡慰问“五老”及其遗孀17名。

3月8日，中共中央政治局原委员、中央军委原副主席、国防部原部长迟浩田到华安县参观视察。

23日，由香港蔡建平先生捐资改建的坪水老区村蔡建平希望小学举行落成剪彩仪式。

4月3日，县召开全县土楼“申遗”、文物保护、旅游管理、县志档案工作会暨大地土楼群创国家4A级景区动员大会。

5月9日，时任全国政协副主席、台盟中央主席林文漪率领台盟中央赴闽考察团到华安县考察调研。

同月，县老促会被市老促会评为2007年黄仲咸助学金发放工作先进单位。

6月3日，省财政厅、省老区办拨款扶贫资金：大燕老区村茶叶示范基地5万元，岛濑老区村、芹岭老区村修路各2万元。

7月7日，福建土楼（华安）大地土楼群列入《世界文化遗产名录》。

29日，华安县获得“中国观赏石之乡”荣誉称号。

8月7日，立兴罐头食品有限公司商标——“立兴牌”被认定为“中国驰名商标”，这是华安县首家获此殊荣的企业。

11月5日，时任省长黄小晶到华安县调研。

14日，俄罗斯、塔吉克斯坦驻华使节到华安县参观考察世界文化遗产——福建（华安）土楼。

12月26日，华安县与福建新恒基集团签订华安大地土楼群旅游开发合作合同，由该集团投资2.5亿元开发世界文化遗产——大地土楼群。

是年，省老区办审批公布华安县新认定的20个老区村。至此，全县共有39个老区村，人口49800人。

2009年

1月15日，全国政协常委、台联副会长陈杰到华安县调研高山族工作。

2月5日，县老促会建立理事单位派员挂钩老区村办实事制度和宣传老区通讯员制度。

3月31日，华安县召开深入学习实践科学发展观活动动员大会。

4月16—20日，省“八闽红土地”摄制组一行5人到我县华安经济开发区，拍摄采访沙建老区村新村建设、上田老区村道路硬化及二宜楼。

5月14日，华安县为全县革命老区村竖立石碑，第一批22个村，第二批17个村。这是全市首个为老区村竖碑的县份。

13日，国际古迹遗址理事会专家狄丽玲博士率团考察华安大地土楼群。

6月16日，《人民日报》、中央电视台、新华社、中新社、中国国际广播电台、《经济日报》《光明日报》等中央媒体20多名记者组成的“中央海西采访团”到华安县采访。

24日，经过深入调研、挖掘，县老促会编辑完成《华安县老区标志物》一书，共编印100本。

9月28日，华安县举行迎“国庆”项目剪彩奠基仪式，共有62个项目剪彩奠基，总投资30.37亿元。

29日，县民宗局被国务院授予“全国民族团结进步模范集体”荣誉称号。

11月12日，中国女排到华安县先锋希望小学，参加“阳光伴你同行，校园爱心图书室”援建漳州行活动。

20日，参加2009中国农业市长（海西）论坛的80名代表到华安县考察现代农业。

12月25日，华安大地土楼群（含土楼博物馆）被命名为漳州市第三批爱国主义教育基地。

同年，由县老促会秘书长李世长主笔编写的《新中国成立六十年，华安旧貌换新颜》一文，刊登于《中国老区建设画报社》编辑的《共和国从这里走来》一书。

2010年

1月21日，华安县被确认为2009年度福建省“经济发展十佳县”，列第四位。

28 日，华安奇石博物馆开馆，该馆是全省最大的奇石博物馆。

2 月 1 日，时任市委书记刘可清到湖林乡上田老区村调研。

8 日，时任省委副书记梁绮萍到新圩镇慰问“五老”及其遗属。

17 日，全国人大常委会原副委员长顾秀莲到华安县参观视察。

3 月 8 日，华安县顺利通过 2009 年省级“双高普九”评估验收。

5 月 2—12 日，华安县赴台湾开展“拜会百家台企，推介华安三宝”考察交流活动。

5 日，时任全国人大常委会副委员长司马义·铁力瓦尔地带领全国人大常委会考察组到华安县考察调研。

6 月 7 日，厦成高速华安段开工建设。

7 月 28 日，县政府再确认漏报的 21 个老区村，并上报市、省老区办认定公布。至此，全县有 60 个老区村，人口 9.3 万人。

9 月 27 日，“华安铁观音”地理标志证明商标成功注册，实现了华安县地理标志证明商标零的突破。

10 月 20 日，省老区办、省财政厅下达华安老区扶建基金 12 万元。其中上田村修路 2 万元，平东村饮水 4 万元，高安村修路 4 万元，小学维修 2 万元。

25 日，时任国家库区移民开发管理局局长程殿龙到华安县调研。

11 月 1 日，中共中央政治局原常委、全国政协原主席李瑞环到华安县参观视察。

17 日，时任中国国民党副主席蒋孝严到华安县世界文化遗产大地土楼群参观考察。

30 日，华安县获“中国名茶之乡”荣誉称号。

12 月 10 日，华安县在北京举办世界文化遗产地——福建华安铁观音新闻发布会暨项目投资推介会。

同月，华安县工业集中区被省政府批准为省级经济开发区，更名为华安经济开发区。

2011 年

1 月 4 日，由时任市委书记陈冬挂钩帮扶的华丰镇上雪老区村，因省级地质灾害，第二期搬迁工程启动。

4 月 16—17 日，时任省老促会副会长吕居永带领省茶叶协会人员一行 8 人，到华安仙都、湖林等乡镇进行茶叶生产调研。

6 月 12 日，时任中国国民党副主席曾永权到华安县大地土楼群、奇石博物馆参观考察。

同月，华安县“客家土楼营造技艺”被列入第三批国家级非物质文化遗产名录扩展项目名录。

同月，县老促会被省教育厅、省老区办、省老促会授予：革命老区捐资助学活动先进集体组织奖。

7 月 14—16 日，召开中共华安县第十二次代表大会。大会选举产生新一届中共华安县委会委员 25 人。16 日召开的新一届县委全会上，柯志宏当选为县委书记，沈建平、朱真当选为副书记。

8 月，华安县东溪古窑遗址入选“海丝”申遗申报点。

10 月，华安县仙都镇获评全国特色景观旅游名镇。

11 月 18 日，福建土楼（华安）旅游区通过国家 4A 级旅游景区评定。

23 日，全国政协原副主席王忠禹到华安县参观视察。

30 日，全国人大常委会原副委员长王汉斌、彭佩云到华安县参观视察。

12 月 20 日，县政府决定拨款 40 万元，作为革命遗址维修费。

24 日，县人大 16 届 1 次会议通过《关于加强城乡建设与环境管理、全面建设生态名县的决议》。

同月，华安县“九龙江水利风景区”成为第十一批国家级水利风景区；福建哈龙峰茶业有限公司获得“全国绿色食品示范企业”荣誉称号。

是年，华安县被认定为全国绿色食品原材料标准化生产基地县；被授予“全国残疾人社区康复示范县”；获得“2011—2015 年度全国科普示范县”荣誉称号；被评为 2011 年“福建省县域经济发展十佳县”；入选首批福建省“十二五”循环经济示范试点单位。

2012 年

2 月 6 日，时任省长苏树林到华安县调研。

3 月 7 日，华安县马坑乡和春老区村获得漳州市首届“最美乡村”称号（该村日前被省政府认定为第四批省级历史文化名镇名村）；大地村获得“漳州市首届（2011—2013 年）最美乡村”称号。

同月，“华安坪山柚”成功获得国家地理标志证明商标。

4 月 9 日，时任省委书记孙春兰到华安县新圩、先锋两个老区村调研。

13 日，全市学习推广新圩村“一圩一日”服务做法座谈会在华安县新圩村召开。

24 日，时任中央党史研究室副主任李忠杰到华安县参观考察。

27 日，“华安铁观音”地理标志证明商标被认定为中国驰名商标，成为漳州市首个被认定为驰名商标的茶叶类地理标志证明商标。

5 月 10 日，华安县确定打造“山水乐居城市”的发展定位，城市规划控制区面积将由 4.4 平方公里扩大到 15.5 平方公里，建设“宜业宜居、休闲旅游”山水乐居城市。

9 月 28 日，漳州至永安高速公路漳州段开工典礼在华安县沙建镇大洲工业园举行。

10 月 8 日，省民政厅、省财政厅拨款扶持华安老区村道路硬化建设基金 12 万元。

11 月 17 日，华安县举行总投资 126.3 亿元的 81 个项目奠基开工剪彩活动。

12 月 27 日，全国高山族唯一试点项目——仙都镇送坑村的高山族特色村寨举行奠基仪式。

2013 年

1 月 22 日，华安县《玉石文化旅游区总体规划》《和春乡村旅游发展总体规划》顺利通过专家组评审。

2月,华安县公共图书馆、华安县行政服务中心举行揭牌仪式。

3月9日,新圩、华丰、仙都三镇农村环境连片整治示范项目顺利通过省农村环境连片整治示范工作领导小组复核验收。

同月,歌曲《我爱贡鸭山》荣获“中国杯”第三届全国大型音乐展演赛词曲金奖。

4月,华安县速溶铁观音茶粉的加工方法和冻干米粥及其生产工艺两件发明专利获得国家授权。

5月3日,仙字潭摩崖石刻、大地土楼群东阳楼两处文物被列入第七批全国重点文物保护单位。

7月23日,中共中央党史研究室以中史字[2013]51号文件批复,确认华安县为“原中央苏区范围”。

同月,华安县运动员汤王杰在全国少年举重赛中勇夺男子56公斤级抓举、挺举、总成绩三项冠军。马嘉维在全国少年拳击锦标赛中勇夺男子48公斤级冠军。

10月1日,中国文联、中国摄影家协会举办的“首届全国农民摄影大展”在华安玉石文化展厅举行开展仪式。

10日,中国人口福利基金会“农村老人心理健康关爱”项目启动仪式暨业务培训会在华安县举行。

22日,时任全国政协副主席刘晓峰到华安县调研。

25日,著名华人指挥家汤沐海带领河南交响乐团在华安土楼举行演出。

同月,华安县再次蝉联福建省“经济发展十佳县”,居第三位。

12月26日,华安县在仙都镇召开探索“四对比、五算账”群众工作法,建设廉洁基层、富美乡村工作现场会。

28日,厦成高速公路厦门海沧至漳州天宝段竣工通车。厦成高速经华安经济开发区,在丰山镇玉兰村设立互通口。

2014年

1月1日,时任中共福建省委书记尤权到华安县先锋老区村调研。

2 月上旬，法国电视二台首席记者夏翁带领摄制组到大地土楼群拍摄土楼风貌。

11 日，2013 年我县投入 1000 多万元用于先锋村富美乡村建设，创办华安县“四对比、五算账”群众路线教育馆和先锋村村史陈列馆，使该村成为红色旅游景点。

17 日，马年正月初三，仙都人才开发协会颁发 2013 年度奖学金 10.54 万元，奖励 104 名学生。良村奖学会举行 22 次颁奖大会，22 年来共发放 21.69 万元，有 595 位师生获奖。

25 日，县委、县政府制定颁发《关于进一步支持和促进革命老区加快发展的实施意见》。

3 月 10 日，中央四套大型系列节目《远方的家》“江河万里行”走进漳州，首站到我县奇石博物馆、华安玉保护区、仙字潭、新圩古渡口等取景拍摄。

同月，县老促会被省老促会授予：先进老促会。

4 月 18 日，以香港华安同乡会会长林津玲为团长的寻根文化访问团一行 33 人，在市、县有关领导陪同下，先后到华安经济开发区、先锋村村史馆、华安侨院、南海中学、大地土楼群等参观考察。

26 日，马来西亚汤氏宗亲一行 18 人到仙都镇云山村寻根谒祖，瞻仰汤晓丹故居。

5 月 5 日，澳门漳州同乡会到我县参观考察。

23 日，12 时 30 分许，一辆搭载有台胞的厦门旅游客车（共 26 人）行驶至西港线华安沙坑口路段时，掉入九龙江北溪，造成人员伤亡。截至当晚 12 时，已有 19 人获救，6 人死亡，1 人失踪。漳州华安情牵台胞，全力以赴做好处置救援工作。

6 月上旬，我县被国家林业局确定为国家珍贵树种培育示范县。

7 月 1 日，华安县第三次见义勇为先进个人表彰大会召开，表彰在“5·23”交通事故中见义勇为的阮永进、郭武枝、钟铸生等 21 人，并举行颁奖仪式。

12 日，仙都籍留美博士林森杰先生回乡参观考察，同行的还有美国两位教授。

9 月 4—8 日，我县在厦门白鹭宾馆举行“9·8”投资华安（厦门）推介会，并组团参加“9·8”投洽会，召开“9·8”投资（华安）说明会，举办“9·8”投资银企对接会，积极招商引资。

12—19 日，第十五届省运会赛艇（青少年部）比赛和皮划艇（青少年部）比赛在我县沙建镇利水千亩平湖举行。

30 日，我县在革命纪念碑举行首个纪念日公祭活动，向革命烈士敬献花篮。

同日，我县在仙都镇华仙茶都举办华安铁观音千人订货会，来自全国各地的茶商、茶企齐聚华仙茶都。现场共签订茶叶销售合同 1057 吨，总金额达 2.335 亿元。

10 月，我县新圩镇官畲村入选首批中国少数民族特色村寨，并予命名挂牌。

11 月 5 日，福建省第 8 届少数民族传统体育运动会在厦门举行，华安高山族代表队以《抛陀螺》和《竿球》分获金奖、银奖。

7 日，时任中国岩画学会会长、内蒙古自治区文化厅副厅长王建平率队一行 7 人就华安仙字潭岩画进行实地考察，对岩画的价值和华安县重视文物保护管理工作给予充分肯定。

是年，高安镇三洋村村民童瑞花因数十年孝敬百岁老游击队员童苏秋荣获全国老龄办、民政部等七个部门颁发的“全国孝亲敬老之星”光荣称号。

2015 年

1 月 4 日，华安县城关至金山的公交车正式开通运营。至此，全县先后开通 4 条公交线路，年运送近 5 万人次，大大改善县城及周边群众出行条件。

8 日，中央电视台《美丽中国乡村行》——走进老区大型专题报道活动组委会到华安老区县开展采访拍摄活动。

2 月 6 日，市老促会组织市老艺协等单位 20 位书法专家到新圩镇为老区群众义务书写春联。

9 日，县老促会、县老区办、县委党史研究室在仙都镇大地村创建“华安县革命老区史展馆”。

3 月 4 日，我县举行新春项目签约仪式，现场签约项目 14 个，总投资 15.15 亿元。

同月，新建的华安县中医院建成投入使用，有效地改善群众就医环境。

4 月 1 日，我县第四批保障性住房 169 户租户入住。

6 日，晚上，在仙都镇华仙茶都以“银幕魂 · 故乡情”为主题，由汤晓丹的儿子、世界著名指挥家汤沐海指挥和福建交响乐团演奏的“汤晓丹追思音乐会”上演，为华安父老乡亲献上一场精彩的文化大餐。

18 日，马来西亚籍华人著名作家朵拉等一行采风团，在县观赏石协会主席、原县政协副主席赵伯华等陪同下，到我县开展以华安玉石文化为题材的文学笔会活动。

5 月 18 日，我县召开村级组织换届选举工作动员大会。

18—21 日，省义务教育基本均衡县督导评估组对我县进行评估考核，认定华安达到向教育部接受国检的基本要求。

6 月 16 日，中国科协创新驱动助力工程林下经济漳州 · 华安对接会在我县举行，来自国内的林学会领域 6 位专家与企业家面对面咨询交流，洽谈对接。

同日，由省经信委、省能源办、市经贸局等单位组成的“新农村电气化县”考评组对我县新农村电气化县进行评估验收，认定华安县达到新农村电气化县建设标准，顺利通过省级验收。

7 月 28 日，我县召开茶志编撰动员会，组织人员编写《华安县茶志》。

8 月 26 日，时任省水利厅副厅长刘子维一行深入华安调研农村饮水安全工程和小型农田水利重点县建设项目。

30 日，是第四个全国赏石日。来自全国各地 400 多名赏石专家和奇石爱好者来到华安观赏华安玉石。副县长罗永生、县玉石协会会长赵伯华参加赏石日活动。

9月10日，总投资2.5亿元的华安县城关绕城二期公路建设工程举行开工仪式。

23日晚，我县在城关灯光球场举行纪念抗战胜利70周年文体活动。

30日，漳永高速于中午12点正式全线通车，我县设有丰山、沙建、新圩和城关4处互通口，从此告别无高速公路通往县城的历史。

10月16日，华安县举办电子商务培训会。

21日，截至目前，全县已免费为1427名贫困白内障患者实施复明手术，脱盲率达95%。

12月2日，省财政厅、省老区办扶持华安现代农业发展拨款45万元。其中：下垅村绞股蓝20万元，华山村茶叶套种10万元；三洋村香蕉5万元；新圩镇雷竹400亩10万元。

7日，马坑乡入选第二批省级特色景观旅游名镇。

29日，以中央文史研究馆馆长、中国科学院考古研究所研究员、汉唐研究室主任、西安研究室主任安家瑶为组长的“海丝”申遗国家研究组专家11人，莅临我县东溪窑遗址考察。市、县领导陪同考察。

是年，我县投入1200多万元，用于苏区老区革命遗址维修和新建。

2016年

1月5日，国家督学衡鸣带领国家教育督查组一行，对我县创建“全国义务教育发展基本均衡县”进行督导检查。

3月4日，全县精准扶贫工作推进会暨业务培训会召开。

19日，为创建省级文明县城，我县投入6.7亿元建设城东平湖公园、真武山公园、“五馆一中心”等20多个项目。

月底，我县核查认定农村低保703户1160人。

4月19日，华安县委党史研究室、沙建镇及官古村等相关人员一行，登上官古村五峰山，祭奠84年前为攻克漳州而牺牲的无名红军英雄。

22 日，县政协副主席蔡旺根担任县老促会会长。

5 月 5 日，华安县电商创业园与县电子商务服务中心正式揭牌。

26—27 日，中央电视台中文国际频道《远方的家·一带一路》栏目组一行 6 人到华安二宜楼等地拍摄取景。向海内外观众讲述华安县侨乡几代人远洋经商的故事。

同月，华安贡鸭山旅游景区建设项目入选 2016 年国家优选旅游项目名录。

6 月 6 日，由国家商务部主办、国家林业局竹子研发中心承办的 2016 年加纳竹子育苗和种植栽培技术培训班开班仪式在华安举行。来自加纳国家的 20 名学员参加开班仪式。

19 日，我县在华丰镇半山村举办首届自行车爬坡赛。

7 月 7 日，国家档案局经济科技档案业务指导司副巡视员王小平带领调研组到华安县仙都镇先锋村，调研“乡村记忆档案”示范项目建设情况。

21—22 日，国家生态县创建技术评估组对华安县创建国家生态县工作开展为期两天的技术评估，同意华安县通过国家生态县技术评估。

26—28 日，召开中共华安县第十三次代表大会和十三届一次全会。选举产生中共华安县委十三届县委委员等，全会选举朱百里为县委书记，陈东海、吴晶晶为副书记。

8 月 23 日，我县召开鹰厦铁路外移工程预可行性研究会。

21—28 日，国家林业组到我县开展林地管理、保护和发展森林资源目标责任制检查工作。

9 月，华安县列入国家重点生态功能区，是漳州市唯一的国家重点生态功能区。

10 月 14 日，我县召开县乡人大换届选举工作会议。

16 日，由中国文化遗产研究院副总工程师、研究员沈阳等专家组成的专家组，到我县“海丝”东溪窑遗址开展调研。

19—20 日，受环保部委托，省环保厅组织对华安创建国家生态县进行考核验收，我县顺利通过国家生态县考核验收。

11 月 2 日，我县以 95.835 的优秀成绩通过国家农业综合标准化示范区验收。

9 日，汤晓丹的儿子、画家汤沐黎携夫人回乡探亲并留下动人的乡愁画作。

11 日，我县举办坪山柚老果园改造总结会暨坪山柚优良单株评鉴会，沙建镇官古村选送的坪山柚优良单株品种荣获桂冠。

24 日，2016 年形象中国海峡两岸百家媒体聚焦"生态华安"全国新闻摄影采访活动，在"世遗"华安二宜楼盛大开镜。来自全国 22 个省市和台湾地区的 280 多家纸媒、网媒和新媒、133 位新闻摄影人等走进清爽华安，聚焦生态华安的美景、美食和人文。

12 月 1 日，我县送坑高山族特色村寨演艺舞台建成投用。

30 日，华安一中举行建校 70 周年校庆并举办文艺会演。

是年，华安有建美、半岭、西洋、半山、前坑、福田等 6 个老区村创办光伏电站，实现村财"脱壳"。

是年，市政府财政拨款华安革命老区村建设水泥路补助资金 104.1 万元。

2017 年

1 月 8 日，上午，2017 年福建（华安）千亩梯田国际山地马拉松在湖林乡二宜楼酒厂开跑。来自国内外千余名长跑爱好者感受花样漳州，体验清爽华安之美。

9 日，"海丝之路 · 福建华安"土楼新年音乐会在"神州第一圆楼——二宜楼"内上演。这是由世界著名华人指挥家汤沐海指挥、天津交响乐团演奏的一场新年文化视听盛宴。他们还到高山族农家慰问演出。

13 日，漳州市老促会组织老艺协等单位 16 位书法老艺术家到沙建镇为老区群众义务书写春联活动。

28 日（正月初一），高安镇坪水畲族老区村举行一年一度的畲乡火把节暨篝火晚会，厦漳等地一千多名游客前来参加。

2 月 13 日，县老促会、县老区办、县委党史研究室在丰山镇（华安三中)创建“华安县革命老区史展馆”。

16日,市老促会会长罗春生一行到华安调研老区农业发展和苏区红色遗址建设,县领导陈东海、蔡旺根参加调研。

3月16日,今年是红军攻克漳州85周年。开国大将罗瑞卿之子、解放军总装备后勤部原副政委、少将罗箭和多位红军后代,在县委常委、统战部长曾阿生陪同下,来到沙建镇官古村五峰山山顶,缅怀革命先烈。

30日,我县首季招商引资项目集中签约仪式在华安经济开发区举行,现场签约项目18个,总投资30亿元。

同月,我县将投入22亿元全力推进全县34个公共配套项目建设,进一步完善城市功能,提升城市品位,提高华安对外知名度。

4月26日,国际可持续农业组织一行12人到我县漳州光照人有机茶叶基地调研考察。

5月3—4日,市老促会、市老区办走进老区采风团一行10人走进华安,先后到马坑下垅、高安平东、新圩黄枣、仙都大地等老区乡村开展采风活动。

5—6日,中国铁路总公司计统部处长王彦华带领相关人员到我县调研改建铁路鹰厦线华安段外移工程,并组织召开预可研审查会。省、市、县相关领导参加会议。

6月22日,我县第二季度招商引资项目集中签约仪式在华安经济开发区举行,共签约项目8个,总投资36.2亿元。

7月8日,《福建日报》总编辑梁建平带领该报记者部、要闻部和驻漳记者站编辑、记者,到我县开展采访调研。

9月21日,县委宣传部召开县老促会、县广电、县委党史研究室等单位联席会议,专题研究华安革命老区史专题片《红色记忆·北溪丰碑》的制作安排与经费等问题。

10月20日,我县举行第三次招商引资项目集中签约仪式,签约项目10个,总投资13.65亿元。

28日,晚上,土楼星空萤火音乐会在二宜楼上演。来自厦门和北京两地的乐队和表演者为华安观众带来精彩的节目。同时,华安大地土楼群景区裸眼3D灯光秀也吸引广大游客。

29日，由华安县人民政府、《海峡旅游》杂志社主办的最美乡村越野跑在华安县湖林乡吉土村开跑。来自全国各地的数百名跑友感受华安县美丽乡村建设成果。

同月，由省、市、县政府拨款50万元，在南海中学右侧新建一座革命烈士纪念碑，将全县分散的烈士骨灰集中于此。

11月26日上午，由福建省体育局、福建省旅游局主办，福建省社会体育指导中心、福建省铁人三项运动协会、华安县人民政府承办的2017年环中央苏区中国·福建·漳州·华安全国山地自行车赛在华丰镇高石村开赛。

29日，市政府拨款扶持革命老区发展特色产业项目资金105万元。其中华山村生态旅游项目15万元，坪山柚产业复兴扶贫项目90万元。

12月6日，华安县扶贫开发协会成立暨第一届会员代表大会召开。会议选举原县人大主任沈荣藩为会长。

5日至8日，福建省炎黄文化研究会、省作家协会一行30人，在福建省委原副书记、中国作协会员何少川带领下，到我县开展为期4天的采风活动，编撰《走进华安》报告文学散文集。

同月，至年底，全县通车里程1800公里，比1988年的426公里增加了1376公里。

是年，市政府财政拨款华安革命老区村水泥路补助资金157.05万元。县级配套资金188万元。

是年，从1997年至2017年的21年间，厦门空港捐助湖林乡吉土村吉翔希望小学资金共达313万元，其中用于新建和修缮校舍、添置教学仪器等达303万多元，用于奖学奖教达9.7万多元。

2018年

1月28日，上午，2018年瀚海·五凤城华安国际山地马拉松在湖林乡开跑，这是华安县举办的第二届国际山地马拉松比赛。

30—31日，县老促会、县老区办组织慰问全县农村中健在的

“五老”3 名、遗孀 7 名。

3 月 8 日，华安县下坳苏维埃政府旧址由杭州市文物建筑有限公司中标 473205 元动工维修，修建时间约半年。

4 月 19 日，“中华民族一家亲”海峡两岸少数民族（华安）联谊会在仙都镇送坑村举行。

同月，中央电视台大型系列纪录片《中国影像方志》摄制组走进我县，开展为期 20 天的拍摄，记录我县独特魅力的历史传统、文化特色、民俗风情等。

5 月底，位于高安镇邦都老区村的红色革命遗址——联春楼修缮项目竣工，总投资 130 万元。

6 月 10 日，“两岸心・龙舟情”，2018 年海峡两岸华安九龙江龙舟邀请赛在华安城区平湖水域正式开赛。同时，举办华安首届美食文化节。

7 月 7 日，“荷韵绽放・清爽华安”2018 年岛濑首届荷花节在湖林乡岛濑老区村隆重举行。

14 日，电影《乙未之风雨摧城》《乙未之台岛遗恨》开机仪式暨新闻发布会在我县新圩镇官畲村隆重举行。影视嘉宾还先后到高安镇坪水村、华丰镇高石村等地进行采风活动。

16 日，县老促会等单位制作完成《红色印记・北溪丰碑》老区革命史 VCD 专题片 1000 片，分发全县各相关部门，开展全县性的华安革命史宣传活动。

9 月 25 日，我县举行扶贫发展村级集体经济空壳村签约仪式，全县 13 个“空壳村”参加签约，确保 2018 年实现“破壳”，2019 年实现“消薄”的目标要求。

10 月 8 日—9 日，中国铁路总公司工程设计鉴定中心在北京组织召开改建铁路鹰厦线华安段外移工程初步设计审查会。县委书记朱百里参加会议。

28 日，第三届华安国际山地马拉松在湖林乡开跑，来自国内外的 1300 名选手参赛。

同月，县老促会荣获全省老区宣传工作（2012—2018 年度）先进集体。原县老促会副会长兼秘书长李世长被《中国老区建设》画报社评为2018年度优秀通讯员。

是年，市政府财政拨款华安革命老区村建设水泥路项目补助资金90万元。

是年，从2014年起，我省加大对原中央苏区县和革命老区县补助力度。至2019年，我县6年共得到补助资金1.549615亿元；从2014年至2018年，省、市财政还加大对我县革命老区的革命遗址维修、老区村道路建设、发展茶叶、坪山柚等拨款补助，五年累计达970.05万元。其中省级拨款9项，资金137万元；市级拨款11项，资金833.05万元；县级道路建设配套资金188万元，坪山柚提升复壮配套资金50万元。

参考文献

1.《华安县志》，华安县地方志编纂委员会编著，1996 年 4 月出版。

2.《福建中央苏区纵横（华安卷）》，中共华安县委党史研究室、华安县革命老根据地建设委员会办公室、华安县老区建设促进会编著，2016 年 12 月出版。

3.《漳州革命老区史》，漳州市老区建设促进会、中共漳州市党史研究室、漳州市老区建设委员会办公室编著，2009 年 7 月出版。

4.《往事回首——漳州纪述》，中共漳州党史办编写，2010 年 12 月出版。

5.《往事回首——忆先锋农业社》，中共漳州党史办编写，2010 年 11 月出版。

6.《漳州市社会主义时期——党史专题研究》，中共漳州党史办编写，2013 年 9 月出版。

7.《华安党史资料》系列，中共华安县委党史办编写，1989 年 9 月出版。

8.《漳州农业合作化运动——群情激奋齐合作·忆华安农业合作化运动》，中共华安县委党史办编写，1998 年 2 月出版。

9.《漳州“大跃进”运动中——岁月留下的思索·忆华安县“大跃进”运动》，中共华安县委党史办编写，2000 年 6 月出版。

10.《六十年代漳州国民经济调整——华安健全生产机制·改变农业困境》，中共华安县委党史办编写，1998 年 7 月出版。

11.《华安年鉴》（2016 年至 2018 年），中共华安县委党史和地方志研究室编写。

12.《政府工作报告》(2001 年至 2018 年),华安县人民政府编写。

13.《今日华安》(2000 年至 2018 年),华安县融媒体中心出版。

14.《往事回首——回忆华安剿匪斗争》,平浪编著,2010 年 11 月出版。

15.《今古纵横说华安》,黄元德编著,2006 年 12 月出版。

16.《福建省华安县老区标志物》,华安县老促会、华安县老区办编著,2009 年 6 月出版。

17.《华安革命史料》(1、2、3 集),中共华安县委党史资料征集研究办公室编写,1983 年 11 月至 1986 年 10 月出版。

18.《华安县教育志》,华安县教育局编著,1995 年 5 月出版。

19.《杨成武回忆录》,摘自《熠熠生辉的漳州战役》,1992 年 4 月出版。

20.《聂荣臻回忆录》,摘自《红军攻打漳州》,1986 年出版。

21.《中共闽南地方史》,中共漳州市党史研究室编写,2007 年 6 月出版。

22.《红色记忆·北溪丰碑》(华安县红色革命教育专题片),华安县老区建设促进会、中共华安县委党史研究室、华安县广播电视新闻中心制作,2017 年 12 月出版。

23.《华安县茶志》,华安县地方志编纂委员会、华安县茶叶协会编著,2017 年 10 月出版。

后　记

根据中国老促会[2017]15号文《关于编纂全国1599个革命老区县发展史的安排意见》的要求，华安县老促会本着对老区县负责的担当精神，实施这项伟大工程，组织专门力量，从2019年4月份开始编写，经过一年多的不懈努力，终成付梓出版。

该书由中共华安县委书记朱百里和华安县人民政府县长简洪坤携手作序，充分体现县领导对史书编撰工作的高度重视。他们回顾历史，总结经验，展望未来，为本史书之内容增光添彩。县政府副县长杨景德对该书的编纂出版给予大力支持。县政协副主席、县老区建设促进会会长蔡旺根对编写机构的组建、工作进度的跟踪和初稿的审定等工作，做了精心安排部署，并抓紧落实。县历任老促会会长刘炳南、黄万源同志对本书的编纂出版给予关心和指导。

该书在编纂出版的过程中，得到了华安县委办、政府办的大力支持和指导，也得到了县人大办、县政协办、组织部、宣传部、史志室、财政局、发展和改革局、统计局、民政局(老区办)、农业农村局、教育局、文化体育和旅游局、工信局、交通运输局、退役军人事务局、卫健局、档案馆等单位和部分老同志的大力支持，提出许多建设性意见和建议。为了核对史实，县人大干部陈跃生还专程到厦门海沧走访百岁的革命前辈陈志光老人。中共华安县委党史和地方志研究室，为史书的编纂出版提供了许多史料，还得到厦门大学出版社的审定和出版。

该书的编纂由黄承南、李世长、林瑞云、江清城、王英等同志和李顺展同志负责编写工作，其中黄承南担任主编。李秀碧、詹木春同志也曾参与资料收集工作。除此，县文明办、交通运输局、林业局、融媒体中心等单位还为本书提供许多宝贵的照片。县老促会为史书的编写提供大量翔实的基础史料。各有关乡镇在百忙中抽出领导同志及干部协助编写组人员进村入户调研、采访、摄影等。在此,谨向所有关心支持该史书编纂工作的单位和个人表示衷心的感谢!

华安县革命老区历经近百年的波折和发展过程,仅花一年多的时间,要用二十几万字的文字给予记述反映,并非易事,顾此失彼,错漏难免,祈望了解和熟知华安县革命老区发展史的老同志和专家学者,以及广大读者不吝赐教指正,谢谢!

编写组

2020 年 8 月